# Beiträge zur Wirtschaftsinformatik

---

Band 1: L. Alkier
**Zukunftsweisende Konzepte für die EDV-Ausbildung**
1992, ISBN 3-7908-0568-8

Band 2: U.L. Küsters
**Entwicklung von regelbasierten Expertensystemen in APL2**
1992, ISBN 3-7908-0589-0

Band 3: R.J.N. Hildebrand
**Betriebswirtschaftliche Schwachstellendiagnosen im Fertigungsbereich mit wissensbasierten Systemen**
1992, ISBN 3-7908-0594-7

Band 4: G. Walpoth
**Computergestützte Informationsbedarfsanalyse**
1993, ISBN 3-7908-0648-X

Band 5: G.A. Kainz
**Computergestützte Distribuierung von Informations- und Kommunikationssystemen**
1993, ISBN 3-7908-0664-1

Band 6: D. Steinmann
**Einsatzmöglichkeiten von Expertensystemen in integrierten Systemen der Produktionsplanung und -steuerung (PPS)**
1993, ISBN 3-7908-0665-X

Band 7: J. Walther
**Rechnergestützte Qualitätssicherung und CIM**
1993, ISBN 3-7908-0684-6

Band 8: O. Petrovic
**Workgroup Computing – Computergestützte Teamarbeit**
1993, ISBN 3-7908-0705-2

Band 10: H. Schüle
**DV-Unterstützung beim Planen und Einführen von CIM-Lösungen**
1994, ISBN 3-7908-0741-9

Band 12: T. Myrach
**Konzeption und Stand des Einsatzes von Data Dictionaries**
1995, ISBN 3-7908-0822-9

Band 13: J. Schmalzl
**Architekturmodelle zur Planung der Informationsverarbeitung von Kreditinstituten**
1995, ISBN 3-7908-0840-7

Band 14: D. Schreiber
**Objektorientierte Entwicklung betrieblicher Informationssysteme**
1995, ISBN 3-7908-0846-6

Band 15: B. Reuter
**Direkte und indirekte Wirkungen rechnerunterstützter Fertigungssysteme**
1995, ISBN 3-7908-0850-4

Band 16: S. Hesse
**Strategische Datenbanken**
1996, ISBN 3-7908-0884-9

Band 17: M. Rundshagen
**Computergestützte Konsistenzsicherung in der objektorientierten Systemanalyse**
1996, ISBN 3-7908-0903-9

Harald Boden

# Multidisziplinäre Optimierung und Cluster-Computing

Mit 93 Abbildungen

Physica-Verlag
Ein Unternehmen
des Springer-Verlags

**Reihenherausgeber**
Werner A. Müller
Peter Schuster

**Autor**
Harald Boden
Hermann-Hesse-Straße 8
D-40699 Erkrath

ISBN-13: 978-3-7908-0935-0 e-ISBN-13: 978-3-642-48081-2
DOI: 10.1007/978-3-642-48081-2

Die Deutsche Bibliothek – CIP-Einheitsaufnahme
Boden, Harald:
Multidisziplinäre Optimierung und Cluster-Computing/Harald Boden. – Heidelberg: Physica-Verl., 1996
(Beiträge zur Wirtschaftsinformatik; 18)
Zugl.: Siegen, Univ., Diss., 1994 u.d.T.: Boden, Harald: Einsatz der Parallelverarbeitung zur Lösung von Problemen der nichtlinearen Optimierung
ISBN 3-7908-0935-7
NE: GT



SPIN 10535706 88/2202-5 4 3 2 1 0 – Gedruckt auf säurefreiem Papier

# Geleitwort

Die Notwendigkeit der Behandlung von multidisziplinären Optimierungsproblemen erwächst in der betrieblichen Praxis, aus Anforderungen bei der Entwicklung neuer Produkte und der Herstellung nach kundenorientierten Kosten-, Qualitäts- und Lieferzeitüberlegungen. Der Aufwand zur Lösung dieser Aufgabenklasse ist von kombinatorischer Komplexität und erfordert somit Rechenzeiten, die von konventionellen Rechnersystemen nicht erbracht werden können. Es ist deshalb ein zwingendes wissenschaftliches Erfordernis, die Möglichkeiten der Parallelverarbeitung und des verteilten Rechnens für diese Aufgabenklasse zu untersuchen und nichtsequentielle Lösungsansätze zu erarbeiten. Hierbei kann man einerseits den Einsatz massiv-paralleler Rechnersysteme mit automatisch parallelisierenden Compilern untersuchen. In diesem Arbeitsgebiet dominieren Kerninformatiker mit ihren Erfahrungen. Andererseits und in Ergänzung zu der ersten Arbeitsrichtung sind problemorientierte grobkörnige und parallele Lösungsansätze zu verfolgen. Dieser zweiten Richtung hat sich Herr H. Boden mit seiner Arbeit gewidmet.

Die Arbeit behandelt drei Problembereiche

- Analyse von Lösungsmethoden und Algorithmen für multidisziplinäre Optimierungsprobleme aus der Sicht der Parallelverarbeitung und des verteilten Rechnens,

- Entwurf und Implementierung eines integrierten Softwaresystems (OpTiX-II) mit einer Beschreibungssprache für diese Aufgabenklasse sowie eine Ablaufumgebung für nichtsequentielle Lösungsstrategien und

- Verfikation der Lösungsansätze und des Softwaresystems OpTiX-II durch Lösung eines Problems des Produktentwurfs (Entwurf einer gewichtsminimalen Autofelge) und der Produktionsplanung (Auftragsreihenfolgeplanung in der Heizkörperfertigung).

Inzwischen hat sich das Arbeitsgebiet seit etwa 1993 als Clustercomputing wissenschaftlich etabliert. Herr Boden hat 1990 mit seiner Arbeit begonnen und Entwurfsentscheidungen trefen müssen, für die sich zwischenzeitlich Randbedingungen geändert haben. Um diese Probleme wissend, wünsche ich den wesentlichen Ergebnissen dieser Arbeit eine rege Resonanz in der wissenschaftlichen Diskussion als auch bei der Umsetzung in der betrieblichen Praxis.

Siegen, im Dezember 1995

Manfred Grauer

# Vorwort

Die vorliegende Arbeit gibt meine Dissertation wieder, die unter dem Titel „Einsatz der Parallelverarbeitung zur Lösung von Problemen der Nichtlinearen Optimierung“ Ende 1994 vom Fachbereich Wirtschaftswissenschaften der Universität-GH-Siegen angenommen wurde. Sie entstand während meiner Tätigkeit als wissenschaftlicher Mitarbeiter der Fachgruppe für Wirtschaftsinformatik und resultiert aus den am Forschungszentrum für Multidisziplinäre Analysen und Angewandte Strukturoptimierung (FOMAAS) durchgeführten Arbeiten.

Ich möchte allen danken, die mir in vielen Gesprächen und Diskussionen während der Ausarbeitung der Dissertation in fachlicher oder persönlicher Hinsicht geholfen haben.

Mein besonderer Dank gilt zunächst meinem akademischen Lehrer Herrn Professor Dr. Manfred Grauer für seine hervorragende Betreuung. Sein persönliches Engagement und seine konstruktiven Ratschläge haben wesentlich zum Gelingen der Dissertation beigetragen. Herrn Professor Dr. Hans Eschenauer danke ich für die Übernahme des Korreferats und wertvolle kritische Anregungen aus ingenieurwissenschaftlicher Sicht. Bei Herrn Professor Dr. Bernd Rieper und Herrn Professor Dr. Bernd Goldstein bedanke ich mich für ihre Mitarbeit in der Promotionskomission.

Allen Mitarbeitern der Fachgruppe und des FOMAAS, insbesondere Herrn Dipl.-Inform. Frank Brüggemann und Herrn Dr. Matthias Weinert, sei für ihr kollegiales Verhalten und ihre ständige Kooperationsbereitschaft gedankt. Weiterhin gilt mein Dank den Projektpartnern und Studenten, die mit ihrem Praxiswissen bzw. ihren Studien- und Diplomarbeiten zur Lösung einzelner Teilaufgaben beigetragen haben

Siegen, im Dezember 1995 Harald Boden

# Inhaltsverzeichnis

# Abbildungsverzeichnis

# Tabellenverzeichnis

# Symbolverzeichnis

**a) Abkürzungen**

| | |
|---|---|
| CSP | Kommunizierende Sequentielle Prozesse |
| FIFO | First In, First Out |
| GRG | Verallgemeinerte Reduzierte Gradienten |
| I/O | Input/Output (Eingabe/Ausgabe) |
| LP | Lineare Programmierung |
| MFLOP | Millionen Fließkomma-Operationen pro Sekunde |
| MIMD | Multiple Instruction, Multiple Data |
| MISD | Multiple Instruction, Single Data |
| NFS | Network File System |
| NLP | Nichtlineare Programmierung |
| RPC | Remote Procedure Call |
| SAPOP | Structural Analysis Program and Optimization Procedure |
| SIMD | Single Instruction, Multiple Data |
| SISD | Single Instruction, Single Data |
| SPARC | Scalable Processor Architecture |
| SQP | Sequentielle Quadratische Programmierung |
| TCP/IP | Transfer Control Protocol / Internet Protocol |

**b) Schreibweisen und Indizes**

| | |
|---|---|
| n | Problemdimension des Optimierungsproblems |
| m | Anzahl der Restriktionen des Optimierungsproblems |
| $m_e$ | Anzahl der Gleichheitsrestr. des Optimierungsprobl. |
| $f\colon \mathrm{R}^n \to \mathrm{R}$ | Zielfunktion des Optimierungsproblems |
| $g_j\colon \mathrm{R}^n \to \mathrm{R}$ | Funktion der j-ten Restriktion |
| $x$ | Vektor der Entscheidungsvariablen |
| $\nabla_x f(x)$ | Gradient bezüglich $x$ (Kurzform $\nabla f(x)$ ) |
| $\nabla_x^2 f(x)$ | Hesse-Matrix bezüglich $x$ (Kurzform $\nabla^2 f(x)$ ) |
| $L(x,\lambda) = f(x) + \sum_{j=1}^{m} \lambda_j g_j(x)$ | Lagrange-Funktion mit $x \in \mathrm{R}^n, \lambda \in \mathrm{R}^m$, $\lambda_j$ Lagrange-Multiplikatoren |
| $x = (X_1, X_2, \ldots, X_p)^T, p \le n$ | Disjunkte Partitionierung der Entscheidungsvariablen |

# 1. Einleitung

## 1.1. Problemstellung und Motivation

Die betriebliche Umsetzung des Wirtschaftlichkeitsprinzips (ökonomisches Prinzip), das mit einem gegebenen Aufwand an Produktionsfaktoren den größtmöglichen Güterertrag zu erzielen sucht, induziert Entscheidungssituationen, bei denen aus mehreren möglichen Alternativen eine im Sinne des Prinzips Optimale auszuwählen ist. In vielen Fällen läßt sich das Entscheidungsproblem auf ein mathematisches Optimierungsproblem zurückführen, so daß Verfahren der mathematischen Optimierung zur Umsetzung des ökonomischen Prinzips eingesetzt werden können. Die in dieser Arbeit behandelten nichtlinearen Optimierungsprobleme stellen eine besondere Klasse der mathematischen Optimierungsprobleme dar. Ihre allgemeine Formulierung lautet (vgl. auch Kapitel 2): Finde $x \in \mathrm{R}^n$, so daß die Funktion $f\colon \mathrm{R}^n \to \mathrm{R}$ unter Beachtung der Restriktionen $g_j(x) \leq 0$ mit $g_j\colon \mathrm{R}^n \to \mathrm{R}$ minimiert wird. In der Literatur werden zahlreiche Anwendungen der nichtlinearen Optimierung benannt. Luptacik [109], Mills [114] und Williams [160] beschreiben beispw. den Einsatz der nichtlinearen Optimierung für quantitative und qualitative Analysen in den Wirtschaftswissenschaften, wie etwa die Gewinnmaximierung bei Kapazitätsrestriktionen, oder die Ermittlung eines optimalen Marketing-Mixes. Für den Bereich des ingenieurtechnischen Entwurfs nennen Bracken [23] und Eschenauer [49] Beispiele, wie die Optimierung des Alkylierungsverfahrens in der Mineralölindustrie und die Optimierung mechanischer Strukturen. Vielfach erweist sich eine Optimierungsaufgabe auch als multidisziplinäres Optimierungsproblem. Cramer u.a. [34] benennen z.B. multidisziplinäre Optimierungsaufgaben aus dem Bereich des Flugzeugbaus, die eine Kopplung von aerodynamischen Problemen mit Strukturoptimierungsproblemen beinhalten. Diese Beispiele zeigen, daß es heute üblich ist, zeitintensive Versuchsketten und Experimente durch interaktive Computersimulationen zu ersetzen. Hierzu wird der reale Sachverhalt durch ein mathematisches Modell abgebildet und anschließend mit einem Rechner simuliert. Die nichtlineare Optimierung kann in vielen dieser Fälle zur Verbesserung des Modells eingesetzt werden und hilft somit die industrielle Produktentwicklung zu beschleunigen und Innovationszyklen zu verkürzen. Allen Anwendungen der nichtlinearen Optimierung ist gemein, daß sie zu kostengünstigeren Strukturen und somit zu betriebswirtschaftlich vorteilhaften Lösungen führen.

Die Vorgehensweise bei der Aufstellung und Lösung nichtlinearer Optimierungsprobleme kann in drei Phasen unterteilt werden: In der *Modellbildungsphase* (i) wird eine mathematische Repräsentation des Ausgangsproblems aufgestellt. Dem folgt die *Umsetzung der mathematischen Repräsentation in ein Computerprogramm* (ii) und die *rechnergestützte Lösung des Problems* (iii). Diese 3-phasige Vorgehensweise hat, wie alle anderen betrieblichen Aktivitäten auch, unter Berücksichtigung des Wirtschaftlichkeitsprinzips zu erfolgen. Im folgenden soll deshalb näher untersucht werden, wie sich die Effizienz in den einzelnen Phasen durch den Einsatz von Software oder (spezieller) Hardware steigern läßt.

Die unter (i) anfallenden Kosten korrelieren mit dem Zeitaufwand, der auf die Erstellung des mathematischen Modells verwendet wird. Sie hängen i.w. von der Komplexität des Problems und dem Geschick des betrieblichen Fachexperten ab, der die Modellbildung übernommen hat. Der Modellbildungsprozeß an sich ist schwach strukturiert und entzieht sich deshalb in den meisten Fällen der Computerunterstützung.

Die Effizienz der Phase (ii) läßt sich durch eine Computerunterstützung erheblich steigern. Hierzu ist eine Softwarebibliothek mit Algorithmen zur nichlinearen Optimierung zu erstellen und ein Computerprogramm zu entwickeln, das die mathematische Repräsentation des Optimierungsproblems automatisch in ein ausführbares Programm übersetzt.

Die Kosten der Phase (iii) werden wesentlich durch die Art der eingesetzten Rechner und die Qualität der eingesetzten Lösungsalgorithmen bestimmt. Hierbei ist zu beachten, daß die Lösung vieler praktischer Optimierungsprobleme sehr aufwendig ist, da (vgl. Schnabel [135])

- die Problemdimension sehr groß sein kann ($n \geq 100$),
- zur Auswertung der Zielfunktion und der Restriktionen häufig rechenintensive Simulationsmodelle zu lösen sind,
- die Lösungsalgorithmen viele Iterationen oder Zielfunktionswertberechnungen zur Problemlösung benötigen können,
- unter Umständen viele Variationen eines Grundproblems zu lösen sind.

Aus diesem Grunde kamen in der Vergangenheit zur Lösung dieser Probleme in den Ingenieur- und Wirtschaftswissenschaften überwiegend Mini- und Supercomputer zum Einsatz, die eine hohe numerische Rechenleistung und einen großen Datendurchsatz bieten. Eine Untersuchung von Deng u.a. [38] aus dem Jahr 1990 zeigt jedoch, daß andere Architekturen, bezogen auf die Rechenleistung in MFLOPS, ein zum Teil erheblich besseres Verhältnis zwischen Preis und Leistung bieten. Dies wird in Abb. 1 deutlich, die für das Jahr 1990 eine Übersicht über das Verhältnis zwischen Preis und

Leistung für gängige Rechnerarchitekturen enthält[1]. Deng u.a. [38] teilen die Rechner

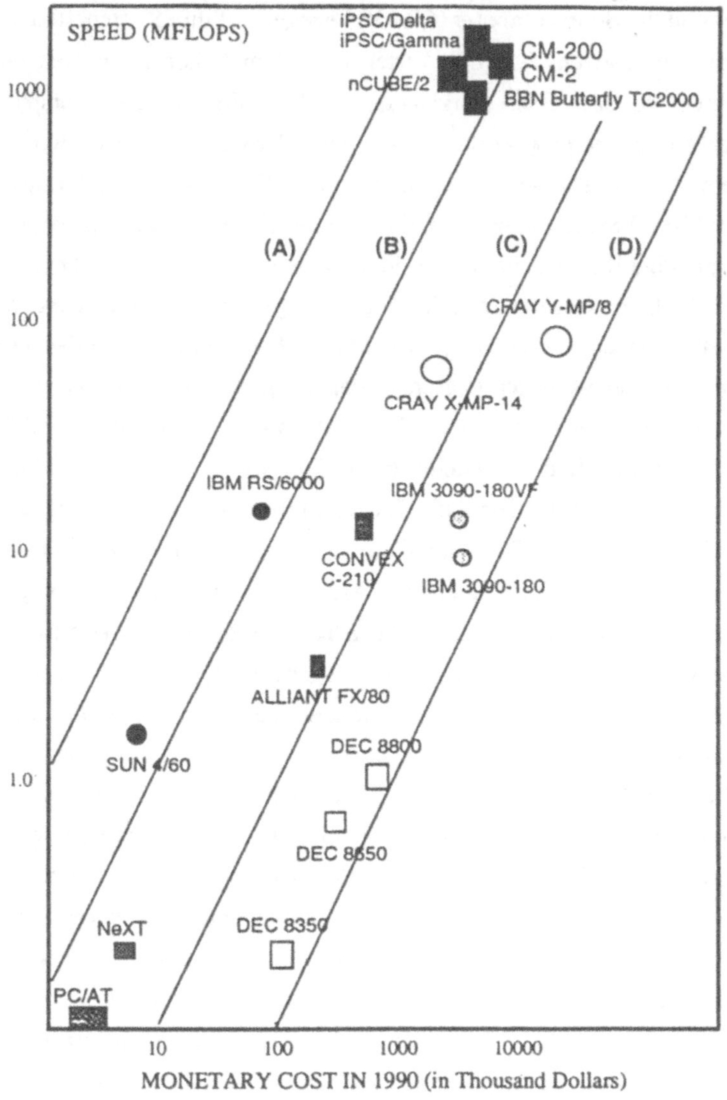


Die Linien (A), (B), (C), (D) beschreiben 5 Regionen der Kosteneffizienz. Die Kosteneffizienz auf den Linien liegt bei 1, 0.1, 0.01 bzw. 0.001 MFLOPS/$1000.

Abb. 1: Kosteneffizienz einiger Rechnerarchitekturen in MFLOPS/$1000 (aus Deng [38], S. 43)

1. Seit dieser Zeit haben die führenden Rechneranbieter alle eine neue Rechnergeneration entwickelt. Die angestellten Überlegungen bzgl. der Kosteneffizienz behalten aber ihre Gültigkeit.

aufgrund ihrer Kosteneffizienz, definiert als das Verhältnis aus der Leistung und dem Preis (MFLOPS/$1000) in 4 Klassen ein. Es fällt auf, daß die klassischen Mainframes (IBM 3090) und die Supercomputer (CRAY) bezogen auf ihre Kosteneffizienz schlecht abschneiden. Sie besitzen zwar den Vorteil einer sehr hohen Rechenleistung, verglichen mit einem PC oder einer Workstation von Sun Microsystems, verspielen diesen Vorteil aber durch überproportional ansteigende Kosten. Die beste Kosteneffizienz besitzen gem. Abb. 1 Workstations (Sun 4/60 und IBM RS/6000) und massiv parallele Rechner[1] (CM-x, iPSC/x), wenn man die Leistung der einzelnen Prozessoren aufsummiert. Die günstige Kostensituation der Workstations resultiert in erster Linie aus dem Einsatz von RISC Prozessoren, mit denen sich vergleichsweise preiswerte Mikrocomputer herstellen lassen, da sie in großen Stückzahlen gefertigt werden und auch in anderen elektronischen Geräten (Laserdrucker, Graphikkarten) zum Einsatz kommen. Die Kosteneffizienz von (massiv) parallelen Rechnern ergibt sich ebenfalls aus den „economics of scale“, da die Hersteller dieser Systeme in den meisten Fällen in ihren Systemen eine große Anzahl von RISC Prozessoren einsetzen. Dahingegen setzen herkömmliche Mainframes und Supercomputer auf wenige, aber dafür extrem leistungsfähige Prozessoren, die in der schnellsten verfügbaren Halbleitertechnologie gefertigt werden. Dies führt aufgrund der aufwendigen Technologie zu vergleichsweise sehr teuren Rechnern. Die für Parallelrechner festgestellte Kosteneffizienz basiert auf einer Aufsummierung der Rechenleistung von Einzelprozessoren. Sie kommt nur dann zum Tragen, wenn für ein konkretes Problem alle Prozessoren eingesetzt werden können. In vielen Fällen wird hierzu in Phase (ii) eine aufwendige Programmierung dieser Systeme notwendig, so daß sich der vermeintliche Kostenvorteil in sein Gegenteil umkehren kann. Viele Probleme besitzen auch zu wenig inhärente Parallelität, so daß sich massiv parallele Rechner zur Lösung dieser Probleme nicht eignen. Auf der anderen Seite erfordern Aufgabenstellungen wie Wetterprognosen über mehrere Tage, Modellierung von globalen Klimaveränderungen oder die Erfassung der menschlichen Erbanlagen, Rechenleistungen, die heutige Supercomputer nicht erbringen können. Diese Rechenleistungen stehen mittelfristig nur auf massiv parallelen Rechnern zur Verfügung.

Als Fazit dieser Kostenüberlegungen bleibt festzuhalten: Die beste Kosteneffizienz zur Lösung nichtlinearer Optimierungsprobleme erzielen einzelne Workstations oder mas-

1. Der Begriff „massiv paralleler Rechner“ bezeichnet Computer, die mehr als Einhundert parallel arbeitende Prozessoren besitzen.

siv parallele Systeme, wenn die benötigte parallel arbeitende Software bereits zur Verfügung steht. Zeitliche Vorgaben, z.B. im Rahmen eines Entwurfsprozesses, können jedoch bei großen und rechenintensiven Problemstellungen den Einsatz eines Supercomputers erfordern.

Da massiv parallele Systeme und Supercomputer dem Anwender große Investitionen in die benötigte Hardware abverlangen, ist man in jüngster Zeit bemüht, Anwendungen von Supercomputern auf vernetzte Workstations zu verlagern. Hierdurch wird die in der Rechnerpalette zwischen einzelnen Workstations und massiv parallelen Systemen existierende Lücke geschlossen. Gleichzeitig macht man sich die Tatsache zunutze, daß in vielen Betrieben bereits Workstations existieren, die oft nicht vollständig ausgelastet werden. Studien (beispw. [115]) gehen davon aus, daß die Auslastung einer interaktiv genutzten Workstation im täglichen Betrieb häufig unter 20% liegt. Berücksichtigt man ferner, daß diese Systeme nachts und am Wochenende nicht genutzt werden, so liegt mehr als 90% der möglichen Performance brach. Diese Beobachtungen gelten auch für die Arbeitsplatzrechner am Fachgebiet Wirtschaftsinformatik der Universität GH Siegen (vgl. Abb. 2). Bei der Interpretation der Ergebnisse ist zu berücksichtigen, daß nicht alle Rechnerarbeitsplätze ständig besetzt sind. Ferner ist für die Arbeitsplätze eine interaktive Nutzung vorgesehen, so daß kurzfristig hohe Rechenleistungen benötigt werden. Die in Abb. 2 wiedergegebenen Meßpunkte stellen jedoch einen 5-Minuten- Durchschnitt über 7 Rechner dar, so daß kurzzeitige Spitzenbelastungen im Diagramm nicht erkennbar sind. Unter rein ökonomischen Gesichtspunkten ist es sinnvoll, die im Bereich der interaktiv genutzten Workstations brachliegenden Ressourcen zu nutzen. Aus diesem Grund kam in den letzten Jahren die Idee des Workstation-Cluster-Computing auf. Ein Workstation-Cluster besteht hierbei aus mehreren Workstations, die über ein lokales Netzwerk oder spezielle optische Verbindungskanäle, zusammengeschaltet werden. Ein solcher Cluster kann, eine entsprechende Programmierung vorausgesetzt, wie ein Parallelrechner behandelt und kostenmäßig zwischen einzelnen Workstations und massiv parallelen Systemen positioniert werden. Er erlaubt die effizientere Nutzung der vorhandenen Ressourcen und bietet ferner einen Einstieg in die Parallelverarbeitung, der nur mit geringen Risiken verbunden ist. Die in Abb. 2 dargestellte Auslastung aller CPU-Ressourcen, zwischen den Zeitpunkten 410 und 680, ist beispw. auf eine Anwendung des Workstation-Cluster-Computing zur Lösung eines Auftragsreihenfolgeproblems für eine Flachheizkörperfertigung zurückzuführen (vgl. Kapitel 7).

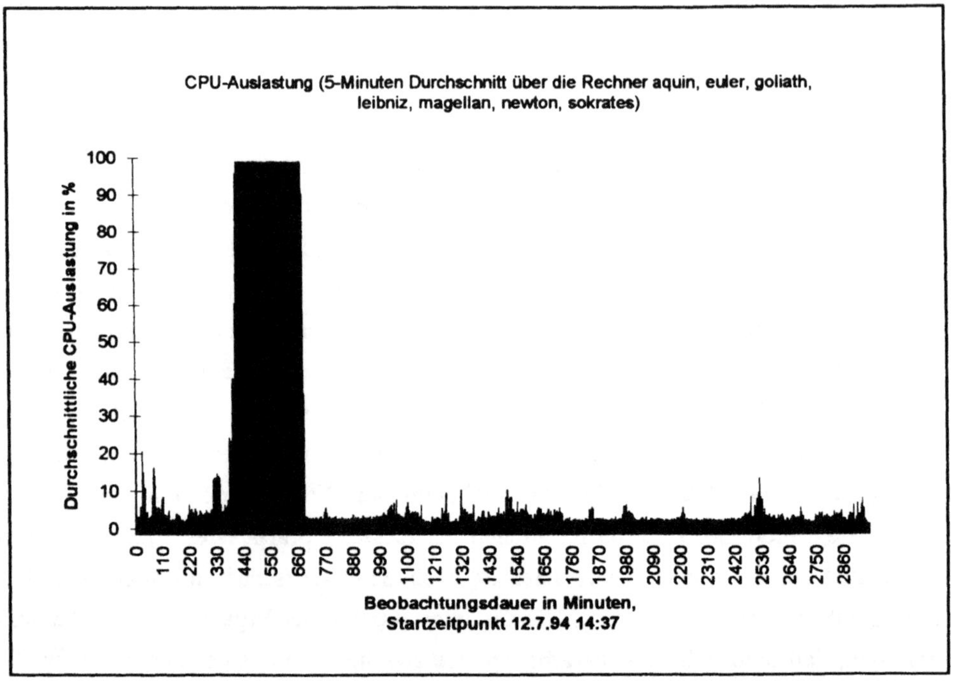


Abb. 2: Typische CPU-Auslastung am Fachgebiet Wirtschaftsinformatik der Universität GH Siegen (Beobachtungsdauer: 2 Tage)

Die oben angestellten Kostenüberlegungen stellten die Ausgangssituation zu Beginn dieser Arbeit im Jahr 1989/90 dar. Die nichtlineare Optimierung liefert wertvolle Beiträge in der betrieblichen Planung und im ingenieurtechnischen Entwurf. Ihr Einsatz muß in der Praxis aber unter Beachtung des Wirtschaftlichkeitsprinzips beherrscht werden, denn nicht jeder betriebliche Fachexperte ist auch ein Spezialist in den Gebieten der mathematischen Optimierung und in der Programmierung von (Parallel-) Computern. Der betriebliche Einsatz ist also nur sinnvoll, wenn dem betrieblichen Fachexperten Softwarewerkzeuge an die Hand gegeben werden, die eine effiziente Behandlung der anfallenden Aufgabenstellungen erlauben. **Aus diesem Grunde widmet sich diese Arbeit der Entwicklung eines Softwaresystems, das die parallele und verteilte Lösung nichtlinearer Optimierungsprobleme auf kostengünstigen Hardwareplattformen unterstützt**. Hierbei wird ein Werkzeug erstellt, das die Phase (ii) weitgehend automatisiert. Für die Lösung der Optimierungsaufgabe in Phase (iii) werden aus den geschilderten Kosteneffektivitätsgründen in erster Linie vernetzte Workstations, auf welche die Rechenlast verteilt werden kann, eingesetzt. Hierbei wird insbesondere berücksichtigt, daß seit dem Jahre 1992 verstärkt moderat parallele Multiprozessor-Workstations[1] auf den Markt kommen. Ihre Anbieter nutzen die Workstation-Technologie und die „economics of scale" und plazieren diese Rechner in direkter Konkurrenz zu traditionellen Mainframes. Der entwickelte Ansatz erlaubt es aber auch bei Bedarf Supercomputer oder spezialisierte Parallelrechner, wie etwa Transputer-Cluster, in das Netzwerk und somit in das Softwaresystem zu integrieren. Das folgende Unterkapitel enthält eine Literaturübersicht zu Software, die zur Lösung nichtlinearer Optimierungsprobleme eingesetzt wird und benennt Literaturstellen, die sich mit der Parallelverarbeitung zur Lösung dieser Probleme beschäftigen. Daran anschließend werden in Unterkapitel 1.3 Ziele und Aufbau dieser Arbeit näher beschrieben.

## 1.2. Literaturübersicht

Die Entwicklung von Software zur Lösung dieser nichtlinearen Optimierungsprobleme setzte in den 60er Jahren ein und war zunächst auf die Implementierung einzelner Optimierungsverfahren beschränkt. Die Softwareerstellung erfolgte hierbei auf Großrechnern bzw. auf den ab 1965 aufkommenden Minicomputern ([95]), die insbesondere für den technisch-wissenschaftlichen Markt konstruiert waren. Die zu dieser Zeit entwikkelte Software bestand aus sehr inflexiblen, an der Stapelverarbeitung orientierten Systemen mit beschränkten Leistungsmerkmalen (vgl. Wasil [157]). Erst das Aufkommen der Mikrocomputer (ab 1975 [140]), verbunden mit Fortschritten in der Softwaretechnologie, hier insbesondere bei Betriebssystemen und Benutzeroberflächen, schaffte die Voraussetzungen für flexiblere und benutzerfreundlichere Softwaresysteme ([57], [156], [157]). Sie werden heute auf Personal Computern (PC) oder Workstations eingesetzt. Von integrierten Softwaresystemen spricht man in diesem Zusammenhang, wenn die Softwaresysteme eine benutzerfreundliche Problembeschreibungssprache, Algorithmen und Lösungstechniken in einem System vereinigen. Unterkapitel 1.2.1 gibt eine Literaturübersicht zu Software, die der Lösung nichtlinearer Optimierungsprobleme dient. Daran anschließend nennt Unterkapitel 1.2.2 Literaturstellen, die sich mit der parallelen Lösung nichtlinearer Optimierungsprobleme beschäftigen. Standardwerke aus dem Bereich der nichtlinearen Optimierung sind die Arbeiten von Eiselt [48], Fletcher [52], Gill [55] und Himmelblau [83].

1. Die Firma Sun Microsystems bietet z.B. basierend auf der SPARC Prozessorarchitektur Multiprozessor-Workstations mit 1-4 Prozessoren und kleinere Serversysteme mit bis zu 20 Prozessoren an.

### 1.2.1. Software zur Lösung nichtlinearer Optimierungsprobleme

Die Entwicklung von Computerprogrammen zur Lösung nichtlinearer Optimierungsprobleme begann in den 60er Jahren. Bereits 1968 erstellte Colville [31] eine Studie, in der er die Implementierungen verschiedener Algorithmen vergleicht. Software zur Lösung nichtlinearer Optimierungsprobleme kann in drei Gruppen unterteilt werden:
(I) Die erste Gruppe beinhaltet **Implementierungen einzelner Optimierungsverfahren** in Form von Unterprogrammen einer Programmiersprache. Mehrere Unterprogramme können zu einer Bibliothek zusammengefaßt und mit einer einheitlichen Schnittstelle versehen werden. In der Literatur finden sich zahlreiche Hinweise auf solche Implementierungen. Auf ihre detaillierte Besprechung wird in dieser Arbeit verzichtet. Stattdessen enthält Tabelle 10 in Anhang A eine Auflistung der gefundenen Arbeiten. Einen größeren Bekanntheitsgrad haben die Arbeiten von Conn [33] (LANCELOT), Fiacco [51] (SUMT), Lasdon [101] (GRG2), Murtagh [118] (MINOS) und Powell [120] (VF02AD) erreicht.
(II) Die zweite Gruppe besteht aus **integrierten Softwaresystemen** zur Lösung nichtlinearer Optimierungsprobleme. Ein solches Softwaresystem integriert eine Sprache zur Beschreibung der Optimierungsprobleme, eine Sammlung von Optimierungsverfahren und eine (interaktive) Benutzerschnittstelle, mit der ein Anwender die Optimierungsrechnung steuern kann. Tabelle 1 enthält eine Auflistung der Programmpakete, die diese Voraussetzungen erfüllen. Alle diese Softwaresysteme besitzen eine Problembeschreibungssprache, die sich an der für nichtlineare Optimierungsprobleme üblichen mathematischen Notation orientiert (vgl. [157]). OPTPAK bietet darüber hinausgehend einen komfortablen Formeleditor zur Eingabe der Problembeschreibung. Bei allen anderen Paketen kann die Eingabe der Problembeschreibung in einem Texteditor erfolgen.
Zur Lösung der Probleme bauen die Systeme AMPL, GAMS, GINO und OPTPAK auf Implementierungen einzelner Algorithmen auf, die in Tabelle 10 des Anhang A nachzuschlagen sind. EUREKA:THE SOLVER, MP und OPTISOLVE stellen jeweils nur einen eigenen Lösungsalgorithmus für nichtlineare Optimierungsprobleme zur Verfügung. OpTiX arbeitet mit mehreren Algorithmen, die in das System integriert wurden. Die Steuerung der Optimierungsrechnung erfolgt bei AMPL und OpTiX interaktiv, d.h. der Anwender hat die Wahl zwischen verschiedenen parametrisierbaren Optimierungsverfahren und er kann im Laufe der Optimierungsrechnung von einem Verfahren zu einem anderen Verfahren wechseln. EUREKA:THE SOLVER, MP, und OPTPAK werden über ein Menüsystem gesteuert. In diesem Menüsystem kann der Anwender die

**Tabelle 1: Aufstellung integrierter Softwaresysteme zur Lösung nichtlinearer Optimierungsprobleme**

| Name des Softwaresystems | Literaturstellen | Optimierungsalgorithmen und Anmerkungen |
|---|---|---|
| AMPL (**A** **M**athematical **P**rogramming **L**anguage) | [54], [116] | Nutzt MINOS (vgl. Anhang A); weitere Anwendungsgebiete: Lineare Programmierung, Netzwerkprobleme, (Gemischt) Ganzzahlige Optimierung. |
| EUREKA: THE SOLVER | [157] | Nutzt Verfahren mit Variabler Metrik [134]. |
| GAMS (**G**eneral **A**lgebraic **M**odeling **S**ystem) | [25], [116], [157] | Nutzt MINOS, CONOPT, GRG2 oder NPSOL (vgl. Anhang A). Am Development Research Center der Weltbank entwickelt; wird dort zur Erstellung ökonomischer Modelle eingesetzt. Weitere Anwendungsgebiete: Lineare Programmierung, (Gemischt) Ganzzahlige Optimierung. |
| GINO (**G**eneral **I**nteractive **N**onlinear **O**ptimizer) | [57], [105], [116], [157] | Nutzt GRG2 (vgl. Anhang A). |
| MP (**M**athematical **P**rogramming) | [102], [157] | Basiert auf der Transformation in ein „non-linear complementary problem“ und der Anwendung eines Fixpunkt Algorithmus [130]. |
| OPTISOLVE | [157] | Nutzt Verfahren mit Variabler Metrik [134]. |
| OpTiX | [66], [68] | Vorläufer des in dieser Arbeit beschriebenen Systems. Verfahren: Adapt. Zufallssuche, Monte Carlo, Complex-Strategie, GRG. |
| OPTPAK | [157] | Nutzt NLPSOLVER (vgl. Anhang A). |

Parametrisierung der Algorithmen einstellen und die Optimierung starten. GINO und OPTISOLVE werden durch Kommandos gesteuert, die über die Tastatur einzugeben sind. GAMS bietet keine interaktive Benutzeroberfläche. Die Problembeschreibung, die ausgewählten Lösungsalgorithmen und ihre Parametrisierung werden in einer gemeinsamen Datei abgelegt. GAMS liest diese Datei und speichert die errechnete

Lösung in einer vom Benutzer definierbaren Datei. EUREKA:THE SOLVER, GAMS und OPTISOLVE können die Optimierung von einer gefundenen Lösung aus fortsetzen.

Die hier vorgestellten integrierten Softwaresysteme können vielfach Optimierungsprobleme lösen, die über den Bereich der nichtlinearen Optimierung hinausgehen. Dies ist in der letzten Spalte der Tabelle 1 vermerkt worden.

(III) Die dritte Gruppe beinhaltet **anwendungsspezifische Softwaresysteme**, die zur Lösung einer speziellen Klasse von nichtlinearen Optimierungsproblemen entwickelt wurden. Sie bieten die Möglichkeit Probleme der Anwendungsklasse effizient zu beschreiben und integrieren klassenspezifische Software mit Optimierungsalgorithmen unter einer gemeinsamen Benutzerschnittstelle. Dies läßt sich am Beispiel der Anwendungsklasse Strukturoptimierung zeigen. Softwaresysteme wie etwa CARAT [15], MBB-Lagrange [167] und SAPOP [49][50] nutzen Finite-Elemente-Methoden und Übertragungsmatrizenverfahren (klassenspezifische Software) zur Beschreibung und Berechnung des Strukturmodells. Die Kopplung zwischen dem Strukturmodell und den Optimierungsverfahren wird durch das Aufstellen eines speziellen Entwurfsmodells realisiert, welches das Strukturoptimierungsproblem in ein Parameteroptimierungsproblem überführt und somit der Lösung durch nichtlineare Optimierungsverfahren zugänglich macht. Diese Systeme wurden für den Einsatz in ihrem Anwendungsgebiet konstruiert und lassen sich für allgemeine, nichtlineare Optimierungsprobleme schlecht einsetzen, da ihnen eine hierfür geeignete Problembeschreibungssprache fehlt.

### 1.2.2. Einsatz der Parallelverarbeitung zur Lösung nichtlinearer Optimierungsprobleme

Die Parallelverarbeitung zur Lösung nichtlinearer Optimierungsprobleme kann auf zwei verschiedenen Ebenen ansetzen. Zum einen können parallele Algorithmen zur Lösung des Optimierungsproblems eingesetzt werden. Hierzu sind seit Anfang der 70er Jahre zahlreiche Veröffentlichungen erschienen, die sich mit einzelnen parallelen Algorithmen auseinandersetzen. Auf eine detaillierte Besprechung dieser Arbeiten wird an dieser Stelle verzichtet, weil der Schwerpunkt dieser Arbeit nicht in dem Bereich der Entwicklung paralleler Algorithmen liegt. Eine Übersicht geben jedoch die Arbeiten von Bertsekas [14], Lootsma [107][108], Schnabel [135] und Zenios [164].

Zum anderen kommen auch Vorgehensweisen zum Einsatz, die sich an der Struktur der Optimierungsaufgabe orientieren. Hier sind in erster Linie Dekompositionsverfahren

und Ansätze, welche die Zielfunktionswertberechnung parallelisieren, zu nennen. Die Idee der Dekompositionsansätze für lineare Optimierungsprobleme geht auf Dantzig und Wolfe [35] zurück. Dem folgten dann gegen Ende der 60er Jahre Arbeiten, in denen die Vorgehensweise auf Probleme der nichtlinearen Optimierung übertragen wurde (Lasdon [100], Mesarovic [111]). Es hat sich gezeigt, daß in Technik und Wirtschaft selbständige Teilsysteme gegeben sind, so daß die Dekomposition an den Grenzen natürlicher Systeme ansetzen kann. Allen Dekompositionsansätzen ist gemeinsam, daß ein großes System in mehrere kleinere Systeme zerlegt wird. Sind die Teilsysteme miteinander gekoppelt, so erfolgt die Lösung der Optimierungsaufgabe in einem iterativen Prozeß, wobei alle Teilprobleme und ein Koordinierungsproblem abwechselnd zu lösen sind. Dieser Ansatz ist für den Einsatz der Parallelverarbeitung von Interesse, da die Teilsysteme parallel gelöst werden können.
Die oben geschilderten Ansätze der Parallelverarbeitung sollten in das zu entwickelnde Softwaresystem einfließen. Da die Literaturrecherche keinen Hinweis auf ein integriertes und die Parallelverarbeitung unterstützendes Softwaresystem zur Lösung nichtlinearer Optimierungsprobleme geliefert hat, ist davon auszugehen, daß ein solches System im Rahmen dieser Arbeit erstmalig entwickelt wird.

## 1.3. Ziele und Aufbau der Arbeit

Ausgehend von der Prämisse, daß der betriebliche Einsatz der Parallelverarbeitung zur Lösung nichtlinearer Optimierungsprobleme nur dann sinnvoll ist, wenn dem betrieblichen Fachexperten Softwarewerkzeuge an die Hand gegeben werden, die eine effiziente Behandlung der anfallenden Aufgabenstellungen erlauben, wurde im Rahmen dieser Arbeit ein integriertes Softwaresystem erstellt, das den Einsatz der Parallelverarbeitung zur Lösung nichtlinearer Optimierungsprobleme gestattet. Die Wichtigsten an das Softwaresystem gestellten Anforderungen können hierbei wie folgt zusammengefaßt werden:

(i) *Anforderungen an eine Sprache zur Beschreibung nichtlinearer Optimierungsprobleme:*

Die Problembeschreibungssprache hat auf einer algebraischen Notation zur Beschreibung der Optimierungsprobleme zu basieren. Ihre Notation sollte sich stark an die in der Literatur gebräuchliche mathematische Notation anlehnen (vgl. 1.2.1(II)). Ferner muß die Problembeschreibungssprache Erweiterungen besitzen, die auf die Anforderungen der Parallelverarbeitung zugeschnitten sind: Insbesondere sollte es möglich sein, ein Problem als aus mehreren Teilproblemen bestehend zu beschreiben, um anschließend die einzelnen Teilprobleme parallel lösen zu können. Konstrukte zur Einbindung externen Routinen sind ein weiterer notwendiger Bestandteil der Problembeschreibungssprache, da sie die Einbindung anwendungsspezifischer Software zur Lösung spezieller Problemstellungen (vgl. 1.2.1(III)) erlauben.

(ii) *Anforderungen an eine Sammlung von Algorithmen zur nichtlinearen Optimierung*:
Die Algorithmensammlung sollte wesentliche Klassen von Algorithmen zur nichtlinearen Optimierung enthalten. Ferner muß das Softwaresystem eine flexible Konstruktion aufweisen, so daß neue Algorithmen leicht zu integrieren sind. Die von vielen Algorithmen benötigten Ableitungen erster und zweiter Ordnung sollten durch ein Computerprogramm (symbolische Differentiation) automatisch bestimmt werden.

(iii) *Anforderungen an die Benutzerschnittstelle*:
Das Softwaresystem sollte über eine graphische Benutzerschnittstelle verfügen, so daß alle Abläufe interaktiv gesteuert werden können. Der Anwender muß in der Lage sein, den Problemlösungsprozeß exakt zu steuern. Hierzu gehört die Formulierung einer Lösungsstrategie durch die Auswahl der einzusetzenden Rechnerressourcen, der Algorithmen und ihrer Parametrisierung.

(iv) *Anforderungen an die unterstützte Hard- und Software*:
Ausgehend von den Kostenüberlegungen der Einleitung und der real zur Verfügung stehenden Hardware, sollte das Softwaresystem in erster Linie Rechnernetze mit UNIX-basierten Workstations verschiedener Hersteller unterstützen. Das Rechnernetz wird hierbei als Parallelrechner aufgefaßt, wobei die einzelnen Rechner des Netzes die Prozessoren darstellen. Der gewählte Lösungsansatz muß hinreichende Flexibilität besitzen, so daß bei Bedarf auch andere Rechner, wie etwa konventionelle Supercomputer oder Transputercluster eingebunden werden können.

(v) *Anforderungen an die Unterstützung der Parallelverarbeitung*:
Das Softwaresystem soll in erster Linie parallele Lösungsansätze unterstützen, die zur Umsetzung in Rechnernetzen geeignet sind. Hierzu gehören alle Techniken, die zu einer grobkörnigen Parallelisierung führen, wie etwa Dekompositionsverfahren oder Multi-Start-Ansätze in der Globalen Optimierung. Parallele Optimierungsverfahren stehen nicht im Mittelpunkt des Interesses dieser Arbeit. Das Softwaresystem muß jedoch so flexibel sein, daß bei Bedarf für dedizierte Parallelrechner des Netzwerkes einzelne parallele Algorithmen eingebunden werden können. Dies soll exemplarisch für einzelne, im Netz vorhandene Multiprozessor-Workstations gezeigt werden.

In den weiteren Kapiteln dieser Arbeit wird das entwickelte Softwaresystem vorgestellt und sein Einsatz anhand einiger Beispiele erläutert. Das nun folgende Kapitel 2 beschäftigt sich zunächst mit einigen mathematischen Grundlagen der nichtlinearen Optimierung und beschreibt die Einsatzmöglichkeiten der Parallelverarbeitung in diesem Bereich. Kapitel 3 widmet sich Parallelrechnern und Softwarekonzepten, die zur Parallelverarbeitung eingesetzt werden. Aufbauend auf den obigen Anforderungskatalog und den Erklärungen der Kapitel 2 und 3, wird in Kapitel 4 der konzeptionelle Entwurf des Softwaresystems beschrieben. Die Implementierung des Softwaresystems wird daran anschließend in Kapitel 5 besprochen. Das Kapitel 6 ist der Anwendung und dem Test des Softwaresystems zur Lösung nichtlinearer Optimierungsprobleme gewidmet. Daran anschließend wird in Kapitel 7 gezeigt, daß sich das Softwaresystem auch erfolgreich auf Problemstellungen anwenden läßt, die nicht dem Bereich der nichtlinearen Optimierung entstammen. Das abschließende Kapitel 8 gibt eine Zusammenfassung und diskutiert mögliche zukünftige Weiterentwicklungen der Software.

# 2. Nichtlineare Optimierung und Parallelverarbeitung

Dieses Kapitel beschäftigt sich mit dem Fachgebiet der nichtlinearen Optimierung und beschreibt die Einsatzmöglichkeiten der Parallelverarbeitung in diesem Bereich. Das Unterkapitel 2.1 dient zunächst der Einordnung der nichtlinearen Optimierung in den Kontext der mathematischen Optimierung. Es enthält grundlegende mathematische Definitionen und Begriffe. Dem folgt im Unterkapitel 2.2 eine Übersicht zu Verfahren der nichtlinearen Optimierung. Im anschließenden Unterkapitel 2.3 werden parallele Vorgehensweisen zur Lösung nichtlinearer Optimierungsprobleme diskutiert.

## 2.1. Mathematische Definitionen und Klassifikationen

Die in dieser Arbeit behandelten nichtlinearen Optimierungsprobleme stellen eine besondere Klasse der mathematischen Optimierungsprobleme dar. Sie lassen sich durch einen Vektor von Entscheidungsvariablen x, eine Gütefunktion f, die eine Aussage über die Qualität einer getroffenen Entscheidung erlaubt und eine Menge von einzuhaltenden Restriktionen g kennzeichnen. Die allgemeine mathematische Formulierung einer solchen Optimierungsaufgabe lautet:

(F2.1) $\min f(x)$ mit $x \in R^n$, $f: R^n \rightarrow R^w$ und

(F2.2) $g_j(x) = 0$, $j = 1, \dots, m_e$ (Gleichheitsrestriktionen),

(F2.3) $g_j(x) \leq 0$, $j = m_e+1, \dots, m$ (Ungleichheitsrestriktionen),

(F2.4) $g_j: R^n \rightarrow R$, $j = 1, \dots, m$.

Für die Vielzahl der in der Praxis auftretenden Optimierungsprobleme haben sich Klassifikationsschemata herausgebildet, die auf den Strukturen von f, x und $g_j$ basieren (vgl. u.a. [48], [119]). Optimierungsprobleme werden z.B. in solche mit *einfacher Zielsetzung* ($w = 1$) und solche mit *mehrfacher Zielsetzung* ($w > 1$) unterteilt. Besteht der Wertebereich der Entscheidungsvariablen x aus reellen (ganzen) Zahlen, so spricht man von *kontinuierlichen (diskreten) Optimierungsproblemen*. Optimierungsprobleme, die keine Restriktionen besitzen, werden als *unbeschränkte* Optimierungsprobleme ($m_e = m = 0$), solche mit Restriktionen ($m \geq 1$) als *beschränkte* Optimierungsprobleme bezeichnet. Ferner wird zwischen *statischen* und *dynamischen* Optimierungsproblemen unterschieden. Letztere kennzeichnet eine Zielfunktion, die im Zeitablauf variiert.

Die Untersuchungen dieser Arbeit beschränken sich auf statische Optimierungsprobleme mit einfacher Zielsetzung und kontinuierlichen Variablen. Diese lassen sich wiederum in verschiedene Klassen unterteilen:

- *lineare* Optimierungsprobleme (f und $g_j$ linear),
- *quadratische* Optimierungsprobleme (f quadratisch und $g_j$ linear),
- *nichtlineare* Optimierungsprobleme (f und $g_j$ beliebige Funktionen).

Aus Gründen des Umfanges und der methodischen Abgrenzung werden die linearen Optimierungsprobleme von der weiteren Betrachtung in dieser Arbeit ausgeschlossen. Die Verwendung der Begriffe quadratisches oder nichtlineares Optimierungsproblem bezieht sich im folgenden, wenn nicht ausdrücklich anders vermerkt, immer auf statische Optimierungsprobleme mit einfacher Zielsetzung und kontinuierlichen Variablen.

In den folgenden Absätzen werden für das in (F2.1) bis (F2.4) definierte nichtlineare Optimierungsproblem einige Begriffe vorgestellt, die im weiteren Verlauf der Arbeit Verwendung finden. Zur Vereinfachung der Darstellung wird unterstellt, daß die Zielfunktion f und die Restriktionen $g_j$ zweifach stetig differenzierbare Funktionen sind.

Ein Punkt $x \in \mathrm{R}^n$ heißt *zulässig*, wenn er den Restriktionen (F2.2) und (F2.3) genügt. Die Menge aller zulässigen Punkte wird als *zulässiger Bereich* bezeichnet.

Sei $N(x, \delta)$ die Menge aller zulässigen $y \in \mathrm{R}^n$ einer $\delta$-Umgebung ($\delta > 0$) von x. Ein zulässiger Punkt $x \in \mathrm{R}^n$ wird dann als *lokales Minimum* bezeichnet, wenn gilt:

(F2.5) f(y) ist definiert für alle $y \in N(x, \delta)$,

(F2.6) $f(x) \leq f(y)$ für alle $y \in N(x, \delta)$.

Die Lagrange-Funktion des Optimierungsproblems (F2.1) bis (F2.4) ist wie folgt definiert:

(F2.7) $$L(x,\lambda) = f(x) + \sum_{j=1}^{m} \lambda_j g_j(x) \quad \text{mit } x \in \mathrm{R}^n, \lambda \in \mathrm{R}^m.$$

Die Variablen $\lambda_j$ bezeichnet man als Lagrange-Multiplikatoren.

Die *Kuhn-Tucker-Bedingungen* beschreiben notwendige Bedingungen für eine (lokal-) optimale Lösung des Optimierungsproblems (vgl. Schittkowski [131], S. 2). Ein *Kuhn-Tucker-Punkt* $x^\circ \in \mathrm{R}^n$ stellt hiernach ein (lokales) Minimum dar, wenn ein Vektor $\lambda^\circ = (\lambda_1^\circ, \lambda_2^\circ, \ldots, \lambda_m^\circ)^T$ existiert, so daß die folgenden Bedingungen gelten:

a) Optimalitätsbedingungen 1. Ordnung:

(F2.8) $g_j(x^\circ) = 0, \quad j = 1, \ldots, m_e,$

(F2.9) $g_j(x^\circ) \leq 0, \quad j = m_e+1, \ldots, m,$

(F2.10) $\lambda_j^\circ \geq 0, \quad j = m_e+1, \ldots, m,$

(F2.11) $\lambda_j^o g_j(x^o) = 0, \quad j = m_e+1, \ldots, m,$

(F2.12) $\nabla_x L(x^o, \lambda^o) = 0.$

b) Optimalitätsbedingungen 2. Ordnung:

Für alle $y \in R^n$ mit $y \neq 0$ und für

$j \in \{1, \ldots, m_e\} \cup \{k | k$ aus $m_e + 1, \ldots, m$ und $\lambda_k^o > 0\}$ mit $y^T \nabla g_j(x^o) = 0$ gilt:

(F2.13) $y^T \nabla_x^2 L(x^o, \lambda^o) y > 0.$

Hierbei bezeichnen $\nabla_x f(x)$ den Gradientenvektor und $\nabla_x^2 f(x)$ die Hesse-Matrix bzgl. x. Wenn keine Gefahr einer Verwechslung besteht, wird hierfür im folgenden die einfachere Schreibweise $\nabla f(x)$ bzw. $\nabla^2 f(x)$ gewählt:

$$\nabla f(x) = \begin{bmatrix} \frac{\partial}{\partial x_1} f(x) \\ \frac{\partial}{\partial x_2} f(x) \\ \cdots\cdots \\ \frac{\partial}{\partial x_n} f(x) \end{bmatrix} \quad \text{und} \quad \nabla^2 f(x) = \begin{bmatrix} \frac{\partial^2}{\partial x_1 \partial x_1} f(x) & \frac{\partial^2}{\partial x_1 \partial x_2} f(x) & \cdots\cdots & \frac{\partial^2}{\partial x_1 \partial x_n} f(x) \\ \frac{\partial^2}{\partial x_2 \partial x_1} f(x) & \frac{\partial^2}{\partial x_2 \partial x_2} f(x) & \cdots\cdots & \frac{\partial^2}{\partial x_2 \partial x_n} f(x) \\ \cdots\cdots & \cdots\cdots & \cdots\cdots & \cdots\cdots \\ \frac{\partial^2}{\partial x_n \partial x_1} f(x) & \frac{\partial^2}{\partial x_n \partial x_2} f(x) & \cdots\cdots & \frac{\partial^2}{\partial x_n \partial x_n} f(x) \end{bmatrix}$$

Nichtlineare Optimierungsprobleme lassen sich in konvexe und nichtkonvexe Probleme unterteilen. Ein konvexes Optimierungsproblem liegt vor, wenn der durch die $g_j$ definierte zulässige Bereich (F2.14) und die Zielfunktion (F2.15) konvex sind:

(F2.14) Die Menge $M \subset R^n$ der zulässigen Punkte ist konvex, wenn mit $x, y \in M$ auch das verbindende Liniensegment zu $M$ gehört:
$\forall \lambda \in [0, 1] : \lambda x + (1 - \lambda) y \in M.$

(F2.15) Die auf einer konvexen Menge $M \subset R^n$ definierte Funktion $f : M \to R$ heißt konvex, wenn für beliebige $x, y \in M$ und beliebige $\lambda \in [0, 1]$ gilt:
$f(\lambda x + (1 - \lambda) y) \leq (\lambda) f(x) + (1 - \lambda) f(y).$

Bei der Lösung einer Optimierungsaufgabe ist man in der Regel an dem *globalen Minimum* interessiert. Ein $x \in R^n$ ist das globale Minimum der Optimierungsaufgabe, wenn gilt:

(F2.16) x ist lokales Minimum.

(F2.17) Es gibt kein lokales Minimum $y \in R^n$ mit $f(y) < f(x)$.

Für konvexe Optimierungsprobleme gilt die wichtige Aussage, daß ein lokales Minimum auch gleichzeitig ein globales Minimum darstellt (s. u.a. Himmelblau [83], S. 27; Kuhn [98]). Die meisten deterministisch arbeitenden Optimierungsverfahren sind deshalb von ihrer Struktur her auf das Auffinden eines Kuhn-Tucker-Punktes gerichtet. Das Erreichen des globalen Optimums kann hierbei aber nur für konvexe Optimierungsprobleme garantiert werden. Viele in der Praxis auftretende Probleme weisen jedoch die geforderten Konvexitätseigenschaften nicht auf, da

(i) der zulässige Bereich nicht zusammenhängend und damit nicht konvex ist,
(ii) die Zielfunktion und die Restriktionen nicht stetig differenzierbar sind und
(iii) die Zielfunktion und die Restriktionen hochgradig nichtlinear und somit nicht konvex sind.

Der Einsatz von deterministisch arbeitenden Optimierungsverfahren führt deshalb bei diesen in der Praxis auftauchenden nichtkonvexen Problemen i.d.R. zu einem lokalen Minimum. Kein heute bekanntes Optimierungsverfahren garantiert das Auffinden des globalen Minimums für allgemeine nichtkonvexe Optimierungsprobleme. Deshalb versucht das Fachgebiet der *Globalen Optimierung* ([41],[42],[153]) Vorgehensweisen zu entwickeln, die zumindest eine hohe Wahrscheinlichkeit für das Auffinden des globalen Minimums garantieren. Im folgenden sollen drei dieser Vorgehensweisen näher erläutert werden:

(i) Die erste Vorgehensweise (*Zufallssuche*) legt ein Raster über den zulässigen Bereich und wertet die Zielfunktion an allen Rasterpunkten aus. Die Wahrscheinlichkeit, das globale Minimum zu finden, steigt mit der Dichte des Rasters. Zur Bestimmung des Rasters kommen in erster Linie stochastische Optimierungsverfahren zum Einsatz, die eine gleichförmige Verteilung der Testpunkte über den zulässigen Bereich garantieren.

(ii) Die Idee der *Multistart-Ansätze* besteht in der Ermittlung aller lokalen Minima. Hierzu wird von N gleichförmig verteilten Testpunkten jeweils eine Optimierungsrechnung gestartet. Diese führt bei allgemeinen, nichtkonvexen Problemen jeweils zu einem lokalen Minimum. Die Wahrscheinlichkeit auf diese Weise das globale Minimum zu lokalisieren, steigt mit der Anzahl der Testpunkte N.

(iii) Die dritte Vorgehensweise (*Clusterbildung*) versucht ebenfalls alle lokalen Minima zu ermitteln. Sie beginnt mit N gleichförmig verteilten Testpunkten. An jedem dieser Testpunkte wird eine Optimierungsrechnung gestartet und nach einigen Iterationen des Optimierungsverfahrens abgebrochen. Auf diese Weise erhält man N neue Testpunkte. Ausgehend von der Annahme, daß nahe beieinanderliegende Startpunkte in den Optimierungsrechnungen zu dem gleichen lokalen Minimum führen, erfolgt die Bildung von Punkteclustern. In der weiteren Optimumsuche wird dann pro Cluster nur noch eine Optimierungsrechnung gestartet. Der Vorgang aus verkürzter Optimierungsrechnung und Clusterbildung wird wiederholt, bis alle lokalen Minima gefunden wurden. Auch hier steigt die Wahrscheinlichkeit, auf diese Weise das globale Minimum zu lokalisieren, mit der Anzahl der Testpunkte N.

Die oben beschriebenen Vorgehensweisen der globalen Optimierung besitzen den Nachteil, daß ihre Umsetzung zu einem sehr hohen Rechenzeitaufwand und damit verbunden zu sehr hohe Kosten führt. Das beim betrieblichen Einsatz der nichtlinearen Optimierung anzuwendende Wirtschaftlichkeitsprinzip wird dem Einsatz dieser Verfahren deshalb in der Regel enge Grenzen setzen.

Für die in der Praxis auftretenden Probleme wählt man deswegen eine pragmatische Vorgehensweise: Man unterstellt, daß der zuständige Fachexperte eine ungefähre Vorstellung von der Güte einer erzielbaren Lösung besitzt und wendet lokal konvergente Optimierungsverfahren (ggf. von unterschiedlichen Startpunkten) an, bis ein Minimum gefunden wird, das den erwarteten Gütevorstellungen in etwa genügt.

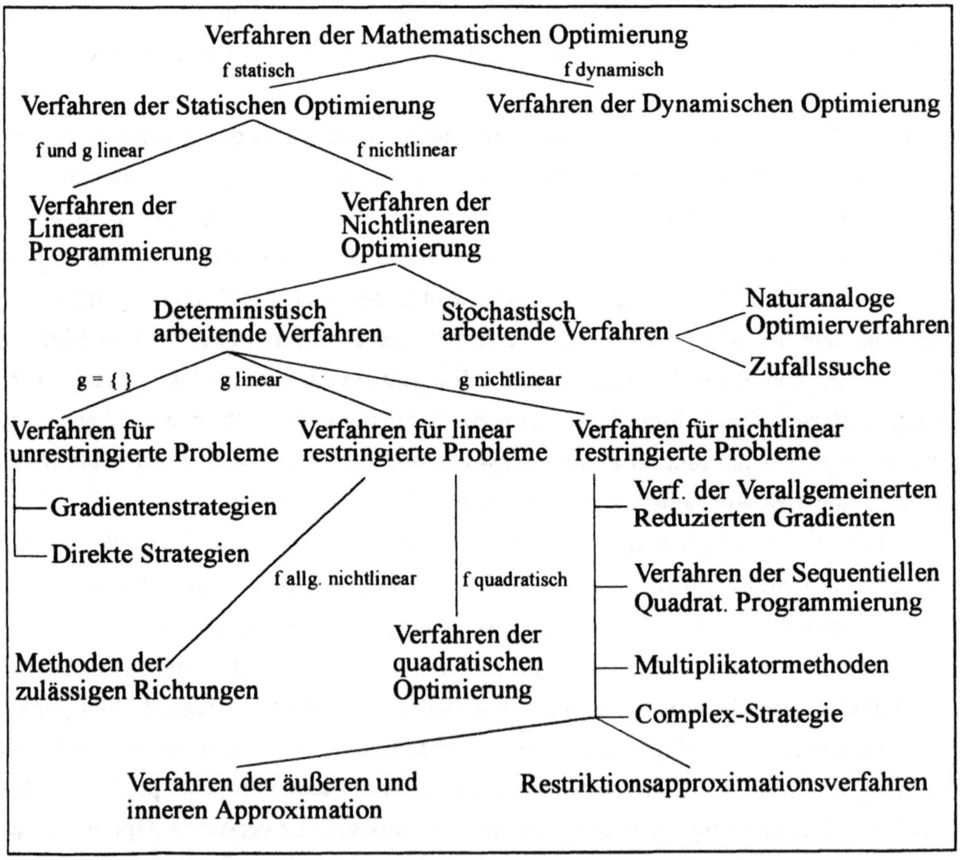


Abb. 3: Klassifikation von Verfahren der mathematischen Optimierung

## 2.2. Verfahren der nichtlinearen Optimierung

In diesem Unterkapitel wird eine Übersicht zu wesentlichen Verfahren der nichtlinearen Optimierung gegeben. Diese soll sich nicht in den Details einzelner Algorithmen oder ihrer Implementierungen verlieren, sondern die Grundideen der einzelnen Verfahrensklassen vermitteln. Eine detaillierte Beschreibung von Verfahren der nichtlinearen Optimierung liefern Lehrbücher, wie etwa Eiselt [48], Fletcher [52], Gill [55] und Himmelblau [83]. Abb. 3 enthält eine Klassifikation dieser Verfahren unter den im vorherigen Unterkapitel besprochenen Klassifikationskriterien. Aufgrund der Vielzahl der involvierten Kriterien läßt sich kein eindeutiges Klassifikationsschemata angeben, da die jeweilige Gewichtung der einzelnen Kriterien, im Sinne von Ober- und Unterordnung, die Klassifikation entscheidend beeinflußt. Im weiteren Verlauf dieser Arbeit wird eine Unterteilung der nichtlinearen Optimierungsverfahren in deterministisch und stochastisch arbeitende Verfahren vorgenommen (vgl. Abb. 3). Unter dem Begriff der stochastischen Optimierungsverfahren werden hierbei alle die Verfahren zusammengefaßt, die im Laufe der Optimierungsrechnung eine Zufallsfunktion einsetzen, um Werte der Entscheidungsvariablen zu modifizieren. Im folgenden werden zunächst die deterministisch arbeitenden Verfahren vorgestellt. Dem folgt im Unterkapitel 2.2.2 eine Übersicht zu stochastisch arbeitenden Optimierungsverfahren.

### 2.2.1. Deterministisch arbeitende Verfahren

Allen hier vorgestellten deterministisch arbeitenden Verfahren ist eine iterative Vorgehensweise zu eigen: ausgehend von einem beliebig zu wählenden Anfangspunkt wird so lange eine Folge neuer Punkte generiert, bis ein vorgegebenes Konvergenzkriterium erfüllt ist. Die Individualität der Strategien (vgl. Abb. 90, S. 195) besteht in der Art und Weise, in der neue Punkte generiert werden.

Die deterministisch arbeitenden Verfahren lassen sich in zwei Klassen unterteilen, die der Lösung von beschränkten bzw. unbeschränkten Optimierungsproblemen dienen. Bevor diese in den folgenden Unterkapiteln kurz vorgestellt werden, sollen an dieser Stelle noch *eindimensionale Suchverfahren* Erwähnung finden. Sie minimieren Funktionen einer reellen Veränderlichen und werden vorwiegend als Unterverfahren innerhalb eines mehrdimensionalen Suchverfahrens eingesetzt. Bekannte eindimensionale Suchverfahren sind (vgl.[61], S. 284ff.; [65], S. 114ff.): *Gleichmäßige Suche*, *Dichotomische Suche*, *Goldener Schnitt*, *Fibonacci-Suche*, *Bisektionsverfahren*, *Quadratische Interpolation*, *Kubische Interpolation*.

2.2.1.1. Verfahren für unrestringierte Probleme

Die Strategien zur Behandlung von unbeschränkten Problemen der nichtlinearen Optimierung zerfallen in ableitungsbehaftete Strategien (*Gradientenstrategien*) und *direkte Strategien*, die eine Lösung ohne das Berechnen von Ableitungen annähern (vgl. Abb. 3). Die Gradientenstrategien sind i.d.R. leistungsfähiger als direkte Strategien, da sie aus den Ableitungen der Zielfunktion Informationen über die Lage des Optimums ermitteln können. Direkte Strategien eignen sich für Problemstellungen, bei denen der Gradient der Zielfunktion nicht bestimmt werden kann. Es folgt zunächst eine kurz gehaltene Vorstellung einiger wichtiger **Gradientenstrategien**:

Das Verfahren des Steilsten Abstiegs (vgl. [61], S. 82f.; Abb. 81, S. 190) stellt eine sehr einfache Gradientenstrategie dar. Ausgehend von einem beliebig zu wählenden Anfangspunkt führt es in einem iterativen Prozeß jeweils einen Schritt in die Richtung des negativen Gradientenvektors der Zielfunktion durch. Die Schrittweite wird hierbei mit einem Verfahren der eindimensionalen Suche ermittelt. Das Verfahren nutzt die Tatsache, daß der Gradientenvektor der Zielfunktion in die Richtung des steilsten Anstiegs zeigt. Ein Schritt in die Richtung des negativen Gradientenvektors führt deshalb in eine für Minimierungsprobleme vorteilhafte Richtung. Als Abbruchkriterium kann ein für konvexe Funktionen hinreichendes Kriterium (z.B. $\nabla f(x_k) = 0$) gewählt werden. Für nichtkonvexe Zielfunktionen konvergiert der Algorithmus gegen ein lokales Optimum, das nicht notwendigerweise dem globalen Optimum entsprechen muß.

Andere Gradientenstrategien gehen davon aus, daß sich die Zielfunktion zumindest in der Nähe des Optimums quadratisch approximieren läßt. Das Verfahren nach Fletcher-Reeves (vgl. [83], S. 96ff.; Abb. 82, S. 190) gehört zu den konjugierten Gradientenverfahren und stellt eine Verbesserung des Verfahrens des Steilsten Abstiegs dar. Die Bestimmung konjugierter Suchrichtungen bewirkt, daß quadratische Funktionen in maximal n Iterationen minimiert werden können (vgl. [83], S. 93; 4.3 in Abb. 82, S. 190).

Das Newton-Verfahren (vgl. [61], S. 143ff. und Abb. 83, S. 191) basiert auf der folgenden quadratischen Approximation der Zielfunktion:

$$f(x_{k+1}) = f(x_k) + \Delta x_k^T \nabla f(x_k) + \frac{1}{2} \Delta x_k^T \nabla^2 f(x_k) \Delta x_k \quad \text{mit} \quad \Delta x_k = x_{k+1} - x_k \ .$$

Aus der notwendigen Bedingung $\nabla f(x_{k+1}) = 0$ für ein Minimum der Approximation folgt $\Delta x_k = -(\nabla^2 f(x_k))^{-1} \nabla f(x_k)$. Das Newton-Verfahren konvergiert schneller als die zuvor genannten Verfahren und minimiert quadratische Funktionen in einer Iteration. Bei seiner praktischen Anwendung können jedoch numerische Instabilitäten bei der Invertierung der Hesse-Matrix auftreten. Ferner steigt der Aufwand zur Bestimmung der Hesse-Matrix mit dem Quadrat der Problemdimension. Aus diesem Grund wurden Quasi-Newton-Verfahren (vgl. [61], S. 143ff.) entwickelt, die auf das Bestimmen der zweiten Ableitungen verzichten und die Inverse der Hesse-Matrix iterativ, unter ausschließlicher Verwendung erster Ableitungen bestimmen. Abb. 4 zeigt z.B. ein Quasi-Newton-Verfahren, das in Schritt 3.5 die Aufdatierungsformel von Davidon-Fletcher-Powell verwendet. Eine weite Verbreitung hat auch die Aufdatierungsformel nach Broydon-Fletcher-Goldfarb-Shanno (BFGS) gefunden. Diese lautet:

$$H_{k+1} = H_k + \left[1 + \frac{y_k^T H_k y_k}{\lambda_k s_k^T y_k}\right] \frac{\lambda_k s_k s_k^T}{s_k^T y_k} - \frac{s_k y_k^T H_k + H_k y_k s_k^T}{s_k^T y_k}.$$

| | |
|---|---|
| 1. | Wähle $x_0$ und eine symm. pos. definite Matrix $H_0$ [z.B. $H_0 = I$] |
| 2. | $k = 0$ |
| 3. | wiederhole bis $\nabla f(x_k) = 0$ |
| 3.1 | $s_k = -H_k \nabla f(x_k)$ |
| 3.2 | Finde mittels einer eindimensionalen Suche $\lambda_k > 0$ welches $f(x_k + \lambda_k s_k)$ minimiert |
| 3.3 | $x_{k+1} = x_k + \lambda_k s_k$ |
| 3.4 | $y_k = \nabla f(x_{k+1}) - \nabla f(x_k)$ |
| 3.5 | $H_{k+1} = H_k + \frac{\lambda_k s_k s_k^T}{s_k^T y_k} - \frac{H_k y_k y_k^T H_k}{y_k^T H_k y_k}$ |
| 3.6 | $k = k + 1$ |

Abb. 4: Quasi-Newton-Verfahren mit Aufdatierungsformel nach Davidon-Fletcher-Powell (DFP)

Nach dieser Vorstellung der Gradientenstrategien sollen im folgenden einige wichtige **direkte Strategien** erwähnt werden:

Das Verfahren nach Gauß und Seidel ([65], S. 118) stellt das wohl einfachste, mehrdimensionale Verfahren der direkten Strategien dar. In rotierender Reihenfolge wird das Optimum jeweils entlang einer Variablen gesucht, wobei die Werte der anderen Variablen konstant gehalten werden. Das Verfahren von Hooke und Jeeves ([65], S. 118), auch als Mustersuche bekannt, stellt eine Verbesserung dar: Tastschritten in der Umgebung des aktuellen Punktes folgt eine „Musterbewegung" in die erfolgversprechende

Richtung. Das Verfahren von Rosenbrock ([65], S. 120) unternimmt Suchschritte parallel zu den Achsen eines im $R^n$ drehbaren Koordinatensystems, wobei eine Achse so gelegt wird, daß sie in die am günstigsten erscheinende Richtung weist. Die direkte Strategie von Davies, Swann und Campey ([136], S. 63ff) kombiniert die Rosenbrocksche Idee der rotierenden Koordinaten mit eindimensionalen Suchmethoden. Vom Iterationspunkt aus wird in die aktuellen Koordinaten-Richtungen jeweils eine lineare Suche durchgeführt. Es schließt sich eine eindimensionale Minimierung in die Richtung des bis dahin erzielten Gesamterfolges an. Am Ende des Iterationsschrittes werden die Koordinaten-Richtungen neu bestimmt. Die Idee der Polyeder-Strategien ([65], S. 119) nach Nelder-Mead besteht darin, einen Simplex so durch den Raum zu bewegen, daß sich dieser schließlich um das Optimum herum zusammenzieht. In jedem Iterationsschritt wird der Eckpunkt des Simplex mit dem schlechtesten Zielfunktionswert durch einen neuen Eckpunkt ersetzt. Hierzu wird dieser Eckpunkt am Schwerpunkt des Simplex reflektiert. Verbessert der neue Punkt den Zielfunktionswert, so erfolgt eine Expansion des Simplex in Reflektionsrichtung. Stellt der gefundene Punkt eine Verschlechterung dar, so erfolgt eine Kontraktion in Richtung des Schwerpunktes. Eine sehr weite Verbreitung hat das Verfahren der Konjugierten Richtungen von Powell ([65], S. 120f) gefunden. Es startet mit n linearen Suchen in Richtung der Einheitsvektoren. Dem folgt eine Minimierung in Richtung des Gesamterfolges. Am Ende dieses ersten Iterationsschrittes wird der erste Einheitsvektor durch den Richtungsvektor des Gesamterfolges ersetzt. Es folgen n+1 lineare Suchen, bis der nächste Einheitsvektor ersetzt wird. Dies wird solange wiederholt, bis alle Einheitsvektoren durch neue Richtungsvektoren ersetzt wurden. Auf diese Art und Weise erhält man bei quadratischer Zielfunktion nach n Iterationsschritten mit je n+1 linearen Suchschritten einen Satz konjugierter Richtungen. Das Verfahren von Powell gilt als das leistungsfähigste Verfahren der direkten Suche und ist sogar einigen einfachen Gradientenstrategien überlegen. Es ist jedoch der oben vorgestellten Konjugierten Gradientenstrategie von Fletcher-Reeves unterlegen, da die Gradientenstrategie in jeder Iteration einen neuen Satz konjugierter Richtungen erzeugt.

#### 2.2.1.2. Verfahren für beschränkte Probleme

In den letzten Jahrzehnten entstanden eine Vielzahl von Methoden zur Lösung nichtlinear restringierter Optimierungsprobleme. An dieser Stelle kann deswegen nur eine kleine Übersicht zu den Grundideen wesentlicher Verfahren gegeben werden. Die getroffene Auswahl (vgl. Abb. 3) umfaßt die Methoden der zulässigen Richtungen, das

Verfahren der Sequentiellen Quadratischen Programmierung, die Methoden der äußeren und inneren Approximation, die Multiplikatormethoden, die Restriktionsapproximationsverfahren, die Subgradientenverfahren und die Complex-Strategie.
Die *Methoden der zulässigen Richtungen* starten die Optimierungsrechnung an einem Punkt im zulässigen Bereich. Von dort ausgehend wird, ähnlich wie bei der unbeschränkten nichtlinearen Optimierung, ein Schritt in eine vorteilhafte Richtung unternommen. Die einzelnen Verfahren stellen sicher, daß der Schritt nicht aus dem zulässigen Bereich hinaus führt. Hierzu wird eine ermittelte Abstiegsrichtung so modifiziert, daß sie in den zulässigen Bereich zeigt (zulässige Richtung). Im folgenden werden das Verfahren nach Frank-Wolfe, Rosens Verfahren der Projizierten Gradienten und die Verfahren der reduzierten Gradienten vorgestellt. Diese Verfahren der zulässigen Richtungen kommen bei nichtlinearen Optimierungsproblemen mit ausschließlich linearen Restriktionen zum Einsatz (vgl. Abb. 3).
Das Verfahren nach *Frank-Wolfe* (vgl. [48], S. 597ff.; Abb. 84, S. 191) besteht aus einer zweischrittigen Vorgehensweise: Im ersten Schritt wird die Zielfunktion im aktuellen Iterationspunkt $x_k$ linearisiert und das so entstehende lineare Optimierungsproblem mit Standardverfahren der linearen Optimierung gelöst. Das Liniensegment zwischen $x_k$ und der Lösung des linearen Optimierungsproblems ($y_k$) liegt bei konvexen Optimierungsproblemen im zulässigen Bereich, so daß im zweiten Schritt eine eindimensionale Suche entlang der Verbindungslinie zwischen $x_k$ und $y_k$ ausgeführt werden kann. Der so gefundene Punkt geht als Näherungslösung in die nächste Iteration ein. Das Verfahren bricht ab, wenn die Optimalitätsbedingungen im aktuellen Iterationspunkt erfüllt sind.
*Rosens Verfahren der Projizierten Gradienten* (vgl. [48], S. 600ff.) stellt die Erweiterung des Verfahrens des Steilsten Abstiegs auf beschränkte Optimierungsprobleme dar. Ausgehend von einem Punkt im zulässigen Bereich erfolgt eine Bewegung in eine Abstiegsrichtung, die im Inneren des zulässigen Bereichs der Richtung des steilsten Abstiegs $(-\nabla f(x_k))$ entspricht. Für Punkte, die auf der Grenze des zulässigen Bereichs liegen, gilt in der Regel, daß $-\nabla f(x_k)$ in den unzulässigen Bereich zeigt. In diesem Fall erfolgt eine Bewegung in die Richtung des projizierten Gradienten. Dieser ergibt sich aus der Multiplikation von $-\nabla f(x_k)$ mit einer Projektionsmatrix, die so zu wählen ist, daß $-\nabla f(x_k)$ auf die Grenzen des den zulässigen Bereich einschließenden Polytops projiziert wird. Das Verfahren der Projizierten Gradienten kann als eine Spezialisierung der *Verfahren der reduzierten Gradienten* angesehen werden (vgl. [55], S. 219). Diese Verfahrensklasse berücksichtigt, daß jede aktive Ungleichheitsrestriktion

und jede Gleichheitsrestriktion den Freiheitsgrad des Optimierungsproblems um einen Grad reduzieren. Als Fortschrittsrichtung (Suchrichtung) wird deshalb nicht der negative Gradient der Zielfunktion, sondern ein reduzierter Gradient $s_k$, der die Verminderung der Freiheitsgrade berücksichtigt, gewählt. Die Verfahren der reduzierten Gradienten beschreiben eine Klasse von Verfahren, die zum Teil erhebliche Unterschiede aufweisen. Abb. 86, S. 192 (vgl. [61], S. 184f.) zeigt beispielsweise ein reduziertes Gradientenverfahren für Probleme mit linearen Ungleichheitsrestriktionen. Andere Verfahren der reduzierten Gradienten (vgl. [65], S. 133ff.) arbeiten mit Gleichheitsrestriktionen. Sie starten, in Anlehnung an das Simplexverfahren, mit einer Aufteilung der Variablen in abhängige Variablen (Basisvariablen) und unabhängige Variablen (Nichtbasisvariablen). Diese Unterteilung wird anhand der linearen Gleichheitsrestriktionen vorgenommen. Sie bewirkt, daß jede Basisvariable durch eine Linearkombination von Nichtbasisvariablen ersetzt werden kann. Diese Ersetzung führt zur reduzierten Zielfunktion und zum negativen reduzierten Gradienten, der als Fortschrittsrichtung gewählt wird.

Das *Verfahren der Verallgemeinerten Reduzierten Gradienten* (kurz GRG, vgl. [1]) stellt eine Erweiterung der Vorgehensweise auf Probleme mit allgemeinen, nichtlinearen Gleichheits- und Ungleichheitsrestriktionen dar. In jedem Schritt erfolgt eine lineare Approximation der nichtlinearen Restriktionen. Dies kann dazu führen, daß auch der negative reduzierte Gradient in eine unzulässige Richtung zeigt. Die Fortschrittsrichtung muß in diesem Fall durch einen Suchprozeß so verschoben werden, daß sie in den zulässigen Bereich zeigt (vgl. [65], S.222).

Die Grundidee des *Verfahrens der Sequentiellen Quadratischen Programmierung* (kurz SQP) ist es, die Lösung des allgemeinen, nichtlinearen Optimierungsproblems auf die Lösung einfacherer quadratischer Optimierungsprobleme zurückzuführen (vgl. [161]; [55], S. 237ff.; [124], S. 92ff.). Hierzu verwendet es eine lineare Approximation der Restriktionen (F2.19) und eine quadratische Approximation des Ausgangsproblems, die auf der Lagrange-Funktion basiert (F2.18). Das SQP-Verfahren basiert auf den unter (F2.8) bis (F2.12) gegebenen Optimalitätsbedingungen, da das System der Optimalitätsbedingungen des quadratischen Ersatzproblems das System der Optimalitätsbedingungen des Ausgangsproblems approximiert.

(F2.18) $$\min \Delta x_k^T \nabla f(x_k) + \frac{1}{2} \Delta x_k^T \nabla_x^2 L(x_k, u_k) \Delta x_k$$

(F2.19) $$\text{mit } g_i(x_k) + \Delta x_k^T \nabla g_i(x_k) \leq 0 \text{ .}$$

Alle Varianten des SQP-Verfahrens arbeiten iterativ: Im aktuellen Iterationspunkt wird eine quadratische Approximation des Ausgangsproblems durchgeführt und das quadratische Unterproblem mit Standardverfahren der quadratischen Programmierung (vgl. [58]; [14], S. 224ff.) gelöst. Diese Lösung kann als verbesserte Näherungslösung des Ausgangsproblems angesehen werden und geht mit der Vorschrift $x_{k+1} = x_k + \alpha\Delta x_k$ in den nächsten Iterationspunkt ein. In der einfachsten Variante der SQP-Verfahren wird $\alpha = 1$ gesetzt (vgl. [124], S. 92ff.). Verbesserte SQP-Verfahren führen eine eindimensionale Suche über $\alpha$ aus (vgl. [132]). Der Iterationsprozeß bricht ab, wenn der aktuelle Iterationspunkt den Optimalitätsbedingungen des Ausgangsproblems genügt.

Die zuvor vorgestellten Verfahren der Verallgemeinerten Reduzierten Gradienten und der Sequentiellen Quadratischen Programmierung gelten als die leistungsfähigsten Verfahren der nichtlinearen Optimierung. Praktische Implementierungen dieser Verfahren beinhalten viele Verfeinerungen und Modifikationen des Grundalgorithmus, um eine verbesserte Konvergenz zu erreichen. Literaturstellen, die solche Detaills beschreiben, können Tabelle 10 entnommen werden.

Die *Methoden der inneren Approximation* können zur Lösung von Optimierungsproblemen mit Ungleichheitsrestriktionen eingesetzt werden. Sie verwenden Barriere-Funktionen, die wie folgt definiert sind:

(F2.20) $$B(x,r) = f(x) - r\sum_{i=1}^{m} \log(g_i(x)).$$

Hierbei wird der Term $-r\sum_{i=1}^{m} \log(g_i(x))$ als Barriere-Term bezeichnet.

Eine Optimierung besteht nun darin, das Problem (F2.20), ausgehend von einer zulässigen Lösung, als eine Folge von unbeschränkten Optimierungen mit kleiner werdendem $r > 0$ zu lösen. Der Barriere-Term sorgt hierbei dafür, daß der zulässige Bereich nicht verlassen wird. Das Verfahren der *Sequentiellen Unbeschränkten Minimierungs-Technik* (SUMT) gehört zu dieser Klasse von Optimierungsverfahren. Eine Prinzipskizze ist in Abb. 85, S. 191 wiedergegeben.

Die Methoden der *äußeren Approximation* verwenden anstelle von Barriere-Termen Strafterme. Für eine Problemstellung mit Ungleichheitsrestriktionen lautet die Strafffunktion:

(F2.21) $$P(x,r) = f(x) + r\sum_{i=1}^{m} (max(0,g_i(x)))^2.$$

Ausgehend von einem beliebigem Anfangspunkt wird das Problem als eine Folge unbeschränkter Optimierungen mit ansteigendem $r > 0$ gelöst. Die wachsenden Strafterme sorgen hierbei dafür, daß die Iterationspunkte in den zulässigen Bereich hineinwandern.

Die Verwendung von Verfahren der äußeren und der inneren Approximation kann in der Nähe des Optimums zu numerischen Schwierigkeiten führen, insbesondere dann, wenn einige Restriktionen im Optimum aktiv sind. Ausgehend von der Idee der Straffunktionen entstand daher die Idee, den Ursprung der Strafterme zu verschieben, um so die schlechte Konditionierung in der Nähe des Optimums zu vermeiden. Eine solche Straffunktion lautet:

(F2.22) $$P_{am}(x,r,\Theta) = f(x) + r\sum_{i=1}^{m}(max(0,g_i(x)) - \Theta_i)^2.$$

Ignoriert man den von x unabhängigen Term $r\sum_{i=1}^{m}\Theta_i^2$, so erhält man:

(F2.23)
$$P_m(x,r,\Theta) = f(x) + r\left(\sum_{i=1}^{m}(max(0,g_i(x)))^2\right) - 2r\Theta\left(\sum_{i=1}^{m}(max(0,g_i(x)))\right).$$

Da $P_m(x,r,\Theta)$ aus $P(x,r)$ durch das Hinzufügen eines Multiplikator-Terms entsteht, nennt man $P_m$ auch Multiplikator-Straffunktion. Setzt man $\lambda = -2r\Theta$, so ergibt sich:

(F2.24) $$P_a(x,r,\lambda) = f(x) + \lambda\left(\sum_{i=1}^{m}(max(0,g_i(x)))\right) + r\left(\sum_{i=1}^{m}(max(0,g_i(x)))^2\right).$$

Da diese Funktion die um einen quadratischen Term erweiterte Lagrange-Funktion darstellt, bezeichnet man sie als erweiterte bzw. modifizierte Lagrange-Funktion. Für Probleme mit Gleichheits- und Ungleichheitsrestriktionen kann die erweiterte Lagrange-Funktion in der Vektorschreibweise wie folgt formuliert werden:

(F2.25) $$P_{al}(x,\lambda,r) = f(x) + \lambda^T\hat{g}(x) + \frac{r}{2}\hat{g}(x)^2.$$

Der Vektor $\hat{g}$ besteht dabei aus den Gleichheitsrestriktionen und den aktiven Ungleichheitsrestriktionen, die in jedem Iterationspunkt neu zu bestimmen sind.

Die Verfahrensklasse der *Multiplikatormethoden* (vgl. [13]; [52], S. 287ff.) approximiert einen Kuhn-Tucker-Punkt $(x^o, \lambda^o)^T$ des Ausgangsproblems. Hierbei machen sich diese Methoden die Tatsache zunutze, daß ein $\bar{r}$ existiert, so daß für alle $r > \bar{r}$ gilt: $x^o$ ist das unbeschränkte Minimum von $P_{al}(x,\lambda^o,r)$ (vgl. [55], S. 226). Wären die exakten Werte für $\bar{r}$ und $\lambda^o$ zu Beginn der Optimierungsrechnung bekannt, so könnte $x^o$ durch eine einmalige Lösung der unbeschränkten Optimierungsaufgabe $min(P_{al}(x,\lambda^o,r))$ bestimmt werden. Da dies aber nicht der Fall ist, verwenden die Multiplikatorverfahren, ähnlich wie die Straffunktionsverfahren, eine iterative Vorgehensweise. In jedem Iterationsschritt wird die Optimierungsaufgabe $min(P_{al}(x_k,\lambda_k,r_k))$ gelöst. Daran anschließend werden in Abhängigkeit von den Restriktionsverletzungen neue Werte $\lambda_{k+1}$ und $r_{k+1}$ errechnet. Mit diesen Werten wird der nächste Iterationsschritt durchgeführt. Das Verfahren terminiert, wenn für ein $(x_k,\lambda_k)$ die Optimalitätsbedingungen erfüllt sind. Es existieren zahlreiche Variationen des hier beschriebenen Grundschemas (vgl. [13]; [55], S. 225ff.), die hier aber nicht im Detail besprochen werden können.

Die *Schnittebenenverfahren* können zur Lösung von nichtlinearen Optimierungsproblemen mit Ungleichheitsrestriktionen eingesetzt werden. Sie versuchen den zulässigen Bereich von außen durch ein lineares Polytop (Polyeder) anzunähern (vgl. [124], S. 90). Die Zielfunktion und die Restriktionen werden im aktuellen Iterationspunkt linear approximiert. Die Konvexitätseigenschaft garantiert, daß ein Polytop entsteht, der den zulässigen Bereich und somit auch das gewünschte Minimum einschließt. Das so entstandene lineare Optimierungsproblem kann mit Standardverfahren gelöst werden. Wenn im Optimum Restriktionen aktiv sind, so liefert die Lösung des linearen Optimierungsproblems aufgrund der linearen Approximation der Restriktionen einen Punkt, der unzulässig ist. Deswegen wird in einem iterativen Prozeß das außerhalb des zulässigen Bereichs liegende Minimum durch Hinzufügen einer neuen linearen Restriktion abgeschnitten. Diese Vorgehensweise wird wiederholt, bis das gefundene Minimum hinreichend nahe am zulässigen Bereich liegt.

Die meisten bisher behandelten Methoden der beschränkten nichtlinearen Programmierung ließen sich nur bei Differenzierbarkeit von Zielfunktion und Restriktionen anwenden. Diese Voraussetzung ist jedoch bei den in der Praxis anfallenden Optimierungsaufgaben häufig nicht gegeben. Dies ist problematisch, da einige Verfahren Ableitungen zwingend berechnen müssen und die Differenzierbarkeit ausgenutzt wird, um mathematisch die Konvergenz zu einem globalen Optimum zu beweisen. Die Subgradientenverfahren adressieren dieses Problem, indem sie anstelle der Gradienten Subgradienten verwenden. Für eine konvexe Funktion $f: R^n \rightarrow R$ heißt ein n-element Vektor t Subgradient im Punkt y, falls gilt: $f(x) \geq f(y) + (x-y)^T t$. In Punkten, an denen f(x) differenzierbar ist, stimmen Gradient und Subgradient überein (vgl. x bzw. z in Abb. 88, S. 193). An einem nicht differenzierbaren Eckpunkt y ergibt sich eine Menge von Subgradienten, die mit $\underline{\nabla} f(y)$ bezeichnet wird. Das in Abb. 87, S. 193 wiedergegebene leicht modifizierte Verfahren nach Shor-Polyak (vgl. [48], S. 629ff.) nutzt die Existenz der Subgradienten aus, um Suchrichtungen zu generieren.

Die Complex-Strategie, ein Vertreter der Klasse der direkten Suchmethoden, stellt eine

Erweiterung der in Kapitel 2.2.1.1 behandelten Polyeder-Methoden dar und erlaubt die Behandlung von Restriktionen in Form von Ungleichungen (vgl. [65], S. 127ff.). Dieses Verfahren benötigt keine Ableitungen der Zielfunktion oder der Restriktionen und eignet sich deswegen besonders für Problemstellungen, bei denen diese Ableitungen nicht existieren. Zu Beginn der Optimierungsrechnung wird im zulässigen Bereich ein Simplex konstruiert, dessen Eckpunkte somit allen Restriktionen genügen. Analog zum unbeschränkten Verfahren besteht die Vorgehensweise in der Reflektion von Eckpunkten, die zur Kontraktion oder Expansion des Simplex führen mit der zusätzlichen Einschränkung, daß der zulässige Bereich nicht verlassen werden darf. Einige Erweiterungen dieser Vorgehensweise erlauben es einzelnen Ecken des Polytops, im unzulässigen Bereich zu liegen.

### 2.2.2. Stochastisch arbeitende Optimierungsverfahren

Die Vorgehensweise der stochastischen Optimierungsverfahren ähnelt der von direkten Strategien der unbeschränkten, nichtlinearen Programmierung: Ausgehend von einem beliebig zu wählenden Anfangspunkt wird so lange eine Folge neuer Punkte generiert, bis ein vorgegebenes Konvergenzkriterium erfüllt ist. Alle Verfahren zeichnet aus, daß die neuen Punkte mittels stochastischer Größen erzeugt werden. Die stochastischen Optimierungsverfahren werden angewendet, falls Differenzierbarkeit und Stetigkeit von Zielfunktion und Restriktionen nicht gegeben sind. Sie eignen sich sowohl für unbeschränkte Probleme als auch für beschränkte Problemstellungen mit Ungleichheitsrestriktionen und nicht konvexem zulässigen Bereich. Im folgenden werden das Verfahren der Stochastischen Suche, die Adaptive Zufallssuche, die Gerichtete Zufallssuche, das Verfahren des Simulated Annealing und die Evolutionsstrategien kurz vorgestellt.

Bei der Stochastischen Suche werden um den aktuellen Iterationspunkt herum zufällige neue Punkte bestimmt. Als neuer Iterationspunkt wird der Punkt mit dem günstigsten Zielfunktionswert bestimmt. Die Literatur nennt eine Vielzahl von Verfahren zur Generierung der neuen Punkte, auf die hier jedoch nicht näher eingegangen werden kann.

Das Verfahren der Adaptiven Zufallssuche stellt eine Verbesserung der Stochastischen Suche dar (vgl. Abb. 89, S. 194): Im Laufe der Suche wird die Wahrscheinlichkeitsdichte der Verteilung der zufällig ausgewählten neuen Suchpunkte zielgerichtet verändert, um die Streuung um den aktuell besten Zielfunktionswert ständig zu verkleinern.

Bei der Gerichteten Zufallssuche wird mittels Stochastischer Suche zum aktuellen Ite-

rationspunkt $x_k$ ein besserer Punkt $x_{k+1}$ gesucht und anschließend entlang der durch $x_k$ und $x_{k+1}$ definierten Geraden eine eindimensionale Minimierung durchgeführt.
Die Optimierungsmethode des Simulated Annealing ist in Anlehnung an den Prozeß des Annealing entstanden. Dieses Verfahren dient der Erzeugung regelmäßiger und fehlerloser Kristallstrukturen aus Schmelzen fester Stoffe, durch eine gesteuerte schrittweise Abkühlung der Schmelzen. Dabei wird die Schmelze solange auf einer Temperaturstufe gehalten, bis sich in der Schmelze ein physikalisches und chemisches Gleichgewicht eingestellt hat. Auf eine detailliertere Darstellung des Annealing-Prozesses wird hier verzichtet. Das abgeleitete mathematische Optimierungsverfahren des Simulated Annealing wird in Abb. 5 wiedergegeben: Die Temperaturstufen des Annealing Prozesses werden zu Iterationsstufen, die Belegung des Variablenvektors erinnert an die Atomkonfiguration und die zu minimierende Zielfunktion entspricht der Energie des physikalischen Systems. In Analogie zum Annealing werden pro Iterationsstufe so lange neue Iterationspunkte berechnet, bis sich ein Gleichgewicht einstellt (vgl. Abb. 5). Das Gleichgewicht ist erreicht, wenn innerhalb einer Folge von q Iterationspunkten, der Epoche, zwei Punkte nahe beieinander liegen (3.2 in Abb. 5). Ein neuer Iterations-

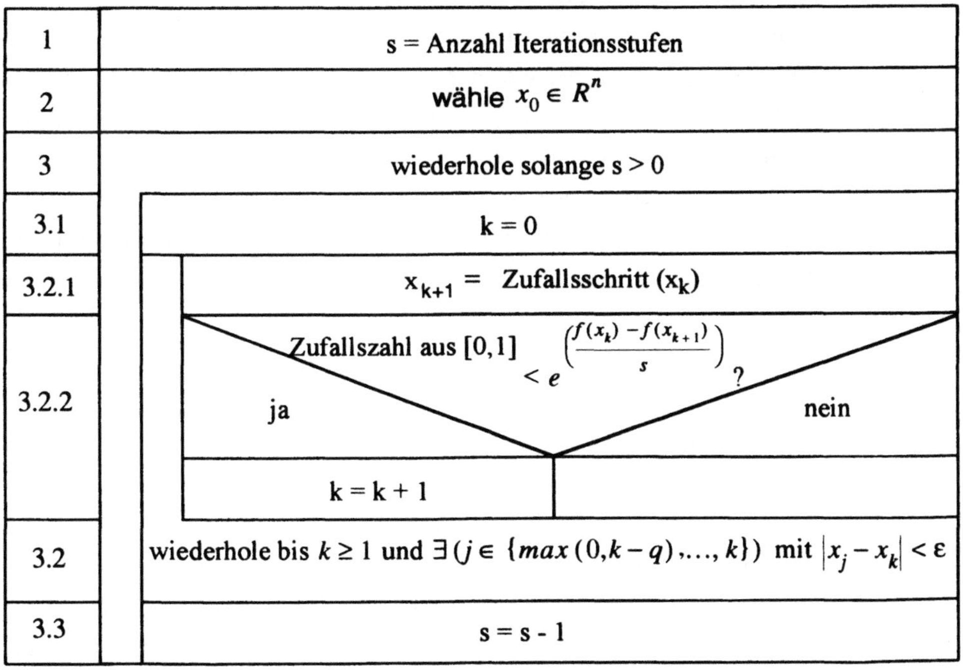


Abb. 5: Verfahren des Simulated Annealing

punkt wird angenommen, falls er eine Verbesserung der Zielfunktion bewirkt. In Analogie zur natürlichen Atombewegung, die auch im Gleichgewicht kurzfristig eine Verschlechterung der Kristallstruktur bewirken kann, läßt das Verfahren eine Verschlechterung in Abhängigkeit von einer Zufallsgröße zu (3.2.2 in Abb. 5). Der Zufallsschritt (3.2.1 in Abb. 5) erfolgt stochastisch in der Umgebung von $x_k$, so daß die generierten Punkte der Normalverteilung genügen. Bei beschränkten Problemen wird der Schritt 3.2.1 so lange ausgeführt, bis $x_{k+1}$ im zulässigen Bereich liegt.

Die Evolutionsstrategien versuchen Prinzipien der biologischen Evolution auf die mathematische Optimierung zu übertragen. Schwefel ([136], S. 124) beschreibt die einfachste zweigliedrige Evolutionsstrategie wie folgt:

Schritt 0: Gegeben ist eine Population, bestehend aus zwei Individuen, einem Elter und einem Nachkommen. Beide sind gekennzeichnet durch ihren Genotyp, je einem Satz von n Genen.

Schritt 1: Der Elter $E_g$ der Generation g erzeugt einen Nachkommen $N_g$, dessen Genotyp sich geringfügig vom elterlichen unterscheidet. Die Abweichungen bei der Reproduktion betreffen die einzelnen Gene, sind zufällig und voneinander unabhängig.

Schritt 2: Beide Individuen haben aufgrund verschiedenen Genotyps auch unterschiedliche Vitalität (bei gleicher Umwelt). Nur eines von ihnen kann in der nächsten Generation weitere Nachkommen erzeugen, und zwar das den höheren Vitalitätswert repräsentierende. Es wird zum Elter $E_{g+1}$ der Generation g+1. In der mathematischen Formulierung entsprechen den Individuen Wertebelegungen der freien Variablen, die Vitalität wird durch den Zielfunktionswert ausgedrückt, und die Mutation erfolgt über zufällige Änderungen der Variablenbelegungen.

Im Falle der mehrgliedrigen Evolutionsstrategien erzeugen $\mu$ Eltern $\lambda$ Nachkommen. Aus der Population von $\mu + \lambda$ Individuen überleben die im Hinblick auf die Zielfunktion $\mu$ Besten. Abb. 6 enthält eine Prinzipskizze der $\mu + \lambda$ Strategie. Der Mutationsschritt 2.1.1.1 erfolgt zufällig unter Berücksichtigung der Normalverteilung. Beschränkte Probleme können durch den Einsatz von Barriere-Funktionen oder Straffunktionen gelöst werden. In der Literatur existieren zahlreiche Varianten der Evolutionsstrategien; einige davon versuchen auch genetische Prinzipien wie Diploidie, Dominanz und Rezessivität, Rekombination und räumliche Isolation von Teilpopulationen zu verwirklichen (vgl. Hoffmeister [87]).

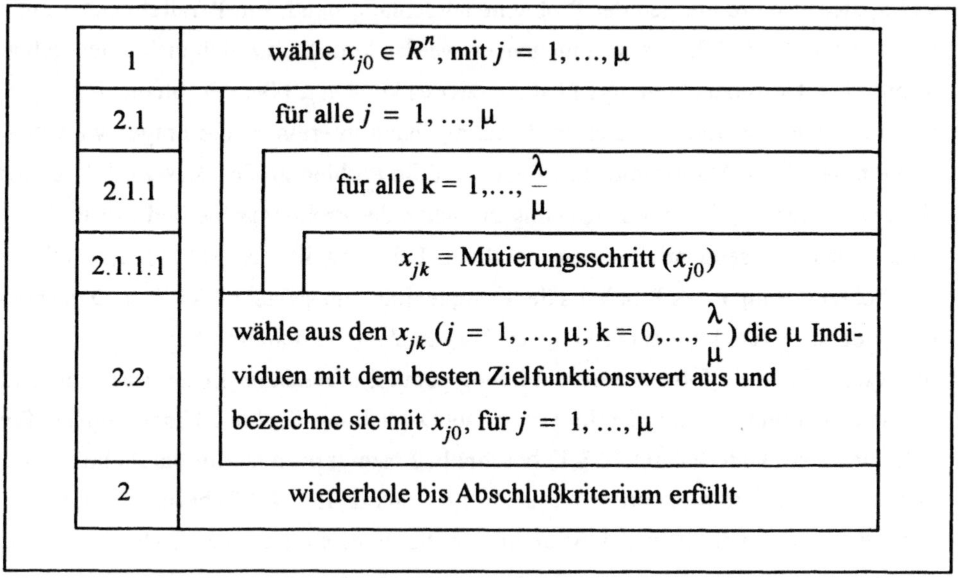


Abb. 6: Prinzipskizze der $\mu + \lambda$ Evolutionsstrategie

## 2.3. Parallel arbeitende Lösungsverfahren

Unter dem Begriff der parallel arbeitenden Lösungsverfahren werden in dieser Arbeit alle Lösungsalgorithmen und Vorgehensweisen zusammengefaßt, die Techniken der Parallelverarbeitung einsetzen, um nichtlineare Optimierungsprobleme zu lösen. Der Einsatz der Parallelverarbeitung erfolgt hierbei i.w. aus 3 Gründen:

- Steigerung der Geschwindigkeit, mit der spezielle Probleme gelöst werden,
- Erweiterung der lösbaren Problemklasse und
- Nutzung der Kosteneffizienz von Parallelrechnern.

Die durch den Einsatz der Parallelverarbeitung gemessene Geschwindigkeitssteigerung (*Speedup*) für ein spezielles Problem wird hierbei wie folgt definiert (p Prozessorzahl):

$$\text{Speedup(p)} = \frac{\text{Geschwindigkeit des schnellsten sequentiellen Algorithmus}}{\text{Geschwindigkeit des parallelen Algorithmus bei p Prozessoren}} .$$

Häufig stellt sich die Frage, wie effizient ein paralleler Algorithmus in bezug auf die Anzahl der genutzten Prozessoren arbeitet. Hierzu definiert man die Effizienz wie folgt:

$$\text{Effizienz(p)} = \frac{\text{Speedup(p)}}{p} .$$

Viele praktische Probleme besitzen eine Größe, die auf den meisten sequentiell arbeitenden Rechnern praktisch nicht zu bearbeiten ist. Hierfür sind überlange Rechenzeiten

und Speicheranforderungen der Probleme ausschlaggebend. Ein Parallelrechner bietet hier den Vorteil, daß Probleme angegangen werden können, die sich bisher der rechentechnischen Umsetzung entzogen haben, oder es können größere Probleme in der gleichen Zeit gelöst werden. In diesem Zusammenhang interessiert die Frage, wie verhält sich ein paralleler Algorithmus mit Bezug auf die Problemgröße. Dies wird durch den *Scaleup* gemessen, der eine Beziehung zwischen der Problemgröße und den Problemlösungszeiten im sequentiellen bzw. parallelen Fall herstellt: Sei $\varphi(k, 1)$ der Aufwand zur Problemlösung eines Problems der Komplexität k im sequentiellen Fall. Dann heißt der Quotient $\frac{l}{k}$ (l>k) mit $\varphi(k, 1) = \varphi(l, p)$ Scaleup bei Parallelität p.
In diesem Kapitel erfolgt die Beschreibung parallel arbeitender Lösungsverfahren für Probleme der nichtlinearen Optimierung. Die Darstellung wird in 2 Unterkapitel aufgeteilt. Das erste Unterkapitel (2.3.1) beschreibt Lösungsansätze, die Parallelität in den Optimierungsalgorithmen nutzen. Das zweite Unterkapitel (2.3.2) beschreibt Lösungsansätze, die Parallelität in der Struktur der Problemstellung nutzen. Hierzu gehören Dekompositionsansätze, die ein Optimierungsproblem in mehrere kleinere Probleme aufspalten, die dann parallel gelöst werden können, und Ansätze, welche die Berechnung der Zielfunktion parallelisieren.

### 2.3.1. Parallelität in den Optimierungsverfahren

Dieses Kapitel beschäftigt sich mit Ansätzen, die Parallelität in den Optimierungsverfahren ausnutzen. Die Klasse dieser Verfahren umfaßt parallele Implementierungen sequentieller Algorithmen (2.3.1.1), im Hinblick auf Parallelrechner entwickelte parallele Algorithmen (2.3.1.2) und parallel arbeitende Algorithmenkombinationen, die hybride Konzepte realisieren (2.3.1.3).

#### 2.3.1.1. Parallele Implementierungen sequentieller Lösungsverfahren

Parallele Implementierungen sequentieller Algorithmen nutzen Parallelität, die in der Struktur der sequentiellen Algorithmen vorhanden ist. Dies soll am Beispiel einer Operation der linearen Algebra (Matrixmultiplikation) erläutert werden. Für die beiden $n \times n$ Matrizen K und L ist das Matrixprodukt $M = K \times L$ wie folgt definiert:

$$M_{ij} = \sum_{k=1}^{n} K_{ik} \times L_{kj} .$$

Es zeigt sich, daß die einzelnen Elemente der Ergebnismatrix M nicht voneinander abhängen. Sie können somit parallel berechnet werden. Da sich diese Art der Parallelität auf die Struktur der Daten bezieht, spricht man in diesem Zusammenhang von

*Datenparallelität*. Im Falle der Matrix-Multiplikation kann sogar die Berechnung eines einzelnen Elements der Matrix M parallelisiert werden. Hierzu führt man die n Multiplikationen parallel und die anschließende Aufsummierung der Teilsummen kaskadierend parallel durch. Operationen der linearen Algebra, wie die oben beschriebene Matrixmultiplikation, sind ein wesentlicher Bestandteil vieler Optimierungsverfahren. Ihre Parallelisierung bietet sich deswegen im Rahmen einer parallelen Implementierung sequentieller Lösungsverfahren an. Für einige spezielle Parallelrechner existieren Unterprogrammbibliotheken, die parallele Implementierungen von Routinen der linearen Algebra enthalten (vgl. Kagström [93] und Demmel [37]).
Da die kommerziell erhältlichen Parallelrechner sich stark unterscheiden (vgl. Kapitel 3), wird die parallele Implementierung eines sequentiellen Algorithmus in Abhängigkeit von der Struktur des verwendeten Rechners sehr unterschiedlich ausfallen. Sie wird hierbei i.w. von den Leistungsmerkmalen und der Anzahl der verfügbaren Prozessoren, der Kommunikationsbandbreite zwischen den Prozessoren und der maximalen Parallelisierbarkeit eines Problems beeinflußt. Vorgaben bzgl. der zu erreichenden Effizienz bzw. des Speedup können die Freiheitsgrade eines Programmierers weiter einschränken. Für viele praktische Anwendungen der Parallelverarbeitung gilt heute, daß die Anzahl der einsetzbaren Prozessoren fest vorgegeben und wesentlich kleiner als die maximale mögliche Parallelisierbarkeit des Problems ist. Die Kommunikationsbandbreite der real existierenden Rechner führt ferner dazu, daß Wartezeiten im Rahmen der Kommunikation den erreichbaren Speedup begrenzen. Der Softwareentwickler kann also i.d.R. nicht die feinste aller möglichen Parallelisierungen wählen, sondern er muß mehrere Operationen so zu Programmblöcken zusammenfassen, daß die geforderten Werte für den Speedup und die Effizienz erreicht werden. Besitzen diese parallel auszuführenden Programmblöcke, bezogen auf die Gesamtgröße des zu lösenden Problems, eine geringe Größe, so spricht man von einer *feinkörnigen Parallelisierung* bzw. von einem parallelen Programm mit *feiner Granularität*. Eine *grobkörniger Parallelisierung* bzw. ein paralleles Programm mit *grober Granularität* liegt vor, wenn das Gesamtproblem in wenige, relativ große, parallel arbeitende Programmblöcke aufgeteilt wird. Die Übergänge zwischen feiner und grober Granularität sind fließend und hängen vom Problemkontext ab. Für das obige Beispiel Matrixmultiplikation würde man von einer feinkörnigen Parallelisierung sprechen, wenn die n Multiplikationen zur Berechnung eines Matrixelements parallel und die anschließende Aufsummierung der Teilsummen kaskadierend parallel durchgeführt würden. Eine grobkörnige Parallelisierung läge dahingegen vor, wenn die Ergebnismatrix in zwei parallel zu berechnende

Hälften aufgeteilt würde. Im Kontext eines nichtlinearen Optimierungsverfahrens, welches zahlreiche Matrixmultiplikationen an verschiedenen Stellen des Algorithmus enthält, wäre dahingegen eine Aufteilung der Ergebnismatrix in zwei parallel zu berechnende Hälften bereits eine feinkörnige Parallelisierung.

Wie bereits erwähnt legt diese Arbeit den Schwerpunkt nicht auf die Implementierung paralleler Algorithmen, sondern sie stellt eine Umgebung zur Verfügung, in die auch parallele Algorithmen für dedizierte Parallelrechner eingebettet werden können. Hierzu wurde beispielhaft eine parallele Implementierung des Quasi-Newton-Verfahrens mit Aufdatierungsformel nach Davidon-Fletcher-Powell realisiert (s. Abb. 4, S. 21). Diese Implementierung ist speziell an die Anforderungen von UNIX-basierten Multiprozessorsystemen mit gemeinsamem Speicher angepaßt und nutzt ausschließlich Datenparallelität innerhalb des vormals sequentiellen Algorithmus. Hierzu werden die Berechnungen der Schritte 3.1, 3.3, 3.4 und 3.5 (Abb. 4, S. 21) parallel ausgeführt. Der Anwender kann die Anzahl der einzusetzenden Prozessoren vorgeben und bestimmt somit die Granularität des ablaufenden Algorithmus innerhalb vorgegebener Schranken; Da die betrachteten Rechner nur moderat parallel arbeiten (i.d.R. $\leq$ 20 Prozessoren), wurde der Algorithmus so implementiert, daß er nur Vorgaben der Prozessorzahl kleiner gleich n akzeptiert. Auf eine Parallelisierung der eindimensionalen Suche in Schritt 3.2 wurde ebenfalls vorerst verzichtet. Lootsma [107] nennt Arbeiten von Avriel und Wilde [6] sowie Karp und Miranker [94], die parallel arbeitende eindimensionale Suchverfahren beschreiben.

In der Literatur sind eine Vielzahl von Beiträgen erschienen, die sich mit der Implementierung einzelner Optimierungsverfahren auf speziellen Rechnern beschäftigen. Eine gute Übersicht vermitteln die Arbeiten von Behrens [12], Bertsekas [14], Lootsma [107][108], Schnabel [135] und Zenios [164].

Die in Kapitel 2.1 beschriebenen Vorgehensweisen der Globalen Optimierung besitzen eine inhärente Parallelität, sie können deswegen leicht auf Parallelrechnern implementiert werden. Eine Übersicht zur parallelen Umsetzung von Techniken der globalen Optimierung liefert die Arbeit von Rudolf [129]. Im Rahmen des in dieser Arbeit entwickelten Softwaresystems existiert die Möglichkeit, parallele Vorgehensweisen beim Einsatz von Zufallssuchverfahren und Multistart-Ansätzen zu nutzen.

#### 2.3.1.2. Parallele Algorithmen

Unter dem Begriff der parallelen Algorithmen werden in diesem Abschnitt alle die Algorithmen zusammengefaßt, die speziell in Hinblick auf den Einsatz in Parallelrech-

nern konzipiert wurden. Diese Algorithmen sind i.d.R. sehr flexibel gestaltet und können leicht an unterschiedliche Prozessorzahlen und unterschiedliche Verhältnisse zwischen Prozessorleistung und Kommunikationsbandbreite angepaßt werden.
Ein Beispiel für solche Algorithmen sind parallel arbeitende, evolutionäre Algorithmen (vgl. Hoffmeister [87] und Kapitel 2.2.2), die auf einer Aufteilung der Gesamtpopulation in Teilpopulationen und der anschließenden Verteilung der Teilpopulationen auf die einzelnen Prozessoren basieren. Die Anzahl und Größe der Teilpopulationen sowie die Migration von Individuen zwischen den Teilpopulationen können hierbei an die Prozessorleistung und an die verfügbare Kommunikationsbandbreite angepaßt werden, so daß eine optimale Ausnutzung der Rechnerressourcen gewährleistet ist.
Ein anderes Beispiel bildet das von Dennis und Torczon [39] vorgestellte parallele Verfahren der direkten Suche. Der Grundalgorithmus geht auf das Nelder-Mead-Verfahren zurück (vgl. Kapitel 2.2.1.1). Bei diesem Verfahren wird in jedem Iterationsschritt der Eckpunkt des Simplex mit dem schlechtesten Zielfunktionswert durch einen neuen Eckpunkt ersetzt. Hierzu wird dieser Eckpunkt am Schwerpunkt des Simplex reflektiert. Verbessert der neue Punkt den Zielfunktionswert, so erfolgt eine Expansion des Simplex in Reflektionsrichtung. Stellt der gefundene Punkt eine Verschlechterung dar, so erfolgt eine Kontraktion in Richtung des Schwerpunktes. Der parallele Ansatz von Dennis und Torczon [39] wählt den Eckpunkt mit dem besten Zielfunktionswert als Basispunkt aus und reflektiert in jedem Iterationsschritt alle übrigen Eckpunkte an diesem Punkt. Liefert ein reflektierter Punkt einen verbesserten Zielfunktionswert, so erfolgt eine Expansion des Simplex in Reflektionsrichtung, sonst eine Kontraktion in Richtung auf den Ausgangspunkt. Diese Vorgehensweise erweitert den Simplex gleichzeitig in mehrere Richtungen. Aus diesem Grunde bezeichnen Dennis und Torczon die Vorgehensweise des Algorithmus auch als multidirektionale Suche. Steht ausreichend Rechenleistung zur Verfügung, so können in jedem Iterationsschritt auch die möglichen Reflektionen der nächsten Iterationsschritte vorweggenommen werden. Auf diese Art und Weise wird eine Erweiterung des Simplex in zusätzliche Suchrichtungen erreicht. Die Anpassung an die Prozessorleistung und die verfügbare Kommunikationsbandbreite erfolgt hierbei über die Anzahl der Reflektions-, Expansions- und Kontraktionsschritte, die jedem Prozessor zugeteilt werden.
Die Erforschung bzw. Entwicklung neuer parallel arbeitender Algorithmen stellt ein wichtiges Forschungsgebiet dar, weil die in Zukunft zu erwartenden, massiv parallelen Rechner nur erfolgreich eingesetzt werden können, wenn Algorithmen existieren, die in der Lage sind, Hunderte bzw. Tausende von Prozessoren effizient zu nutzen.

### 2.3.1.3. Parallele Erweiterung hybrider Konzepte

Die Idee hybrider Optimierungsverfahren, wie sie z.B. von Burdakov [26] und Kleinmichel [97] vorgestellt werden, besteht in der Verknüpfung unterschiedlicher Optimierungsverfahren, um so zu einem neuen Verfahren mit verbesserten Konvergenzeigenschaften zu gelangen (Zur Definition verschiedener Konvergenzbegriffe vgl. Göpfert [61], S. 108). Die Autoren schlagen vor, einen lokal superlinear konvergenten Algorithmus mit einem global konvergenten Algorithmus zu kombinieren, um so zu einem Algorithmus zu gelangen, der global konvergent ist und in der Nähe des Optimums superlineare Konvergenzeigenschaften besitzt. Die Optimierungsrechnung wird hierzu zunächst mit einem global konvergenten Verfahren gestartet. Ein nach jeder Iteration auszuführender Test entscheidet dann, ob der Übergang zum nächsten Verfahren erfolgen soll (vgl. Abb. 7). Diese Vorgehensweise der hybriden Optimierungsverfahren nutzt aus, daß die beteiligten Optimierungsverfahren unterschiedliche Stärken besitzen. Das global konvergente Verfahren gelangt schnell in die Nähe des Optimums, um dann langsam gegen die optimale Lösung zu konvergieren. Das superlinear konvergente Verfahren benötigt dahingegen relativ viel Zeit, um in die Nähe des Optimums zu gelangen, konvergiert dann jedoch sehr schnell gegen die optimale Lösung. Untersucht man die gängigen Optimierungsverfahren (vgl. Kapitel 2.2), so zeigt sich, daß sie zahlreiche sich unterscheidende interne Modelle und Vorgehensweisen, wie etwa lineares oder quadratisches Modell der Zielfunktion, Suche in negativer Gradientenrichtung, Suche entlang rotierender Koordinatensysteme, konjugierter Richtungen oder zufällig (stochastisch) bestimmter Richtungen, verwenden. Diese verschiedenen Vorgehens-

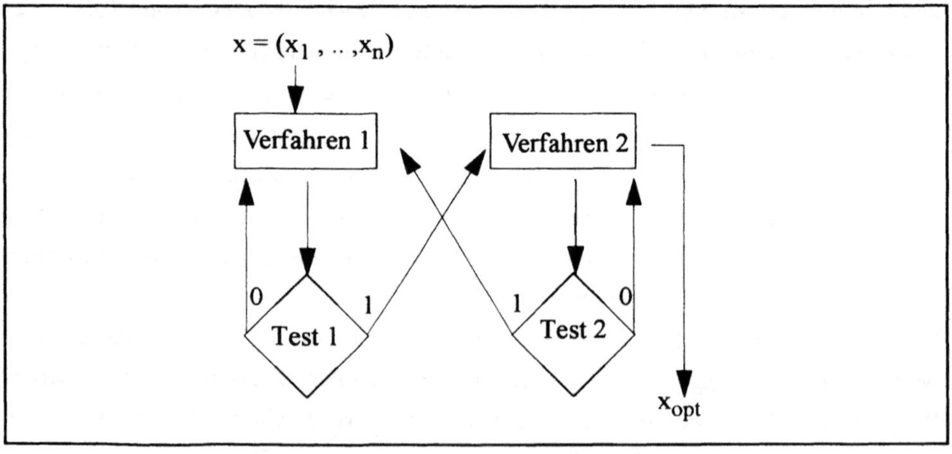


Abb. 7: Kopplungsprinzip innerhalb hybrider Optimierungsalgorithmen (vgl. [97])

weisen bewirken, daß die Verfahren unterschiedliche Stärken und Schwächen besitzen. Es bietet sich deshalb an, diese Verfahren im Rahmen der Optimierungsrechnung zu kombinieren. Die in Boden [16] vorgeschlagene parallele Erweiterung hybrider Konzepte sieht deshalb vor, daß die unterschiedlichen Optimierungsverfahren gleichzeitig (parallel) an der Lösung einer Optimierungsaufgabe arbeiten. Nach einer vorzugebenden Iterationszahl wird die beste gefundene Lösung allen parallel arbeitenden Verfahren übermittelt und dient als Basis für eine Fortsetzung der Optimierungsrechnung. Dieser Einsatz einer parallel arbeitenden Algorithmenkombination realisiert eine multidirektionale Suche, da die einzelnen Verfahren aufgrund ihrer unterschiedlichen Konstruktion verschiedene Lösungswege einschlagen. Die Experimente (vgl. Boden [16]) haben gezeigt, daß sich der Einsatz einer parallelen Algorithmenkombination insbesondere bei komplizierten Optimierungsproblemen lohnt. Diese sind nichtkonvex und besitzen einige der folgenden Eigenschaften:

(i) Der zulässige Bereich ist nicht zusammenhängend.

(ii) Die Zielfunktion und die Restriktionen sind nicht stetig differenzierbar.

(iii) Die Zielfunktion und die Restriktionen sind hochgradig nichtlinear.

(iv) Das Optimierungsproblem ist multimodal und besitzt somit mehrere lokale Optima.

Bei multimodalen Optimierungsproblemen und bei Problemen mit einem nicht zusammenhängenden zulässigen Bereich führt ein einzelner Algorithmus, oder ein sequentiell arbeitender hybrider Algorithmus sehr schnell zu einem lokalen Optimum. Im Rahmen einer parallelen Algorithmenkombination können dahingegen ein oder mehrere stochastische Suchverfahren ständig den gesamten zulässigen Bereich absuchen. Parallel dazu arbeiten einige andere Verfahren an der Bestimmung eines lokalen Optimums. Findet ein stochastisches Suchverfahren einen Punkt, der die beste bekannte Lösung verbessert, so wird er an die anderen Verfahren übermittelt und diese können ihn dann in die Optimumssuche einbauen[1]. Auf diese Art und Weise führt eine parallele Algorithmenkombination zu einer verbesserten Lösungsqualität und somit im Extremfall auch zu einer Erweiterung der lösbaren Problemklasse.

Beim Einsatz von Gradientenstrategien tritt vielfach das Problem auf, daß die Zielfunktion oder die Restriktionen an einigen Punkten des zulässigen Bereichs nicht stetig differenzierbar sind. Es kann deshalb im Laufe der Optimierungsrechnung zu einem

---

1. Im Falle des Nelder-Mead-Verfahrens kann ein neuer Punkt beispw. eine Ecke des Simplex ersetzen. Bei anderen iterativ arbeitenden Verfahren wird der übermittelte Punkt als neuer Startpunkt der Optimierungsrechnung Verwendung finden.

Versagen dieser Strategien kommen, da die Bestimmung der Gradienten nicht möglich ist. Eine parallele Algorithmenkombination aus Gradientenstrategien und direkten Suchstrategien löst dieses Problem und vereinigt die schnellen Konvergenzeigenschaften der Gradientenstrategien mit der Robustheit der direkten Strategien; d.h. beim Versagen der Gradientenstrategien im aktuellen Iterationspunkt treiben die direkten Strategien die Optimierungsrechnung weiter voran, bis erneute Differenzierbarkeit im aktuellen Iterationspunkt gegeben ist.
Viele in der Praxis auftretende Optimierungsprobleme sind multimodal und besitzen Zielfunktionen und Restriktionen, die hochgradig nichtlinear sind. Dies hat zur Folge, daß ein Verfahren, welches intern mit einem quadratischen Modell der Zielfunktion arbeitet, in einzelnen Iterationspunkten schlechtere Ergebnisse liefert als ein vermeintlich einfacheres Verfahren, das intern nur mit einem linearen Modell der Zielfunktion arbeitet. Für diese Optimierungsprobleme bietet sich der Einsatz einer parallel arbeitenden Algorithmenkombination an, da die einzelnen Verfahren aufgrund ihrer unterschiedlichen Konstruktion verschiedene Lösungswege einschlagen und somit eine multidirektionale Suche realisieren. Ein sequentiell arbeitender hybrider Algorithmus ist für diese hochgradig nichtlinearen Modelle nur bedingt geeignet, da kein einfacher Test existiert, der prognostiziert, welches Verfahren im aktuellen Iterationspunkt die besten Ergebnisse erzielen wird.
Zusammenfassend läßt sich festhalten, daß der Einsatz einer parallel arbeitenden Algorithmenkombination für komplizierte Optimierungsprobleme zu einem verbesserten Konvergenzverhalten und in Einzelfällen auch zu einer Steigerung der Geschwindigkeit führt, mit der spezielle Probleme gelöst werden. Die hier vorgeschlagene, parallel arbeitende Erweiterung hybrider Konzepte eignet sich sowohl für feinkörnige, als auch für grobkörnige Implementierungen auf Parallelrechnern. Im Falle einer feinkörnigen Umsetzung werden parallele Implementierungen der einzelnen Algorithmen realisiert, und es erfolgt in jedem Iterationsschritt eine Kommunikation zwischen den einzelnen Algorithmen. Dahingegen besteht eine grobkörnige Realisierung aus der konventionellen Implementierung der einzelnen Algorithmen in einer sequentiell arbeitenden imperativen Sprache. Ferner erfolgt die Kommunikation zwischen den einzelnen parallel arbeitenden Algorithmen in diesem Fall erst nach mehreren Iterationsschritten. Im Rahmen des in dieser Arbeit entwickelten Softwaresystems existiert die Möglichkeit, parallel arbeitende Erweiterungen hybrider Konzepte zu nutzen. Es liegt eine grobkörnige Implementierung des Konzeptes vor, die sich besonders für den Einsatz auf schwach gekoppelten Multiprozessorsystemen eignet.

Dieses Unterkapitel schließt die Beschreibung von Problemlösungsansätzen ab, die an den Optimierungsalgorithmen ansetzen. Die folgenden Unterkapitel untersuchen Techniken, die die Parallelität in der Struktur der Optimierungsaufgabe nutzen.

### 2.3.2. Parallelität in der Struktur der Optimierungsaufgabe

Lösungsverfahren, die Parallelität in der Struktur der Optimierungsaufgabe nutzen spalten ein Optimierungsproblem in mehrere kleinere Probleme auf und lösen diese dann parallel. Zu diesen Verfahren gehören Dekompositionsansätze, die ein Problem in parallel lösbare Teilprobleme zerlegen und einfachere Vorgehensweisen, die lediglich die Berechnung der Zielfunktion parallelisieren.

#### 2.3.2.1. Dekompositionsverfahren

Die Dekompositionsverfahren wurden entwickelt, um die Komplexität mathematischer Optimierungsprobleme besser beherrschbar zu machen. Die Vorgehensweise ähnelt Strategien im Management großer Organisationen, wo auf einer Managementebene Vorgaben erstellt werden, die dann in den einzelnen Teilorganisationen umzusetzen sind. Die Rückmeldungen der Teilorganisationen werden auf der Managementebene ausgewertet und führen dann zu neuen Vorgaben. Im Bereich der mathematischen Optimierung wird die Managementebene als Koordinierungsebene bezeichnet und die einzelnen Teilorganisationen stellen Subsysteme mit Subsystemoptimierungsaufgaben dar. Multidisziplinäre Optimierungsprobleme lassen sich in vielen Fällen dekomponieren. Auf der Ebene der Subsysteme wird ein für die jeweilige Wissenschaftsdisziplin spezifisches Optimierungsproblem gelöst. Eine Koordinierungsebene führt dann die Ergebnisse der Subsystemoptimierungen zusammen und bestimmt für die Kopplungsvariablen neue Werte (vgl. Abb. 8). Ein konkretes Beispiel aus dem Flugzeugbau findet sich in Cramer u.a. [34]. Der Einsatz der Dekompositionsverfahren im Rahmen der Parallelverarbeitung bietet sich an, da die Subsystemoptimierungsaufgaben parallel durchgeführt werden können.

Die *mathematische Dekomposition* unterscheidet zwei grundsätzliche Vorgehensweisen: *primale Dekompositionsverfahren* und *duale Dekompositionsverfahren*.

Es folgt zunächst die Beschreibung eines **primalen Dekompositionsverfahrens**. Im einfachsten Fall eines vollständig separablen Optimierungsproblems existiert eine (disjunkte) Partitionierung der Entscheidungsvariablen $x = (X_1, X_2, \ldots, X_p)^T, p \leq n$ und von Zielfunktion und Restriktionen der Form:

(F2.26) $\min \sum_{i=1}^{p} f_i(X_i)$,

(F2.27) $g_{ij}(X_i) = 0 \quad , \quad i = 1, \ldots, p \quad , \quad j = 1, \ldots, m_e(i) \quad ,$

(F2.28) $g_{ij}(X_i) \leq 0 \quad , \quad i = 1, \ldots, p \quad , \quad j = m_e(i) + 1, \ldots, m(i)$.

Hierbei bezeichnet $m(i)$ die Anzahl der Restriktionen und $m_e(i)$ die Anzahl der Gleichheitsrestriktionen im Subsystem i. Die Gesamtaufgabe läßt sich im Falle eines solch vollständig separablen Optimierungsproblems in p Teilaufgaben der Form

(F2.29) $\min f_i(X_i)$, mit $g_{ij}(X_i) = 0$ bzw. $g_{ik}(X_i) \leq 0$ zerlegen,
wobei $i = 1, \ldots, p \;,\; j = 1, \ldots, m_e(i) \;,\; k = m_e(i) + 1, \ldots, m(i)$.

Diese Teilaufgaben können unabhängig voneinander gelöst werden. Im Falle einer partiell separablen Optimierungsaufgabe ist eine Zerlegung in gekoppelte Teilsysteme möglich. Diese ist vor allem dann sinnvoll, wenn diese Teilsysteme nur über wenige Variablen gekoppelt sind und gegenüber der Gesamtaufgabe einen wesentlich geringeren Komplexitätsgrad aufweisen. Für eine gegebene disjunkte Partitionierung $x = (X_0, X_1, X_2, \ldots, X_p)^T, p \leq n$ der Entscheidungsvariablen lautet die Problemstellung dann wie folgt:

(F2.30) $\min_{X} f_0(X_0) + \sum_{i=1}^{p} f_i(X_0, X_i)$ ,

(F2.31) $g_{0j}(X_0) = 0 \quad , \quad j = 1, \ldots, m_e(0)$,

(F2.32) $g_{0j}(X_0) \leq 0 \quad , \quad j = m_e(0) + 1, \ldots, m(0)$,

(F2.33) $g_{ij}(X_0, X_i) = 0 \quad , \quad i = 1, \ldots, p \quad , \quad j = 1, \ldots, m_e(i)$,

(F2.34) $g_{ij}(X_0, X_i) \leq 0 \quad , \quad i = 1, \ldots, p \quad , \quad j = m_e(i) + 1, \ldots, m(i)$.

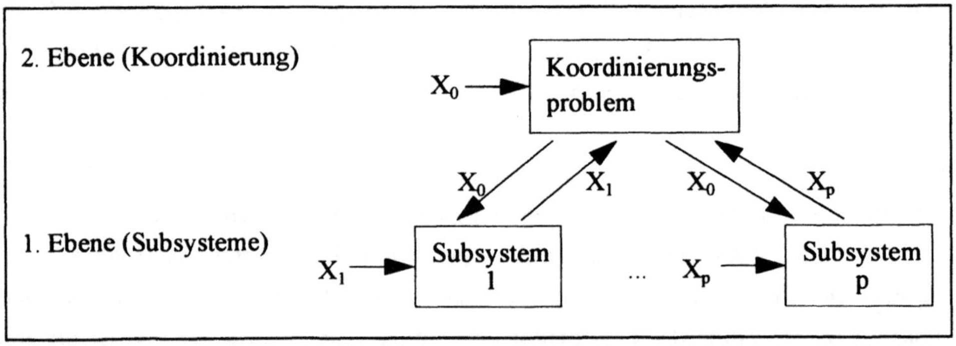


Abb. 8: Hierarchische Kontrollstruktur zur Lösung eines dekomponierten Optimierungsproblems

Die Kopplung der Teilsysteme führt zu einer hierarchischen Kontrollstruktur, die auf zwei Ebenen angeordnet ist (vgl. Abb. 8). In einem iterativen Prozeß werden jeweils das Koordinierungsproblem und daran anschließend die Subsystemaufgaben gelöst. Auf der Ebene des Koordinierungsproblems werden hierbei Vorgaben für die in mehreren Subsystemen auftretenden Variablen $X_0$ berechnet. Diese gehen als Konstante in die Subsystemoptimierungsaufgaben ein. Die Lösungen der Subsystemaufgaben $X_1$ bis $X_p$ gehen ihrerseits im nächsten Iterationsschritt als Konstante in das Koordinierungsproblem ein. Diese Vorgehensweise stellt sicher, daß das dekomponierte Optimierungsproblem in jedem Optimierungsschritt zulässig bleibt. Die Optimierungsaufgabe lautet im Falle eines solchen primalen Verfahrens:

Koordinierungsebene:

(F2.35) $\min_{X_0} f_0(X_0) + \sum_{i=1}^{p} f_i(X_0, X_i)$,

(F2.36) $g_{0j}(X_0) = 0 \quad , \quad j = 1, \ldots, m_e(0)$,

(F2.37) $g_{0j}(X_0) \leq 0 \quad , \quad j = m_e(0) + 1, \ldots, m(0)$.

Subsystemebene:

(F2.38) $\min_{X_i} f_i(X_0, X_i) \qquad i = 1, \ldots, p$,

(F2.39) $h_{ij}(X_0, X_i) = 0 \quad , \quad i = 1, \ldots, p \quad , \quad j = 1, \ldots, m_e(i)$,

(F2.40) $g_{ij}(X_0, X_i) \leq 0 \quad , \quad i = 1, \ldots, p \quad , \quad j = m_e(i) + 1, \ldots, m(i)$.

Die Grundidee der **dualen Dekompositionsverfahren** (vgl. [48], S. 637ff, [100], [108]) besteht in der Lösung einer zum Ausgangsproblem dualen Problemstellung mittels eines Dekompositionsansatzes. Die duale Problemstellung lautet hierbei: Finde einen Sattelpunkt der Lagrange-Funktion des Ausgangsproblems. Dies soll im folgenden in Anlehnung an Lasdon [100] näher erläutert werden.

Einen Sattelpunkt der Lagrange-Funktion definiert Lasdon wie folgt ([100], S.88):

*Definition: Ein Punkt* $(x^o, \lambda^o)$ *mit* $\lambda^o \geq 0$ *heißt beschränkter Sattelpunkt für* $L(x, \lambda)$, *wenn gilt:*

(F2.41) $L(x^o, \lambda^o) \leq L(x, \lambda^o) \quad \forall x$,

(F2.42) $L(x^o, \lambda^o) \geq L(x^0, \lambda) \quad \forall \lambda \geq 0$.

Auf dieser Definition aufbauend zeigt er die Existenz des folgenden Theorems:

*Theorem: Die Aussage, ein Punkt* $(x^o, \lambda^o)$ *ist für* $\lambda_i^o \geq 0$ $(i = m_{e+1}, \ldots, m)$ *ein beschränkter Sattelpunkt von* $L(x, \lambda)$ *ist äquivalent zu:*

(F2.43) $x^0$ *minimiert* $L(x, \lambda^o)$,

(F2.44) $g_i(x^o) = 0 \quad ,i = 1, \ldots, m_e,$

(F2.45) $g_i(x^o) \le 0 \quad , i = m_{e+1}, \ldots, m,$

(F2.46) $\lambda_i^o g_i(x^o) = 0 \quad ,i = 1, \ldots, m.$

Für konvexe Optimierungsprobleme entsprechen (F2.43) bis (F2.46) den Kuhn-Tukker-Bedingungen ((F2.8) bis (F2.12)). Die Formulierung (F2.43) verlangt hier explizit die Existenz eines Minimums, wohingegen (F2.12) nur die Existenz eines stationären Punktes fordert. Darauf aufbauend beweist Lasdon (s. [100], S.88) die Existenz des folgenden Theorems:

*Wenn* $(x^o, \lambda^o)$ *ein Sattelpunkt von* $L(x, \lambda)$ *ist, so stellt* $x^o$ *die Lösung des Ausgangsproblems dar.*

Die Suche nach einem Optimum des Ausgangsproblems (primales Problem) kann also auf die Suche nach einem Sattelpunkt der Lagrange-Funktion des Ausgangsproblems (duales Problem) zurückgeführt werden. Lasdon zeigt ebenfalls ([100], S.88ff.), daß ein Sattelpunkt von $L(x, \lambda)$ nur existiert, wenn die optimalen Lösungen des primalen Problems und des dualen Problems übereinstimmen. Die mathematische Formulierung des dualen Problems lautet hierbei:

(F2.47) $\max h(\lambda)$ mit $\lambda_i \ge 0$ $(i = m_{e+1}, \ldots, m)$ und

(F2.48) $h(\lambda) = \min\limits_{x} L(x, \lambda)$.

Ein einfacher Algorithmus zur Lösung der dualen Optimierungsaufgabe ist der folgende:

(i) Wähle Startwerte für $\lambda$.

(ii) Löse die unbeschränkte Optimierungsaufgabe $\min\limits_{x} L(x, \lambda)$ für die vorgegebenen $\lambda$.

(iii) Bilde die duale Funktion $h(\lambda)$ und wähle neue Multiplikatoren, so daß $h(\lambda)$ ansteigt.

(iv) Wenn die Optimalitätsbedingungen für den Punkt $(x, \lambda)$ noch nicht erfüllt sind, gehe zu (ii).

Ist die Lagrange-Funktion separabel, so können in Schritt (ii) einfachere Subsystemoptimierungsaufgaben (parallel) gelöst werden. Eine separable Lagrange-Funktion ergibt sich z.B. für Problemstellungen der folgenden Art mit einer (disjunkten) Partitionierung der Entscheidungsvariablen $x = (X_1, X_2, \ldots, X_p)^T, p \le n$ und einer in x separablen Zielfunktion:

(F2.49) $\min\limits_{X} \sum_{i=1}^{p} f_i(X_i)$,

(F2.50) $$\sum_{i=1}^{p} g_{ij}(X_j) = 0 \quad , \; j = 1, \ldots, m_e ,$$

(F2.51) $$\sum_{i=1}^{p} g_{ij}(X_j) \leq 0 \quad , \; j = m_e + 1, \ldots, m.$$

Die Lagrange-Funktion für dieses Optimierungsproblem lautet (gruppiert nach $X_i$):

(F2.52) $$L(x, \lambda) = \sum_{i=1}^{p} \left( f_i(X_i) + \sum_{j=1}^{m} \lambda_j g_{ji}(X_i) \right).$$

Es ist sofort ersichtlich, daß (F2.53) für feste $\lambda_j$ in x separabel ist. Schritt (ii) des oben angegebenen Algorithmus kann deswegen durch die folgende Vorschrift ersetzt werden:

(ii) Löse für die vorgegebenen $\lambda_j$ die unbeschränkten Optimierungsaufgaben (i=1,...,p):

$$\min_{X_i} \left( f_i(X_i) + \sum_{j=1}^{m} \lambda_j g_{ji}(X_i) \right).$$

Schritt (iii) des oben angegebenen Algorithmus verlangt die Wahl neuer Multiplikatoren, so daß $h(\lambda)$ ansteigt. Dies kann z.B. durch einen Gradientenalgorithmus erfolgen. Abb. 9 zeigt hierzu einen dualen Dekompositionsansatz mit koordinierendem Gradientenalgorithmus (vgl. Lasdon [100], S. 93). Der Algorithmus besitzt den Nachteil, daß im Zuge der eindimensionalen Richtungssuche mehrmals ein Minimum der Lagrange-Funktion zu bestimmen ist.

Das hier vorgestellte duale Dekompositionsverfahren garantiert das Auffinden der optimalen Lösung für konvexe Ausgangsprobleme. Im Falle eines nichtkonvexen Ausgangsproblems kann eine duale Lücke existieren, so daß die Lösung des dualen Problems nicht mit der optimalen Lösung des Ausgangsproblems übereinstimmt (vgl. [100]). Zur Überbrückung dieser dualen Lücke wurden Dekompositionsverfahren entwickelt, die auf einer erweiterten Lagrange-Funktion aufsetzen (vgl. (F2.25) auf Seite 26 und Darstellung der Multiplikatorverfahren). Wendet man eine quadratische Straffunktion auf die einzelnen $g_{ij}$ an und berücksichtigt nur die $m_{ea}$ Gleichheits- und aktive Ungleichheitsrestriktionen im aktuellen Iterationspunkt, so ergibt sich für das in (F2.49) bis (F2.51) beschriebene Optimierungsproblem die folgende Lagrange-Funktion (gruppiert nach $X_i$):

(F2.53) $$L(x, \lambda, r) = \sum_{i=1}^{p} \left( f_i(X_i) + \sum_{j=1}^{m_{ea}} \lambda_j g_{ji}(X_i) + \frac{r}{2} \sum_{j=1}^{m_{ea}} g_{ji}(X_i)^2 \right)$$

Es ist sofort ersichtlich das (F2.53) für festes $\lambda$ und r in x separabel ist. Am Ende eines Iterationsschrittes zur Lösung dieses Optimierungsproblems (vgl. Abb. 9) ist neben $\lambda$ also auch r aufzudatieren. Auf die erweiterte Lagrange-Funktion wird häufig zurückge-

Setze k = 0.
Wähle Startwerte $\lambda_k \geq 0$

Löse für feste $\lambda_k$ die unbeschränkte Optimierungsaufgabe $\min_{X} L(x, \lambda_k)$ und bezeichne die Lösung mit $x_k$ bzw. $(x_k(\lambda_k))$. Im Falle einer separablen Lagrange-Funktion mit einer (disjunkten) Partitionierung der Entscheidungsvariablen $x = (X_1, X_2, \ldots, X_p)^T, p \leq n$ können auch die folgenden Subprobleme (i=1,...,p) parallel gelöst werden:

$$\min_{X_i} \left( f_i(X_i) + \sum_{j=1}^{m} \lambda_j g_{ji}(X_i) \right).$$

Bilde die duale Funktion $h(\lambda_k) = L(x_k(\lambda_k), \lambda_k)$
und ihren Gradienten $\nabla h(\lambda_k) = g(x_k(\lambda_k))$.

Wähle einen neuen Vektor $\lambda_{k+1}$. Berechne hierzu eine Suchrichtung $s_k$, finde ein $\alpha \geq 0$ und setze $\lambda_{k+1} = \lambda_k + \alpha s_k$

$$(s_k)_i = \begin{cases} \left.\dfrac{\partial h}{\partial (\lambda_k)_i}\right|_{\lambda_k} & \text{falls } (\lambda_k)_i > 0 , \\[2ex] max\left\{0, \left.\dfrac{\partial h}{\partial (\lambda_k)_i}\right|_{\lambda_k} \right\} & \text{falls } (\lambda_k)_i = 0'. \end{cases}$$

Die Schrittweite $\alpha$ ist so zu wählen, daß $h(\lambda_{k+1}) > h(\lambda_k)$ gilt.
Eine eindimensionale Richtungssuche, die $h(\lambda_k + \alpha s_k)$ unter Beachtung von $\alpha \geq 0$ und $\lambda_{k+1} \geq 0$ maximiert, liefert das gewünschte $\alpha$. Im Rahmen der Richtungssuche ist ggf. $\min_{X} L(x, \lambda_k + \alpha s_k)$ mehrfach zu lösen (s.o.).

k = k + 1

Wiederhole bis $\alpha \approx 0$

Abb. 9: Dualer Dekompositionsansatz mit koordinierendem Gradientenalgorithmus (vgl. Lasdon [100], S. 93)

griffen, wenn Systeme zu modellieren sind, die aus rückgekoppelten Teilsystemen bestehen, wie dies häufig im Chemie- und Anlagenbau der Fall ist. Weitere Details hierzu finden sich bei Grauer [64].

Neben den zuvor beschriebenen, streng mathematisch begründeten Dekompositionsansätzen existieren eine Reihe **heuristischer Dekompositionsverfahren**. Diese wurden ursprünglich für sequentiell arbeitende Rechner entwickelt, um die Lösung großer und komplexer Systeme besser beherrschbar zu machen. Sie dienten z.B. der Erweiterung der lösbaren Problemklasse, wenn der Speicher eines Rechners nicht ausreichte, um ein komplexes System als Gesamtsystem zu bearbeiten. Deswegen sind sie eng mit einem speziellen Anwendungsfeld verbunden. Allen heuristischen Dekompositionsverfahren ist gemeinsam, daß sie das Ausgangssystem in mehrere Teilsysteme aufspalten, die in Wechselwirkung miteinander stehen. Diese Wechselwirkungen müssen nicht notwendigerweise von hierarchischer Natur sein. Der Begriff heuristische Verfahren wurde gewählt, weil zur Koordinierung der Teilsysteme Vorgehensweisen eingesetzt werden, die man im mathematischen Sinne als Heuristik bezeichnen würde. Für den Bereich der Strukturoptimierung gibt Weinert [158], S. 31 ff., eine Übersicht zu heuristischen Dekompositionsverfahren. Auf eine detaillierte Besprechung wird an dieser Stelle verzichtet.

Das im Rahmen dieser Arbeit entwickelte Softwaresystem unterstützt Dekompositionsansätze und erlaubt die parallele Berechnung der Subsysteme.

#### 2.3.2.2. Parallele Berechnung von Zielfunktion und Restriktionen

Für viele praktische Anwendungen gilt, daß der größte Rechenzeitaufwand nicht in den Optimierungsalgorithmen, sondern in der Berechnung der mathematischen Modelle steckt, die der Zielfunktion und den Restriktionen zu grunde liegen. Hier kommen vielfach Finite-Elemente-Verfahren zum Einsatz, oder es sind komplizierte Differentialgleichungssysteme zu lösen. Eine Dekomposition des Gesamtsystems, mit den in den vorherigen Kapiteln beschriebenen Verfahren, führt hier vielfach nicht zum Erfolg. In diesem Fall, kann eine Verkürzung der Rechenzeiten nur durch eine Parallelisierung des mathematischen Modells, das der Zielfunktion und den Restriktionen zu grunde liegt, erreicht werden. Hierbei kann Datenparallelität oder funktionale Parallelität in dem bestehenden mathematischen Modell ausgenutzt werden.

Das im Rahmen dieser Arbeit entwickelte System unterstützt Ansätze, die eine grobkörnige Parallelisierung der Berechnungen von Zielfunktionen und Restriktionen ermöglichen.

# 3. Parallel arbeitende Rechnersysteme und Softwarewerkzeuge

Dieses Kapitel gibt eine Übersicht zu Parallelrechnern (Unterkapitel 3.1) und zu Softwarewerkzeugen, die zur Erstellung parallel arbeitender Computerprogramme eingesetzt werden können (Unterkapitel 3.2).

## 3.1. Parallel arbeitende Rechnersysteme

Die bekannteste Klassifikation für Rechnersysteme liefert Flynn [53] im Jahre 1966. Obwohl sich die Rechnerlandschaft seitdem weiterentwickelt und stark ausdifferenziert hat, kann dieses Schema für die in der Praxis anzutreffenden Rechner auch heute noch weitestgehend verwendet werden[1].

Flynn geht von der klassischen Von-Neumann-Architektur aus, in der die Abarbeitung eines Befehls aus den folgenden Schritten besteht:

(i) Bestimme die Adresse der nächsten Instruktion,
(ii) hole die nächste Instruktion in den Instruktionspuffer,
(iii) dekodiere die Instruktion im Instruktionspuffer,
(iv) bestimme die Adressen der Operanden,
(v) hole die Operanden,
(vi) führe die Instruktion aus,
(vii) speichere das Ergebnis.

In Abhängigkeit von der Anzahl der simultanen Operanden- (#OS) und Instruktionsströme (#IS), die ein Rechner bearbeiten kann (vgl. Abb. 10, S. 48), bildet er vier Rechnerklassen:

(I) Single Instruction, Single Data (#IS=1, #OS=1): Diese Klasse kann einen Instruktions- und einen Operandenstrom verarbeiten. Sie enthält somit die klassischen, sequentiell arbeitenden Rechner mit Von-Neumannn-Architektur. Betrachtet man den Operanden- und Instruktionsstrom, der für einen Programmierer auf der Ebene der Maschinensprache sichtbar ist, so gehören darüber hinausgehend auch die folgenden beiden Rechnerarchitekturen in diese Klasse:

- Rechner mit einer Instruktionspipeline:

---

1. Das Buch von DeCegama [36] beschreibt einige neuere Entwicklungen, die nicht in Flynns Klassifikationsschema passen. Da diese Rechner aber bisher keine kommerzielle Reife erlangt haben, wird hier auf die Darstellung dieser Konzepte verzichtet.

Die Idee einer Instruktionspipeline besteht in der Überlappung der oben aufgeführten Schritte (i) bis (vii): Während der Ausführung einer ersten Instruktion (vi) kann der Prozessor die Operanden der zweiten Instruktion holen (v), die Adressen der Operanden der dritten Instruktion bestimmen (iv), die vierte Instruktion im Instruktionspuffer dekodieren (iii) usw. Ferner ermöglicht es die Instruktionspipeline, unterschiedliche oder mehrfach vorhandene funktionale Einheiten des Prozessors (Integer Unit, Floating Point Unit) parallel zu nutzen, so daß Wartezeiten reduziert werden. Durch diese Vorgehensweise findet auf dem Prozessor eine Parallelverarbeitung statt. Der Programmierer sieht aber weiterhin ein sequentielles Programm, so daß Rechner, die eine Instruktionspipeline verwenden, in dieser Arbeit in die Klasse der SISD Rechner eingeordnet werden. Hayes [75] und DeCegama [36] ordnen sie dahingegen in die Klasse der MISD Rechner ein. Alle modernen Prozessoren (SuperSPARC, MIPS R4400, PowerPC, Pentium) nutzen eine zwei- bis fünfstufige Instruktionspipeline, so daß Elemente der Parallelverarbeitung auf diesem Wege bereits den Eingang in gängige PCs und Workstations gefunden haben.

- Rechner die auf breiten Instruktionen (VLIW: Very Long Instruction Word) basieren:
  Eine VLIW-Maschine besteht aus zahlreichen funktionalen Blöcken, wie etwa mehreren Prozessoren, Speicherbänken und Verbindungsnetzwerken. Jede Instruktion, die durchaus eine Länge von 128 Byte erreichen kann, kontrolliert die Gesamtheit aller funktionalen Blöcke. Es ist die Aufgabe eines Compilers, Programme höherer Programmiersprachen so zu übersetzen, daß in jeder Instruktion möglichst alle vorhandenen funktionalen Blöcke genutzt werden. VLIW-basierte Rechner besitzen heute noch keine kommerzielle Bedeutung, sie haben aber für die Zukunft ein großes Potential, da mit einer VLIW-Maschine zukünftig pro Instruktion bis zu 20 klassische Von-Neumann-Instruktionen ausgeführt werden könnten. Mit einer Instruktionspipeline erreicht man dahingegen zur Zeit maximal 6 Befehle, die parallel abgearbeitet werden können.

(II) **M**ultiple **I**nstruction, Single **D**ata (#IS=n, #OS=1): Diese Klasse besitzt keine kommerzielle Bedeutung. Man könnte fehlertolerante Rechner, bei denen mehrere Prozessoren mit unterschiedlichen Programmen einen Operandenstrom bearbeiten, in diese Klasse einordnen.

(III) Single **I**nstruction, **M**ultiple **D**ata (#IS=1, #OS=n): Diese Klasse beinhaltet Rechner, die einen Instruktionsstrom auf mehrere Operandenströme anwenden. Die bekanntesten Vertreter dieser Klasse sind Vektor- bzw. Feldprozessoren, die aus einem synchron arbeitenden Prozessorfeld bestehen, welches von einer Kontrolleinheit gesteuert wird. Eine Erweiterung dieses Konzeptes führt zu MSIMD-Rechnern (Multiple Single Instruction, Multiple Data), bei denen das Prozessorfeld aufgeteilt und dynamisch mehreren Kontrolleinheiten zugeteilt werden kann. Viele Vektorrechner besitzen zur Erhöhung der Verarbeitungsgeschwindigkeit zusätzlich eine Instruktionspipeline.

(IV) **M**ultiple **I**nstruction, **M**ultiple **D**ata (#IS=n, #OS=n): Diese Klasse beinhaltet Rechner, die mehrere Prozessoren besitzen und somit mehrere Programme gleichzeitig ausführen können. Abb. 11 zeigt den allgemeinen Aufbau eines MIMD-basierten Parallelrechners. Man spricht von Rechnern mit einem gemeinsamen Speicher (shared memory), wenn alle Prozessoren auf ein globales Speichersegment zugreifen können. Liegt lediglich ein lokaler Speicher vor, so spricht man von Parallelrechnern mit einem verteilten Speicher (distributed memory). Die Organisation des Verbindungsnetzwerkes (vgl. Abb. 10 und 11) liefert ein weiteres

Parallelrechner
- SISD (Single Instruction, Single Data)
  - Rechner mit einer Instruktionspipeline
  - VLIW (Very Long Instruction Word)
- MISD (Multiple Instruction, Single Data)
- SIMD (Single Instruction, Multiple Data)
  - Rechner mit Vektor- und Feldprozessoren
  - MSIMD (Multiple Single Instruction, Multiple Data)
- MIMD (Multiple Instruction, Multiple Data)
  - Kopplung durch ein Bussystem
  - Kopplung über ein Schaltnetzwerk
  - Kopplung durch direkte Prozessorverbindungen
    - Prozessoranordnung in Form eines Hypercube
    - Prozessoranordnung in Form eines Baums
    - Prozessoranordnung in Form einer Pyramide
    - Prozessoranordnung in Form eines zweidimens. Rasters

Abb. 10: Klassifikation von Parallelrechnern (vgl. Erläuterung im Text und DeCegama [36], S. 16)

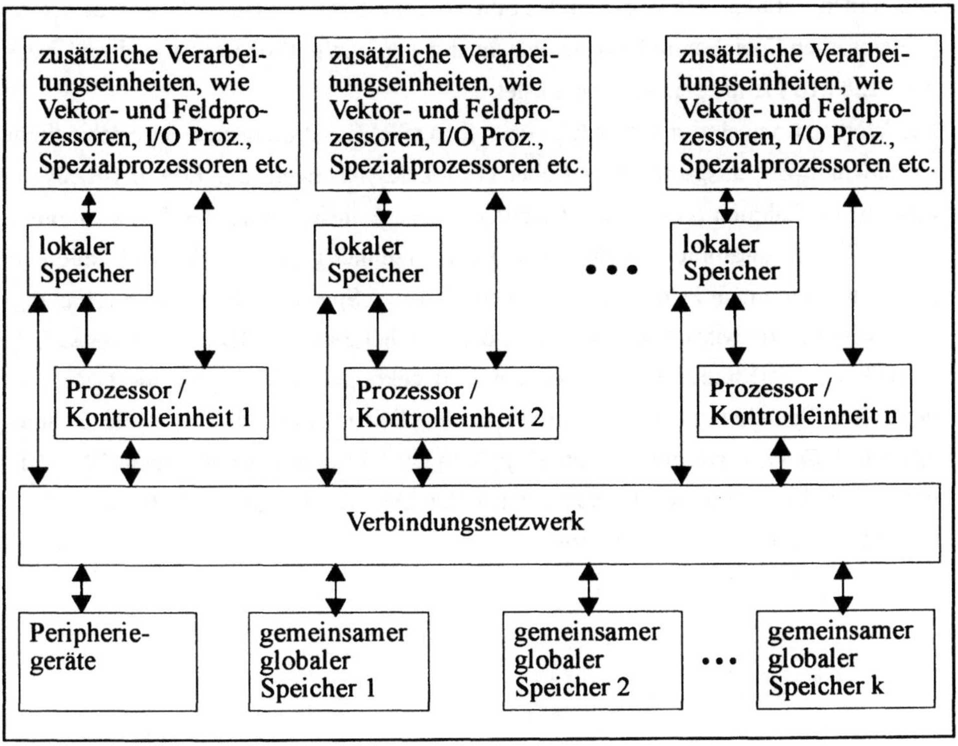


Abb. 11: Allgemeiner Aufbau eines MIMD Rechners

Klassifikationsmerkmal für MIMD-basierte Parallelrechner. Man unterscheidet Rechner, die über ein Bussystem oder ein Schaltnetzwerk verbunden sind, von Rechnern, die über direkte Prozessorverbindungen gekoppelt sind. Im Falle der direkten Prozessorverbindung bildet man in Abhängigkeit von der realisierten Prozessortopologie weitere Unterklassen (vgl. Abb. 10).

Nach dieser Klassifikation von Parallelrechnern wird im folgenden die im Rahmen dieser Arbeit verwendete Entwicklungsumgebung vorgestellt (vgl. Abb. 12). Sie besteht aus vernetzten SISD-basierten Workstations und MIMD-basierten Parallelrechnern der Firmen Sun Microsystems und Inmos.

Der Rechner der Firma Inmos besteht hierbei aus 20 Prozessoren (Transputer T800), die über direkte Prozessorverbindungen in Form eines zweidimensionalen Rasters gekoppelt sind. Er besitzt einen verteilten Hauptspeicher mit jeweils 1 bis 8 MB Speicher pro T800 Prozessorkarte. Da die Datenübertragungsrate zwischen 2 Prozessoren bei maximal 20 Mbit/s liegt, kann man von einem schwach gekoppelten Multiprozessorsystem sprechen.

Die beiden Parallelrechner der Firma Sun Microsystems besitzen 2 bzw. 4 über einen gemeinsamen Speicher und ein Bussystem eng gekoppelte Prozessoren und sind mit 32 bzw. 128 MB Hauptspeicher ausgerüstet.
Die Workstations sind mit SPARC- bzw. SuperSPARC-Prozessoren unterschiedlicher Geschwindigkeit ausgestattet und über ein lokales Netzwerk auf Ethernet-Basis verbunden. Im Rahmen dieser Arbeit werden mehrere dieser vernetzten Workstations zu einem Cluster zusammengefaßt und als Parallelrechner genutzt. Jede Workstation entspricht hierbei einem Prozessor mit eigenem lokalen Speicher. Die Datenübertragungsgeschwindigkeit zwischen den Workstations liegt bei max. 10 MBit/s (real 3-4 MBit/s), so daß der Workstation-Cluster als schwach gekoppeltes Multiprozessorsystem mit verteiltem Speicher aufgefaßt werden kann. Hierfür findet auch die Bezeichnung *Multi-Computer* Verwendung. Eine Kopplung der Workstations über einen FDDI-Ring bzw. über Fast Ethernet Produkte wird die Datenübertragungsgeschwindigkeit in Zukunft um den Faktor 10 steigern.

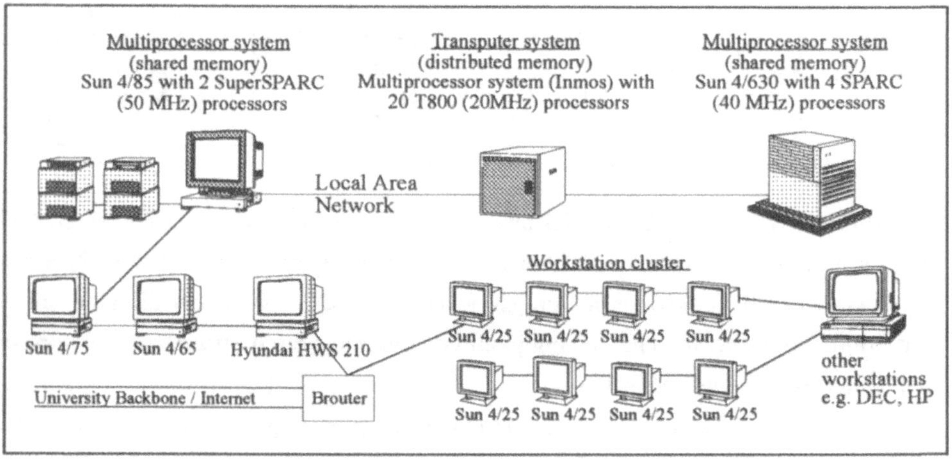


Abb. 12: Verwendete Rechnerarchitekturen

## 3.2. Softwarewerkzeuge zur Parallelprogrammierung

Dieses Kapitel soll eine Übersicht zu Softwarewerkzeugen geben, die eine Erstellung parallel arbeitender Computerprogramme unterstützen. Zuerst werden einige grundlegende Begriffe eingeführt (vgl. DUDEN Informatik [104], S. 456-468):
Eine *Programmiersprache* ist eine Sprache zur Formulierung von Rechenvorschriften, d.h. von Datenstrukturen und Algorithmen, die von einem Computer ausgeführt werden können. Die einzelnen Konstrukte einer Programmiersprache werden als *Pro-*

*grammanweisungen* (kurz Anweisungen) bezeichnet. Ein *Computerprogramm* (kurz Programm) ist dementsprechend die Formulierung von Algorithmen und zugehöriger Datenbereiche in Anweisungen einer Programmiersprache. Eine sequentiell abzuarbeitende Folge einzelner Anweisungen, die eine in sich abgeschlossene Aufgabe bearbeitet, wird als *Rechenprozeß* (kurz Prozeß) bezeichnet (vgl. Herrtwich [79], S. 21).
Im Laufe der Entwicklung der Rechentechnik entstanden verschiedene Programmiersprachen, die es erlauben, Rechner auf unterschiedlichen Abstraktionsniveaus zu programmieren. Man unterteilt die Programmiersprachen deswegen in

- Maschinensprachen,
- niedere oder maschinenorientierte Programmiersprachen und
- höhere oder problemorientierte Programmiersprachen.

Die Maschinensprachen erlauben eine direkte Programmierung der Hardware in Instruktionen der Zentraleinheit (CPU) des verwendeten Rechners. Darauf aufbauend ermöglichen die maschinenorientierten Programmiersprachen zusätzlich die Verwendung symbolischer Namen, die dann von einem Assembler in Hardwareadressen der entsprechenden Maschinen umgesetzt werden. Die Klasse der höheren bzw. problemorientierten Programmiersprachen wird heute am intensivsten genutzt, und für Anwendungen der Parallelverarbeitung spielen die anderen beiden Klassen keine bzw. eine untergeordnete Rolle. Sie läßt sich ihrerseits in imperative, applikative, prädikative und objektorientierte Programmiersprachen unterteilen. Diese Unterteilung soll im folgenden kurz besprochen werden (vgl. DUDEN Informatik [104], S. 456-468):

Ein Programm *imperativer Programmiersprachen* (beispw. ADA, C, COBOL, PASCAL, FORTRAN) besteht aus einer Sequenz von Befehlen (Wertzuweisungen, Fallunterscheidungen, Schleifen), die zu Unterprogrammen zusammengefaßt werden können. Wesentlich ist das Variablenkonzept der imperativen Sprachen, das die Ablage von Eingabedaten und Zwischenwerten in namentlich gekennzeichneten Speicherbereichen ermöglicht.

*Applikative Programmiersprachen* (z.B. LISP) bestehen aus einem System von Funktionsformulierungen, wobei Funktionen als Parameter in Funktionsaufrufen auftreten können. Ein Programm einer applikativen Programmiersprache besteht i.w. aus einer Funktion, die ihrerseits wieder andere Funktionen aufruft.

Ziel der *prädikativen Programmiersprachen* (z.B. PROLOG) ist das Beweisen von aussagelogischen Prädikaten. Hierzu erstellt der Programmierer Fakten (gültige Prädikate) und Regeln, die beschreiben, wie man aus Fakten neue Fakten generiert. Ziel eines Programmlaufes ist es, ein vom Anwender eingegebenes Prädikat durch Ausnut-

zung der vorliegenden Fakten und Anwendung der Regeln zu beweisen.
*Objektorientierte Programmiersprachen* (beispw. C++, SMALLTALK-80) definiert der DUDEN Informatik ([104], S. 461f.) wie folgt: „Bei diesen Sprachen werden alle zum Lösen eines Problems notwendigen Informationen (Daten und Anweisungen bzw. Regeln) als Objekte aufgefaßt. Objekte können durch das Senden von „Nachrichten“ (Mitteilungen an andere Objekte) miteinander Informationen austauschen. Für jedes Objekt sind die Nachrichten, die es verstehen kann, festgelegt. Empfängt ein Objekt eine Nachricht, so antwortet es mit einem anderen Objekt“.
Die soeben eingeführten höheren bzw. problemorientierten Sprachen waren von ihrer Struktur ursprünglich für die sequentielle Abarbeitung der einzelnen Programmanweisungen konzipiert worden. Mit dem Aufkommen von Vektorrechnern (SIMD-Architektur) erfolgte eine Ergänzung einzelner Sprachen um Sprachkonstrukte (z.B. Vektorinstruktionen), die es erlauben, eine Anweisung auf mehreren Datensätzen auszuführen. Hierdurch konnten Operationen der linearen Algebra, wie etwa die Multiplikation und die Addition von Vektoren und Matrizen, erheblich beschleunigt werden. Das Aufkommen von Rechnern mit einer MIMD-Architektur in den letzten Jahren führte zu einem neuen Programmierparadigma der Parallelprogrammierung: Ein Programm für MIMD-Rechner besteht nicht mehr aus einem Rechenprozeß, sondern aus mehreren Prozessen, die parallel abgearbeitet werden. Man spricht in diesem Zusammenhang von der *Nebenläufigkeit* der parallel abzuarbeitenden Prozesse. Bei der Programmierung dieser Parallelrechner entsteht häufig die Situation, daß Prozesse voneinander abhängen, weil ein Prozeß auf Daten zugreift, die von einem nebenläufigen Prozeß geliefert werden. Deswegen muß ein Programmierer dieser Systeme auf die Synchronisation der einzelnen Prozesse achten und Maßnahmen treffen, die Konflikte beim Zugriff auf den gemeinsamen Datenraum des Programms verhindern. Hierbei wird er heute durch Softwarewerkzeuge unterstützt, die sich in drei Klassen unterteilen lassen:

(I) *Weiterentwicklungen von Programmiersprachen,*
(II) *Softwarebibliotheken,*
(III) *Parallelisierungswerkzeuge.*

Die folgenden Unterkapitel (3.2.1 bis 3.2.3) geben eine Übersicht zu diesen Softwarewerkzeugen. Da in der Literatur mittlerweile mehr als 100 Werkzeuge genannt werden, verzichtet diese Arbeit auf eine detaillierte Besprechung dieser Werkzeuge. Stattdessen erfolgt in den nachfolgenden Unterkapiteln eine Klassifikation und die Vorstellung wesentlicher Ideen der Softwarewerkzeuge (I) bis (III). Diese wird durch tabellarische

Übersichten im Anhang C ergänzt. Neben den oben aufgeführten 3 Klassen existieren noch Werkzeuge, die eine bessere Ausnutzung von Netzwerkressourcen gestatten. Hier sind in erster Linie verteilte Stapelverarbeitungssysteme zu nennen, die alle anfallenden Jobs auf freie Rechnerressourcen eines Netzwerkes verteilen. Ein bekannter Vertreter dieser Werkzeuge ist das Distributed Queuing System (DQS [73], [123]). Eine ausführliche Besprechung von Werkzeugen zur Parallelprogrammierung kann den Arbeiten von Bal [9], Cheng [30] und Glendinning [56] entnommen werden, die auch eine wesentliche Informationsbasis bei der Zusammenstellung dieses Unterkapitels bildeten.

### 3.2.1. Weiterentwicklungen von Programmiersprachen

Unter der Klasse *Weiterentwicklungen von Programmiersprachen* werden in dieser Arbeit alle die Programmiersprachen zusammengefaßt, die spezielle Programmanweisungen (Instruktionen) zur Erstellung paralleler Programme besitzen. In Abhängigkeit von der logischen Datenorganisation kann eine weitere Unterteilung in zwei Unterklassen vorgenommen werden:

Die **erste Unterklasse** beinhaltet alle Programmiersprachen, deren parallele Programme auf einem *gemeinsamen logischen Datenraum* arbeiten. Die Programmiersprachen können auch auf Rechnern mit einem physisch verteilten Speicher implementiert werden; für die Klassifikation ist wesentlich, daß der Programmierer einen einheitlichen Datenraum sieht und sich über die ggf. vorhandene physikalische Verteilung der Daten keine Gedanken machen muß. Vertreter dieser Unterklasse sind (s.a. Anhang C auf S. 197) parallel arbeitende

(i) *imperative Sprachen* (z.B. HIGH PERFORMANCE FORTRAN [82]),
(ii) *applikative Sprachen* (z.B. CONCURRENT LISP [142]),
(iii) *prädikative Sprachen* (z.B. CONCURRENT PROLOG [137]) und
(iv) Sprachen, die auf *verteilten Datenstrukturen* basieren (z.B. LINDA [3]).

Die unter (i) aufgeführte Gruppe der parallel arbeitenden imperativen Sprachen beinhaltet die für praktische Anwendungen der Parallelverarbeitung wichtigste Gruppe von Programmiersprachen der ersten Unterklasse. Diese Sprachen besitzen Parallelverarbeitungskonstrukte, mit denen Datenparallelität und funktionale Parallelität beschrieben werden kann. Zur Beschreibung der Datenparallelität dienen u.a. Anweisungen zur Parallelausführung von Schleifendurchläufen und Konstruktoren zur Beschreibung von Matrixoperationen. Funktionale Parallelität kann durch parallel ablaufende Unterprogramme ausgedrückt werden. Bekannte Vertreter dieser Klasse sind FORTRAN 90

[92] und HIGH PERFORMANCE FORTRAN [82]. Beide Sprachen sind bzw. werden z.Zt. von internationalen Gremien genormt und stehen somit in absehbarer Zeit auf allen führenden Parallelverarbeitungsplattformen zur Verfügung. Damit entfällt die Notwendigkeit, rechnerspezifische Implementierungen paralleler Programme durchzuführen, und die Investitionen eines Unternehmens in die einmal entwickelte Software werden über viele Jahre geschützt. Diesen beiden Sprachen kommt deswegen in der Zukunft eine große Bedeutung zu. Die unter (ii) und (iii) aufgeführten Sprachen entstammen dem Fachgebiet der Künstlichen Intelligenz (KI). Eine Besprechung findet an dieser Stelle nicht statt. Die Sprachen der Klasse (iv) basieren auf verteilten Datenstrukturen, die zur Kommunikation und Synchronisation genutzt werden. Ihr bekanntester Vertreter ist die Sprache LINDA [3]. Ein Programm besteht in LINDA aus mehreren nebenläufigen Prozessen, die über einen gemeinsamen Datenraum (Tupel-Raum) kommunizieren. Jeder Prozeß kann Datenstrukturen (Tupel), die einem „record" der Programmiersprache PASCAL ähneln, in den gemeinsamen Tupel-Raum eintragen. Die Synchronisation der nebenläufigen Prozesse erfolgt über eine Anweisung zum Lesen von Tupeln, die den ausführenden Prozeß blockiert, bis ein vom lesenden Prozeß spezifizierter Tupel in den Tupel-Raum eingetragen wird.

Die **zweite Unterklasse** beinhaltet alle Programmiersprachen, deren parallele Programme auf einem *verteilten Datenraum* arbeiten. Ein paralleles Programm besteht hierbei aus nebenläufigen Prozessen, die Daten miteinander austauschen können. In Abhängigkeit von der Art des Datenaustausches und den Synchronisationsmöglichkeiten der nebenläufigen Prozesse können die folgenden Unterklassen gebildet werden (s.a. Anhang C auf S. 197):

(a) Sprachen, bei denen die Kommunikation der nebenläufigen Prozesse auf dem Austausch von Nachrichten basiert (z.B. CSP [84], OCCAM [91]).

(b) Sprachen, die zur Kommunikation zwischen den nebenläufigen Prozessen das Rendezvous-Konzept verwenden (z.B. ADA [154]).

(c) Objektorientierte bzw. objektbasierte[1] Sprachen, bei denen die Kommunikation durch den Aufruf von Methoden einzelner aktiver Objekte erfolgt (z.B. CONCURRENT SMALLTALK [163]).

(d) sonstige Sprachen, die z.T. hybride Konzepte verwenden.

Die unter (a) aufgeführte Klasse der parallel arbeitenden Sprachen realisert das Konzept der *Kommunizierenden Sequentiellen Prozesse*, dem in vielen Parallelverarbei-

1. Objektbasierte Sprachen unterstützen Objekte, kennen aber das Konzept der Vererbung nicht.

tungskonzepten eine zentrale Bedeutung zukommt. Es wurde von Hoare [84] unter der Bezeichnung „Communicating Sequential Processes" (kurz CSP) eingeführt. Den zentralen Bestandteil des Konzeptes bilden nebenläufige Prozesse, die durch den Austausch von Nachrichten miteinander kommunizieren. Dies soll im folgenden näher erläutert werden:

Im CSP-Konzept transformiert ein Prozeß Eingabedaten in Ausgabedaten, die über Kommunikationskanäle an andere Prozesse weitergegeben werden, um dort als Eingabedaten Verwendung zu finden. Ein Benutzer-Prozeß fungiert als universelle Quelle bzw. Senke von Daten. Prozesse erhalten in Hoares CSP-Notation einen Namen, der durch 2 Doppelpunkte („::") gekennzeichnet wird (z.B. *Benutzer::*). Die Eingabe von Daten in einen Prozeß wird durch ein Fragezeichen („?") und die Ausgabe durch ein Ausrufezeichen („!") gekennzeichnet. Das syntaktische Konstrukt *„Prozeßname ? Variablenname"* liest Daten von dem durch *Prozeßname* bezeichneten Prozeß und speichert sie in der angegebenen Variablen. Mit *„Prozeßname ! Variablenname"* kann der Inhalt einer Variablen an den angegebenen Prozeß übertragen werden. Hoares CSP-Konzept arbeitet synchron, d.h. eine Eingabeoperation wird erst abgeschlossen, wenn der vorhergehende Prozeß die Eingabedaten geliefert hat. Eine Sequenz von zwei Operationen wird in CSP durch ein Semikolon („;") beschrieben. Der folgende einfache Prozeß mit dem Namen *Inkrementieren* besteht aus drei Operationen. Zunächst liest er die Benutzereingabe in die Variable *gelesen* ein, dann erhört er den Wert der Variablen um 1 und gibt schließlich den neuen Variablenwert über einen Ausgabekanal an den Benutzer aus:

Inkrementieren:: Benutzer ? gelesen ; gelesen := gelesen + 1; Benutzer ! gelesen

Die Nebenläufigkeit von Prozessen und Operationen wird im CSP-Konzept durch zwei senkrechte Striche („||") beschrieben. Zur Synchronisation von Prozessen erlaubt es CSP mehrere Prozesse mittels eckiger Klammern („[]") in einer Gruppe zusammenzufassen. Dies hat zur Folge, daß die folgenden Prozesse oder Anweisungen erst abgearbeitet werden, wenn alle Prozesse der Gruppe abgeschlossen wurden. Dies soll an einem Prozeß *Quadratsumme*, der zunächst 2 eingegebene Zahlen quadriert und nach Abschluß dieser beiden Operationen die Summe der beiden Quadrate bildet, erläutert werden:

Quadratsumme::

[ QuadrierenX:: Benutzer ? X; XQ = X * X; Summieren ! XQ

|| QuadrierenY:: Benutzer ? Y; YQ = Y * Y; Summieren ! YQ

```
|| Summieren:: [QuadrierenX ? Arg1 || QuadrierenY ? Arg2];
               Summe = Arg1 + Arg2;
               Benutzer ! Summe
]
```

Das oben abgebildete CSP-Programm besteht auf der obersten Ebene aus den drei nebenläufigen Prozessen *QuadrierenX*, *QuadrierenY* und *Summieren*. Die Prozesse *QuadrierenX* und *QuadrierenY* bilden jeweils das Quadrat der Benutzereingabe und geben es an den Prozeß *Summieren* weiter. Dieser liest zunächst in 2 nebenläufigen Operationen die übergebenen Daten und speichert sie in den Variablen *Arg1* und *Arg2*. Da die beiden Eingabeoperationen gruppiert wurden, erfolgt die Summenbildung erst nach Abschluß der Eingabe. Hoares CSP- Konzept beinhaltet eine synchrone Kommunikation, so daß die beiden Eingabeoperationen des Prozesses *Summieren* erst ausgeführt werden, wenn die Prozesse *QuadrierenX* bzw. *QuadrierenY* die notwendigen Daten liefern. Neben den bereits vorgestellten Konstrukten besitzt CSP noch Kontrollstrukturen zur Fallunterscheidung („guarded commands") und Schleifenbildung („repetition"), die hier nicht weiter erläutert werden (siehe [84]). Das von Hoare vorgestellte Konzept der kommunizierenden sequentiellen Prozesse besitzt den gravierenden Nachteil, daß CSP-Prozesse nur durch den Austausch synchroner Nachrichten miteinander kommunizieren können. Dies bedeutet, daß ein Prozeß, der Nachrichten an einen anderen Prozeß überträgt, blockiert wird, bis der Empfängerprozeß in der Lage ist, die Daten in Empfang zu nehmen. In praktischen Anwendungen ist es dahingegen vielfach wünschenswert, daß ein Prozeß nach dem Absenden einer Nachricht direkt mit weiteren Berechnungen fortfahren kann. Aus diesem Grunde entstanden zahlreiche Programmiersprachen, die auch eine asynchrone Kommunikation über Nachrichten zulassen (beispw. NIL [141]). Viele der im Anhang genannten Sprachen aus der Klasse (a) sind über den Status eines Forschungsprototypen nicht hinausgekommen. Einzig OCCAM, das als Assemblersprache des Transputers Verwendung findet, wird in zahlreichen Projekten eingesetzt. Das CSP-Konzept findet heutzutage seinen überwiegenden Einsatz in den unter 3.2.2 beschriebenen Softwarebibliotheken, die herkömmliche imperative Programmiersprachen ergänzen. Es ist eines der im Bereich der Parallelverarbeitung am häufigsten genutzten Konzepte.

Alle Programmiersprachen der Unterklasse (b), wie z.B. ADA [154], zeichnet aus, daß sie zur Kommunikation und Synchronisation das Rendezvous-Konzept verwenden. Hierzu definiert jeder Prozeß mögliche Einsprungstellen (sog. Entries) für nebenläufige Prozesse. Entries besitzen eine Parameterschnittstelle, die der von Prozeduren

ähnelt. Jeder Prozeß kann ein Entry eines nebenläufigen Prozesses aufrufen und über die Parameterschnittstelle Daten übergeben. Er wird dabei jedoch blockiert, bis der nebenläufige Prozeß den ausgewählten Entry explizit zum Aufruf freigibt. Im Moment der Freigabe arbeiten beide Prozesse synchron. Man bezeichnet diese Art der Kommunikation und Synchronisation zwischen Prozessen deshalb als Rendezvous-Konzept.
Weiterentwicklungen objektorientierter und objektbasierter Sprachen (beispw. CONCURRENT SMALLTALK [163]) sind in der Unterklasse (c) zusammengefaßt worden. Die Erweiterung gegenüber der sequentiellen Version sieht meist so aus, daß jedem aktiven Objekt ein Prozeß zugeordnet wird, die Kommunikation erfolgt weiterhin über das Versenden von Nachrichten zwischen Objekten (vgl. Bal [9], S. 78ff.).
Die Unterklasse (d) dient der Subsummierung aller sonstigen Programmiersprachen, die Parallelverarbeitung unterstützen. Nennenswert sind an dieser Stelle noch Programmiersprachen, die zur Synchronisation und Kommunikation das Remote-Procedure-Call-Konzept verwenden. Dieses erlaubt es einem Prozeß, Prozeduren eines nebenläufigen Prozesses aufzurufen und über die Parameterliste Werte zu übergeben (vgl. z.B. DISTRIBUTED PROCESSES [24]). Des weiteren existieren hybride Konzepte, die mehrere der zuvor geschilderten Mechanismen zur Kommunikation und Synchronisation unterstützen (vgl. Bal [9], S. 74ff.).

### 3.2.2. Softwarebibliotheken

Die im Bereich der Parallelverarbeitung eingesetzten Softwarebibliotheken sollen herkömmliche, sequentiell arbeitende Programmiersprachen um ein Parallelverarbeitungsmodell erweitern. Die überwiegende Anzahl der heute im Einsatz befindlichen Bibliotheken basiert auf dem Konzept der Kommunizierenden Sequentiellen Prozesse (vgl. 3.2.1 (a)). Sie nutzen Operationen der Rechnerbetriebssysteme zur Erzeugung nebenläufiger Prozesse. Spezielle Konzepte der Betriebssysteme zur Entwicklung verteilter Anwendungen[1] ([32], [126], [152]) erlauben zusätzlich die Verteilung der nebenläufigen Prozesse auf die Rechner eines heterogenen Netzwerkes (vgl. Abb. 12). Dem Programmierer bieten die Softwarebibliotheken darüber hinausgehend eine Funktionsbibliothek, mit der er Nachrichten zwischen den nebenläufigen Prozessen austauschen kann. Man bezeichnet sie in Anlehnung an die englische Terminologie auch als *Message-Passing-Bibliotheken*. Die bekanntesten Softwarebibliotheken sind PAR-

1. Im Rahmen dieser Arbeit werden die Protokolle des Internet [32], mit den darauf basierenden Anwendungen rsh und rlogin, sowie Suns Remote-Procedure-Call- (RPC) und Network-File-System-(NFS) Konzepte [150] genutzt.

MACS ([22], [77], [78]), PVM ([44], [45], [46], [151]) und P4 ([27], [103]). Tab. 19 auf S. 201 enthält eine Auflistung von weiteren Softwarebibliotheken, die in der Literatur Erwähnung finden.

Für das in dieser Arbeit entwickelte Softwaresystem wurde eine eigene Softwarebibliothek entwickelt, da die oben erwähnten Bibliotheken zu Beginn dieser Arbeiten, in den Jahren 1989/1990, noch nicht zur Verfügung standen. Mittlerweile hat sich das für Universitäten kostenlos erhältliche Programmpaket PVM als quasi-Standard etabliert. Daneben besitzt auch die kommerzielle Software PARMACS, die vielfach in industriellen Projekten eingesetzt wird, eine gewisse Bedeutung. Der Vorteil der Eigenentwicklung besteht heute noch darin, daß sie speziell an die Bedürfnisse eines Softwaresystems zur Lösung nichtlinearer Optimierungsprobleme angepaßt werden konnte.

### 3.2.3. Parallelisierungswerkzeuge

Parallelisierungswerkzeuge sollen ein sequentielles Programm in ein paralleles Programm transformieren. Hierzu analysieren sie den Daten- und Kontrollfluß des Programms und versuchen Datenparallelität und funktionale Parallelität zu erkennen. Man kann sie als Compiler ansehen, die als Ergebnis ein paralleles Programm einer höheren Programmiersprache liefern. In vielen Fällen ist eine vollständig automatische Transformation des Programms nicht möglich, so daß die Parallelisierungswerkzeuge dem Anwender verschiedene Parallelisierungsmöglichkeiten vorschlagen. Der Anwender kann dann in Kenntnis seines Programms die Vorschläge akzeptieren oder ablehnen. Die zur Zeit kommerziell erhältlichen Parallelisierungswerkzeuge sind auf die Bearbeitung von FORTRAN-Programmen ausgelegt. Der bekannteste Vertreter, FORGE 90 [5], ist in der Lage, parallele FORTRAN-Programme für unterschiedliche Programmiermodelle zu erzeugen, so daß traditionelle Supercomputer, Parallelrechner mit verteiltem und gemeinsamen Speicher sowie Workstation-Cluster genutzt werden können. Eine Übersicht zu weiteren Parallelisierungswerkzeugen findet sich in Tab. 20 auf S. 201.

# 4. Konzeptueller Entwurf des integrierten Softwaresystems

Die vorhergehenden Kapitel dienten der Vorstellung von Parallelverarbeitungsansätzen im Fachgebiet der Nichtlinearen Optimierung und der Übersicht zu parallel arbeitenden Rechnersystemen und Softwarewerkzeugen. Darauf aufbauend erfolgt in diesem Kapitel der konzeptuelle Entwurf eines integrierten Softwaresystems, das den Einsatz der Parallelverarbeitung zur Lösung nichtlinearer Optimierungsprobleme gestattet. Da diese Arbeit auf früheren Arbeiten von Grauer (vgl. [66], [68]) aufbaut, wird dieses Softwaresystem im weiteren Verlauf der Arbeit *OpTiX-II*[1] genannt. Wie andere Softwaresysteme auch (vgl. 1.2.1(II)), integriert OpTiX-II eine Sprache zur Beschreibung der Optimierungsprobleme, eine Sammlung von Optimierungsverfahren und eine interaktive graphische Benutzerschnittstelle, mit der ein Anwender die Optimierungsrechnung steuern kann. Darüber hinausgehend unterstützt OpTiX-II die Parallelverarbeitung, arbeitet compilierend und bietet neben einem symbolischen Differenzierer die weitaus umfangreichste Algorithmenbibliothek. Das folgende Unterkapitel 4.1 enthält zunächst eine Beschreibung des prinzipiellen Systemaufbaus. Dieser wird dann in den Unterkapiteln 4.2 bis 4.6 detailliert.

## 4.1. Prinzipieller Aufbau des Softwaresystems

Die Vorgehensweise bei der Aufstellung und Lösung nichtlinearer Optimierungsprobleme verläuft in den in Abb. 13 wiedergegebenen 3 Phasen: (I) Modellbildung, (II) Umsetzung in ein Computerprogramm und (III) Rechnergestützte Lösung. Die Abläufe eines die nichtlineare Optimierung unterstützenden Softwaresystems sollten diesen 3 Phasen folgen. In der Einleitung wurde bereits erwähnt, daß der Modellbildungsprozeß schwach strukturiert ist und sich deswegen in den meisten Fällen der Computerunterstützung entzieht. Deshalb setzt das im Rahmen der Arbeit entwickelte Softwaresystem erst am Ende der Modellbildungsphase ein. Die Arbeit mit dem Softwaresystem läßt sich dann nach Abb. 13 in 3 Phasen unterteilen (vgl. Abb. 14):

In der ersten Phase, der *Problemformulierungsphase*, beschreibt der Anwender das Ergebnis der Modellbildungsphase in einer Problembeschreibungssprache. Diese genügt den in Unterkapitel 1.3(i) gestellten Anforderungen. Sie basiert auf der üblichen algebraischen Notation und besitzt Erweiterungen, die auf die Anforderungen der

1. Der Name OpTiX wurde in [66] geprägt.

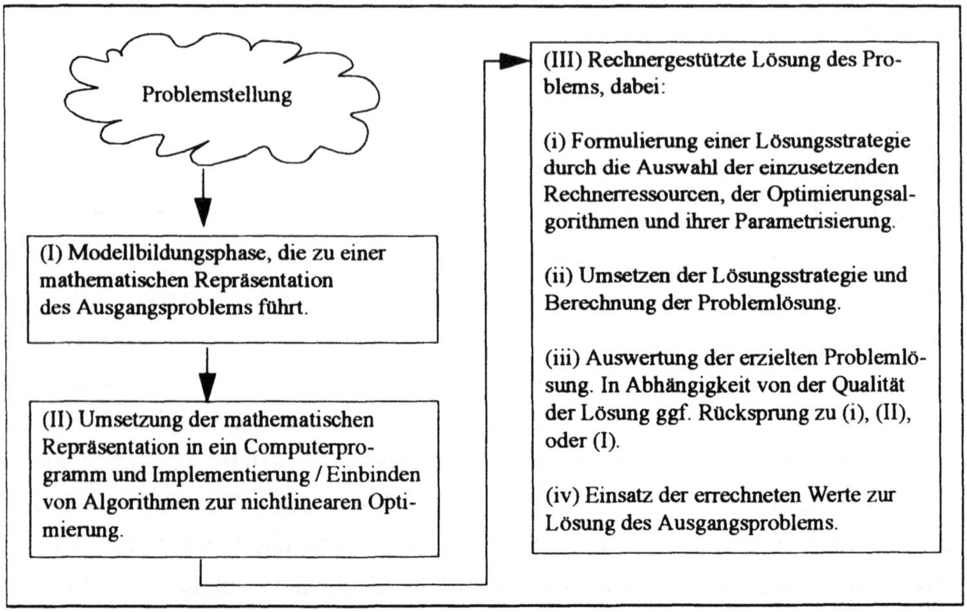


Abb. 13: Vorgehensweise bei der Aufstellung und Lösung nichtlinearer Optimierungsprobleme

Parallelverarbeitung zugeschnitten sind. Spezielle Sprachkonstrukte erlauben die Zerlegung einer Optimierungsaufgabe in Teilaufgaben, die im Zuge der Problemlösung parallel gelöst werden können. Eine Problembeschreibung kann deswegen auch als eine Aneinanderreihung von Teilaufgaben aufgefaßt werden. Des weiteren erlaubt die Sprache komplexere Zusammenhänge, die sich in mathematischer Notation nicht oder nur mit größtem Aufwand beschreiben lassen, in Form von Funktionen der Programmiersprachen C oder FORTRAN zu realisieren und einzubinden. Eine detailliertere Beschreibung der Problembeschreibungssprache erfolgt in Unterkapitel 4.2.2.

In der zweiten Phase, der *Problemübersetzungsphase*, übersetzt ein Compiler die Problembeschreibung in Unterprogramme der Programmiersprache C. Hierbei werden, in Einklang mit den Anforderungen aus Unterkapitel 1.3(ii), für alle Zielfunktionen und Restriktionen automatisch analytische Ableitungen erster und zweiter Ordnung bestimmt. Ein C-Compiler übersetzt diese Routinen und bindet sie mit einer umfangreichen Algorithmenbibliothek zu ausführbaren Programmen zusammen (vgl. 1.3(ii) und Abb. 90 auf S. 196). Diese Programme werden im weiteren als *Optimierungsserver* bezeichnet, da sie im Zuge der rechnergestützten Lösung der Optimierungsprobleme auf die im Netzwerk vorhandenen Rechner verteilt werden. Zur Unterstützung heterogener Workstation-Netzwerke erzeugt die Phase (II), in Einklang mit der Anfor-

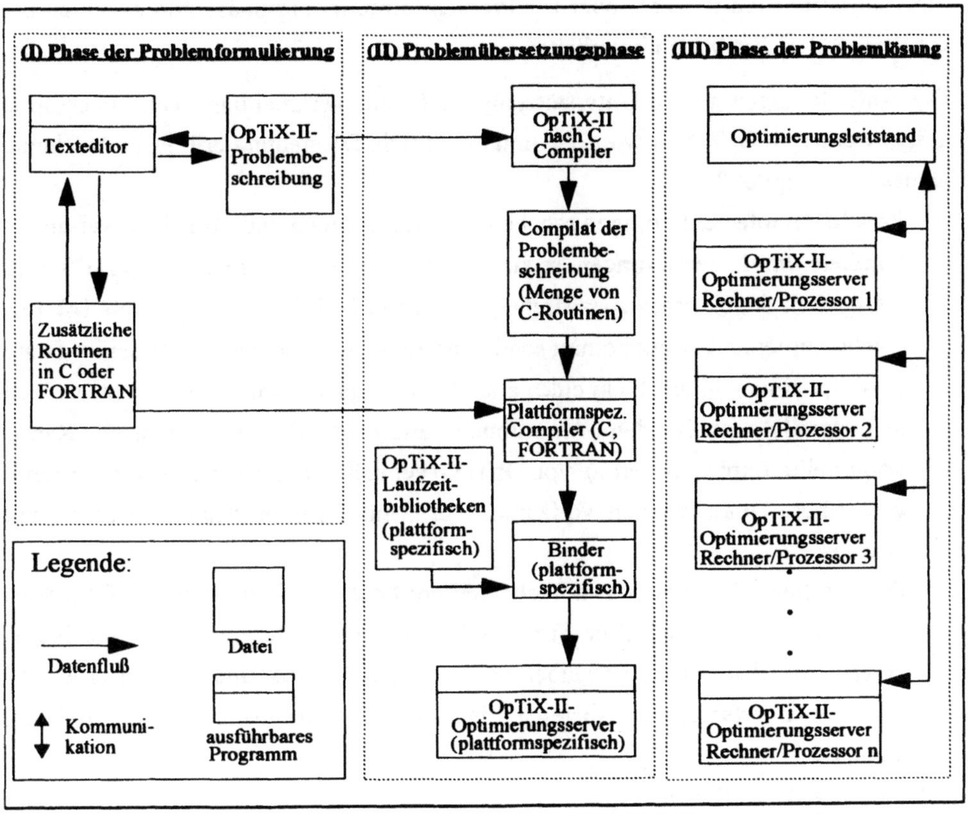


Abb. 14: Prinzipskizze des Datenflusses in der OpTiX-II Softwareumgebung

derung 1.3(iv), für jede unterstützte Hardware- und Software-Plattform einen Optimierungsserver.

Die dritte Phase, im weiteren als *Problemlösungsphase* bezeichnet, wird durch einen Optimierungsleitstand unterstützt, der den Anforderungen aus Unterkapitel 1.3(iii) genügt. Der Anwender nutzt den Optimierungsleitstand zur Erstellung eines Strategieskripts, das seine Lösungsstrategie im Detail beschreibt. Hierzu trifft er eine Auswahl der einzusetzenden Rechnerressourcen, der Optimierungsalgorithmen und ihrer Parametrisierung. Im Rahmen des Strategieskripts können die einzelnen in der Problemformulierungsphase definierten Teilaufgaben auf dem Rechnernetz verteilt und die zeitliche Reihenfolge ihrer Abarbeitung kann festgelegt werden. Nach der Formulierung des Strategieskripts dient der Optimierungsleitstand zur interaktiven Steuerung der Berechnungen. Die errechneten Problemlösungen werden auf dem Leitstand angezeigt. Daraufhin kann der Anwender die Optimierungsrechnung unterbrechen und sein

Strategieskript modifizieren, oder zur Problemformulierungsphase zurückkehren und die Problembeschreibung überarbeiten.

Die Anforderungen an die Unterstützung der Parallelverarbeitung gem. Unterkapitel 1.3(v) werden in OpTiX-II wie folgt umgesetzt (Die Darstellung erfolgt in Anlehnung an das Unterkapitel 2.3):

(i) Parallele Implementierungen sequentieller Algorithmen und Vorgehensweisen:
Parallele Implementierungen sequentieller Algorithmen treten in OpTiX-II als Bestandteil der plattformspezifischen Laufzeitbibliotheken auf (vgl. Abb. 14). Eine solche Implementierung kommt somit zum Einsatz, wenn der Anwender im Strategieskript einem Teilproblem eine parallele Lösungshardware und den entsprechenden parallel arbeitenden Algorithmus zuordnet. Die im nächsten Kapitel vorgestellte Implementierung von OpTiX-II enthält u.a. die parallelen Realisierungen eines Quasi-Newton-Verfahrens für Unix-basierte Multiprozessor-Workstations.
Die parallele Umsetzung von Techniken der Globalen Optimierung erfolgt durch die Formulierung spezieller Strategieskripte. Die Vorgehensweisen, die hierbei gewählt werden können, erlauben es, Multistart-Ansätze und parallel arbeitende Zufallssuchverfahren zu realisieren. Eine detaillierte Besprechung erfolgt in Unterkapitel 4.5.

(ii) Parallele Algorithmen:
Parallele Algorithmen treten ebenfalls als Bestandteil plattformspezifischer Laufzeitbibliotheken auf und werden wie parallele Implementierungen sequentieller Algorithmen angesprochen.

(iii) Parallele Erweiterungen hybrider Konzepte:
Der Einsatz parallel arbeitender Algorithmenkombinationen erfolgt durch die Formulierung eines speziellen Strategieskriptes. Hierzu ordnet der Anwender einem Teilproblem mehrere Lösungsressourcen und unterschiedliche Algorithmen zu. Die Koordinierung der parallel arbeitenden Algorithmen wird von OpTiX-II durchgeführt.

(iv) Dekompositionsverfahren:
Die Definition der einzelnen Teilaufgaben eines dekomponierten Optimierungsproblems erfolgt in der Problembeschreibungssprache. Die zeitliche Reihenfolge ihrer Abarbeitung wird in OpTiX-II nicht statisch in der Problembeschreibung, sondern dynamisch in der Problemlösungsphase festgelegt. Im Zuge des Einsatzes von Dekompositionsverfahren für vollständig separable Optimierungsprobleme

(vgl. F2.29 auf S. 40) ist in der Phase der Problemlösung ein Strategieskript zu erstellen, das die parallele Lösung aller Teilsysteme bewirkt. Hierzu werden jedem Teilproblem eine Lösungshardware und ein Algorithmus zugeordnet. Für partiell separable Optimierungsprobleme gem. (F2.30) bis (F2.34) ist die Zerlegung in gekoppelte Teilsysteme in OpTiX-II nachzubilden. Hierzu wird für das Optimierungsproblem der Koordinierungsebene ((F2.35) bis (F2.37)) und jedes Optimierungsproblem der Subsystemebene ((F2.38) bis (F2.40)) in der Problembeschreibungssprache eine Teilaufgabe definiert. In der Phase der Problemlösung ist dann ein Strategieskript zu erstellen, welches die hierarchische Kontrollstruktur gem. Abb. 8 auf S. 40 und eine iterative Vorgehensweise zur Problemlösung realisiert. Die Vorgehensweise hierzu wird in Unterkapitel 4.4 besprochen.

(v) Parallele Berechnung von Zielfunktion und Restriktionen:
OpTiX-II unterstützt einen Ansatz, der eine grobkörnige Parallelisierung von Zielfunktions- und Restriktionswertberechnungen erlaubt. Die Grundidee hierbei basiert auf einer Zerlegung der Zielfunktionswertberechnung nach dem Master-Worker-Konzept. Hierzu sind in der Problembeschreibungssprache je ein Teilsystem für den Master und ein oder mehrere Teilsysteme für die Worker-Komponenten zu definieren. Das Master-Teilsystem besteht aus der eigentlichen Optimierungsaufgabe. Es verteilt die Berechnung der Zielfunktion auf die Worker-Teilsysteme und nimmt die errechneten Ergebnisse entgegen. Bei dieser Vorgehensweise muß im Zuge der Problemlösungsphase ein Strategieskript erstellt werden, welches die parallele Ausführung des Master- und der Worker-Teilsysteme bewirkt. Die exakte Darstellung der Umsetzung des Master-Worker-Konzepts wird in dem Unterkapitel 4.5 beschrieben.

Die nun folgenden Unterkapitel dienen der Detaillierung des zuvor gegebenen prinzipiellen Aufbaus des Softwaresystems. Diese folgt den drei Phasen *Problemformulierung* (4.2), *Problemübersetzung* (4.3) und *Problemlösung* (4.4). Darauf aufbauend wird im Unterkapitel 4.5 das zur Parallelisierung von Zielfunktions- und Restriktionswertberechnungen entwickelte Parallelverarbeitungskonzept vorgestellt.

## 4.2. Konzepte der Problemformulierungsphase

Aus konzeptueller Sicht sind für die Problemformulierungsphase die Konzepte eines Softwarewerkzeugs zur Unterstützung dieser Phase (4.2.1) und die Problembeschreibungssprache zu erläutern (4.2.2).

### 4.2.1. Konzepte eines Softwarewerkzeugs zur Unterstützung der Problemformulierungsphase

Ein die Problemformulierungsphase unterstützendes Softwarewerkzeug besteht i.w. aus einem Texteditor, der über eine graphische Benutzerschnittstelle verfügt und somit die komfortable Eingabe der Problembeschreibung erlaubt. Dieser sollte durch ein Menüsystem erweitert werden, welches den Start der Problemübersetzungsphase und der Problemlösungsphase ermöglicht. Ferner müßten die in der Problemübersetzungsphase auftretenden Fehlermeldungen des OpTiX-II-nach-C-Compilers in einem Fenster des Softwarewerkzeugs protokolliert werden, so daß eine zügige Korrektur der Fehler möglich wird.

### 4.2.2. Die OpTiX-II Problembeschreibungssprache

Die OpTiX-II Problembeschreibungssprache wurde unter Berücksichtigung des Anforderungskataloges aus 1.3(i) entworfen. Zur Formulierung der Optimierungsaufgaben kommt die gängige algebraische Notation zum Einsatz. Darüber hinausgehend bietet die Sprache Konstrukte zur Einbindung externer Routinen und zur Formulierung dekomponierter Optimierungsprobleme, so daß Parallelität in der Struktur von Optimierungsaufgaben genutzt werden kann. Diese Problembeschreibungssprache wird nun im Detail vorgestellt.
Jede Problembeschreibung gliedert sich in zwei Teile. Im ersten Teil, der *Deklarationssektion*, werden externe Funktionen, Variablen, Konstanten und initiale Variablenbelegungen definiert. Die daran anschließende ***Problembeschreibungssektion*** dient der Definition der einzelnen Optimierungsprobleme. Abb. 15 zeigt den prinzipiellen Aufbau einer OpTiX-II Problembeschreibung. Im folgenden wird zuerst der Aufbau der Deklarationssektion beschrieben, daran anschließend folgt die Beschreibung der Problembeschreibungssektion in Unterkapitel 4.2.2.2. Die Beschreibung der Sprachkonstrukte erfolgt im Text wegen der besseren Lesbarkeit anhand von Beispielen. Die exakte Syntaxdefinition kann den Syntaxdiagrammen im Anhang D entnommen werden.

#### 4.2.2.1. Die Deklarationssektion

Die Deklarationssektion untergliedert sich in die vier Untersektionen Einbindung externer Funktionen (i), Deklaration von Variablen (ii), Definition von Konstanten (iii) und Initialisierung von Variablen (iv). Im folgenden wird die Funktion dieser Sektionen erläutert:

| Teil der Problembeschreibung | | | Besprechung auf Seite |
|---|---|---|---|
| Deklarationssektion | | | S. 64, Kap. 4.2.2.1 |
| | Sektion zur Einbindung externer Funktionen | | S. 65, Kap. 4.2.2.1 (i) |
| | Variablendeklarationssektion | | S. 66, Kap. 4.2.2.1 (ii) |
| | Konstantendefinitionssektion | | S. 66, Kap. 4.2.2.1 (iii) |
| | Variableninitialisierungssektion | | S. 67, Kap. 4.2.2.1 (iv) |
| Problembeschreibungssektion | | | S. 67, Kap. 4.2.2.2 |
| | Deklaration von Initialisierungs- und Terminierungsfunktionen | | S. 77, Kap. 4.2.2.2 (vii) |
| | n Teilsystemdefinitionen mit dem folgenden Aufbau: | | S. 67, Kap. 4.2.2.2 |
| | | Definition des Teilsystemkopfes | S. 68, Kap. 4.2.2.2 (i) |
| | | Deklaration von Initialisierungs- und Terminierungsfunktionen für das Teilsystem | S. 75, Kap. 4.2.2.2 (iii) |
| | | Klassifikation des Optimierungsproblems | S. 75, Kap. 4.2.2.2 (iv) |
| | | Definition des Datenaustausches mit dem Programmpaket SAPOP | S. 75, Kap. 4.2.2.2 (v) |
| | | Deklaration von Kommunikationskanälen | S. 77, Kap. 4.2.2.2 (vi) |
| | | Formulierung von Optimierungs- und Rechenaufgaben | S. 68, Kap. 4.2.2.2 (ii) |

Abb. 15: Prinzipieller Aufbau einer OpTiX-II Problembeschreibung

*(i) Sektion zur Einbindung externer Funktionen*:

In vielen praktischen Problemstellungen ergeben sich komplexere Zusammenhänge, die in mathematischer Notation nicht, oder nur mit größtem Aufwand zu beschreiben sind. Vielfach lassen sich diese Zusammenhänge in Form eines Unterprogramms einer Programmiersprache mit relativ geringem Aufwand wiedergeben. Aus diesem Grunde bietet OpTiX-II die Möglichkeit, Unterprogramme der Programmiersprache C direkt in die Problembeschreibung einzubinden. Hierzu werden die Unterprogramme in einer Datei abgelegt und mittels der OpTiX-II- include-Anweisung eingebunden. Die Anweisung

```
include "./model/processing.c" , "./model/routines.c";
```

hat den Effekt, daß in der Problembeschreibungssektion auf alle Unterprogramme zugegriffen werden kann, die in den Dateien *processing.c* und *routines.c* definiert wurden. Auf diese Art und Weise können auch Schnittstellen zu anderen Programmiersprachen und kommerziellen Softwarepaketen, wie etwa Simulationsprogrammen und Finite-Elemente-Programmen geschaffen werden, so daß diese Pakete in die Problembeschreibungen eingebunden werden können.

*(ii) Variablendeklarationssektion:*
Alle Variablen, die in der Problembeschreibungssektion verwendet werden, müssen zuvor in der Deklarationssektion definiert worden sein. OpTiX-II kennt skalare Variablen und eindimensionale Felder (Vektoren) der Datentypen *realvar* (reelle Zahlen) und *intvar* (ganze Zahlen). Die Dimensionierung eines Feldes folgt dem Variablennamen und wird in runde Klammern eingeschlossen. Beispiele für zulässige Deklarationen sind:

```
realvar x1, x2, x(10), x3(21), y, z;
intvar zaehle, b(5);
```

Ganzzahlige Variablen werden zur Zeit nur als Schleifenindex innerhalb eines foreach-Ausdrucks (s.u.) benötigt, da OpTiX-II nur Optimierungsprobleme in kontinuierlichen Variablen bearbeiten kann. Zukünftige Versionen von OpTiX-II könnten anhand der Typisierung der Entscheidungsvariablen aber erkennen, daß es sich bei einem Optimierungsproblem um ein ganzzahliges bzw. um ein gemischt ganzzahliges Optimierungsproblem handelt und entsprechend geeignete Algorithmen auswählen. Auf die Implementierung mehrdimensionaler Felder wurde aus pragmatischen Gründen verzichtet, da dies den Implementierungsaufwand für den Compiler stark erhöht hätte. Außerdem führen mehrdimensionale Felder zu großen Problemen bei der gemischten Einbindung von C- und FORTRAN-Programmteilen, da sich die Art der Feldspeicherung in beiden Sprachen zu sehr voneinander unterscheidet.

*(iii) Konstantendefinitionssektion:*
Das Schlüsselwort *constants* leitet die Konstantendeklarationssektion der OpTiX-II-Problembeschreibungssprache ein. Dem folgt die Definition skalarer Konstanten. Dies wird an einem Beispiel unmittelbar klar:

```
constants
    pi = 3.14159265;
    alpha = 0.71;
```

*(iv) Variableninitialisierungssektion:*

Die Initialisierungssektion wird durch das Schlüsselwort *init* eingeleitet. Die Initialisierung skalarer Variablen folgt dem Schema *Variablenname = reelle Zahl* und wird durch ein Semikolon abgeschlossen. Sie ähnelt somit der Konstantendeklaration. Ein Feldindex, in eckigen Klammern gesetzt, dient der Adressierung einzelner Feldelemente. Die Initialisierung ganzer Felder erfolgt unter Verwendung des *foreach*-Konstrukts. Dieses besteht aus einer Zählschleife der Form

```
foreach Laufvariable = Untergrenze, .. , Obergrenze :
```

und einer Wertzuweisung der Form:

```
Bezeichner [ Laufvariable ] = reelle Zahl;
```

Die *Laufvariable* muß hierbei in der Variablendeklarationssektion als ganzzahlige Variable deklariert worden sein. Als *Untergrenze* und *Obergrenze* erlaubt OpTiX-II ganze Zahlen. Es folgen einige Beispiele zur Verwendung von Variableninitialisierungen:

```
init
x1 = 0.1 ;
x[2] = 0.7 ;
foreach zaehle = 0 , .. , 10 : x[zaehle] = 1.0 ;
```

4.2.2.2. Die Problembeschreibungssektion

Die Problembeschreibungssektion beinhaltet den zweiten Teil einer OpTiX-II-Problembeschreibung. In ihr werden die eigentlichen Optimierungsprobleme definiert. Hierzu ist für jedes Optimierungsproblem bzw. für jedes Teilsystem eines dekomponierten Optimierungsproblems eine Teilsystemdefinition zu erstellen.

Die Problembeschreibungssektion wird durch das Schlüsselwort *problem* eingeleitet und mit *endproblem* abgeschlossen. Zwischen diesen beiden Schlüsselwörtern erfolgt die Definition der Teilsysteme. Jede Teilsystemdefinition wird hierbei durch die Zeichenkette *subsystem* eingeleitet und mit *endsubsystem* abgeschlossen. Sie besteht aus den in Abb. 15 auf S. 65 aufgelisteten Sektionen. Zur Formulierung einfacher Optimierungsprobleme werden zunächst nur die Untersektionen Definition des Teilsystemkopfes (i) und Formulierung von Optimierungs- und Rechenaufgaben (ii) benötigt. Diese werden deswegen als erstes vorgestellt. Dem schließt sich dann die Vorstellung der Deklaration von Initialisierungs- und Terminierungsfunktionen (iii), der Klassifikation des Optimierungsproblems (iv), der Definition des Datenaustausches mit dem Programmpaket SAPOP (v) und die Deklaration von Kommunikationskanälen (vi) an. Abschließend werden Initialisierungs- und Terminierungsfunktionen auf der Ebene der

Problembeschreibung besprochen (vii).

*(i) Definition des Teilsystemkopfes:*

Der Teilsystemkopf leitet eine Teilsystemdefinition ein. In ihm wird jedem Teilsystem ein Name zugeordnet, unter dem es später angesprochen werden kann. Ein Beispiel soll dies erläutern:

```
subsystem "Rosenbrock" :
```

*(ii) Formulierung von Optimierungs- und Rechenaufgaben:*

Die in einer Teilsystemdefinition formulierte Teilaufgabe kann in der Lösung eines nichtlinearen Optimierungsproblems, oder in der Lösung einer Rechenaufgabe bestehen. Rechenaufgaben werden hierbei insbesondere im Rahmen der parallelen Zielfunktionswertberechnung eingesetzt.

Die Formulierung einer **Rechenaufgabe** hat die Form *compute expression*. Hierbei bezeichnet *expression* einen in der OpTiX-II-Problembeschreibungssprache zulässigen Ausdruck. Die Notation der Ausdrücke folgt der üblichen algebraischen Notation, unter Berücksichtigung der Tatsache, daß die Ausdrücke über die Tastatur eines Rechners einzugeben sind. An dieser Stelle sollen nur einige Beispiele wiedergegeben werden:

```
300*x1 + 800*x2;
p1-p3*((6*x2^2*x3+12*x2*x3*x4^2+8*x3*x4^3+x1*x2)/12)/(x2/2+x4);
sqrt(sqr(745*x4/x2/x3)+16.9E6)/0.1/x6^3;
sum(foreach i=1,..,9:100*sqr(x[i+1]-sqr(x[i]))+sqr(x[i]-1.0));
```

Die exakte Ausdruckssyntax kann den Syntaxdiagrammen im Anhang D entnommen werden. Der Einstieg in die Syntaxdiagramme erfolgt hierbei über den Begriff *expression* auf Seite 214. Ein Ausdruck kann auch den Aufruf einer externen Funktion enthalten, die zuvor mit einer include-Anweisung eingebunden wurde. Beispiele für zulässige Rechenaufgaben sind:

```
compute 17+4+x1;
compute ext(CCALL,"Funktionsname",
            global import and export x1);
```

Das Schlüsselwort *ext* kennzeichnet hierbei den Aufruf einer externen Funktion der Programmiersprachen C (*CCALL*) oder FORTRAN (*FCALL*). Dem Funktionsnamen folgt die Parameterliste. Zum Ausführungszeitpunkt, in der Phase der Problemlösung, wird diese Funktion mit den Werten der aktuellen Parameter aufgerufen. Der Übergabemechanismus der Variablen wird in Unterkapitel 4.6 besprochen. Das Ergebnis einer Rechenaufgabe kann einer Variablen zugewiesen werden:

```
x1 = compute 17+4+x1;
x2 = compute ext(CCALL,"Funktionsname",
                    global import and export x1);
```

Die Formulierung eines **Optimierungsproblems** wird durch die Formulierung *min expression* oder *max expression* eingeleitet. Hierbei bezeichnet *expression* wiederum zulässige Ausdrücke der OpTiX-II-Problembeschreibungssprache:

```
min sum(foreach i=1,..,9:
        100*sqr(x[i+1]-sqr(x[i]))+sqr(x[i]-1.0));
max x1+ext(CCALL, "Funktionsname",
           global import and export x1);
```

Die Zielfunktion eines Optimierungsproblems kann jede in der Deklarationssektion definierte Variable enthalten. Den Optimierungsverfahren muß deshalb mitgeteilt werden, welche der auftretenden Variablen als Entscheidungsvariablen anzusehen sind. Hierzu werden nach dem Schlüsselwort *decisionvar* die freien Variablen des Optimierungsproblems aufgeführt. Im Beispiel

```
min x1+x2+(x7+17*x3)^3;
decisionvar x1,x3;
```

stellen nur die Variablen x1 und x3 freie Parameter des Optimierungsproblems dar. Die Werte der Variablen x2 und x7 bleiben dahingegen während der Optimierungsrechnung konstant. Die Deklaration der Restriktionen wird durch das Schlüsselwort *constraints* eingeleitet. Daran anschließend folgt die Definition der Gleichheits- und Ungleichheitsrestriktionen, wie die folgenden Beispiele zeigen:

```
constraints
27*x1+x3 <= 17;
14*x1+5*x2 = 32;
```

In den Restriktionen kann auch Bezug auf den Zielfunktionswert genommen werden. Hierzu wird dieser einer Variablen zugewiesen:

```
f = min 17*x1+3*x2-4*x3;
decisionvar x1,x2,x3;
constraints
eofdependent 17*x2 + f <= 123;
```

Das Schlüsselwort *eofdependent* (evaluation objective function dependent) zeigt hierbei an, daß die Zielfunktion vor der entsprechenden Restriktion ausgewertet werden muß. Diese Anweisung ist notwendig, da einige Optimierungsverfahren vor der ggf. langwierigen Berechnung der Zielfunktion zuerst die Restriktionen überprüfen und einen Vektor von Entscheidungsvariablen verwerfen, wenn eine verletzte Restriktion angetroffen wird. Restriktionen, die Bezug auf Variablen nehmen, die innerhalb der Zielfunktion, bei der Auswertung eines externen Modells bestimmt werden, müssen auch mit dem Schlüsselwort *eofdependent* gekennzeichnet werden:

```
f = min ext( CCALL,"model", local x1, local x2,
             local Druck, local Temperatur);
decisionvar x1,x2;
constraints
eofdependent Temperatur >= 20.0;
eofdependent Druck < 12.0;
```

Einfache lineare Restriktionen der Form

$$\textit{untere Grenze} \leq \textit{Entscheidungsvariable} \leq \textit{obere Grenze}$$

können in der OpTiX-II-Problembeschreibungssprache getrennt formuliert werden. Hierzu dient die *bounds*-Sektion:

```
bounds
-3 <= x1 <= 7;
foreach zaehle = 1, .. , 7 : -3 <= x[zaehle] <= 3;
```

Diese spezielle Deklarationsform ermöglicht es einigen Optimierungsverfahren effizienter zu arbeiten, da zufällig generierte Punkte nur noch im Intervall der Grenzen bestimmt werden müssen. Es ist deswegen bei der Modellbildung wichtig, daß für alle Entscheidungsvariablen ein Lösungsintervall vorgegeben wird. In der *bounds*-Sektion ist es auch möglich, eine Transformation der Entscheidungsvariablen zu definieren. Der Zusatz *[transformation:2]* bewirkt, daß der Wertebereich der entsprechenden Variablen zur Laufzeit in das Intervall [-1,1] transformiert wird. Diese Vorgehensweise erhöht die Stabilität vieler Optimierungsverfahren:

```
bounds
-3 <= x1 <= 7 [transformation:2];
foreach zaehle = 1,..,7:
            -3 <= x[zaehle] <= 3 [transformation:2];
```

Zukünftige Erweiterungen von OpTiX-II können auch andere Transformationsregeln vorsehen. In der Problembeschreibung ist statt der 2 dann eine andere Zahl anzugeben. Mit den bisher vorgestellten Sprachkonstrukten ist es bereits möglich, eine Vielzahl von Optimierungsproblemen zu beschreiben. Dies soll hier am Beispiel eines Übersetzungsgetriebes nach Azarm [7] und Golinski [59] gezeigt werden. Aus der Problemstellung *Minimiere das Gewicht eines Übersetzungsgetriebes* (vgl. Abb. 16) fertigt der Fachexperte in der Modellbildungsphase eine exakte, analytische Beschreibung des Optimierungsproblems[1] (vgl. Abb. 17).

1. Die Notation in Abb. 17 folgt hierbei Azarm [7].

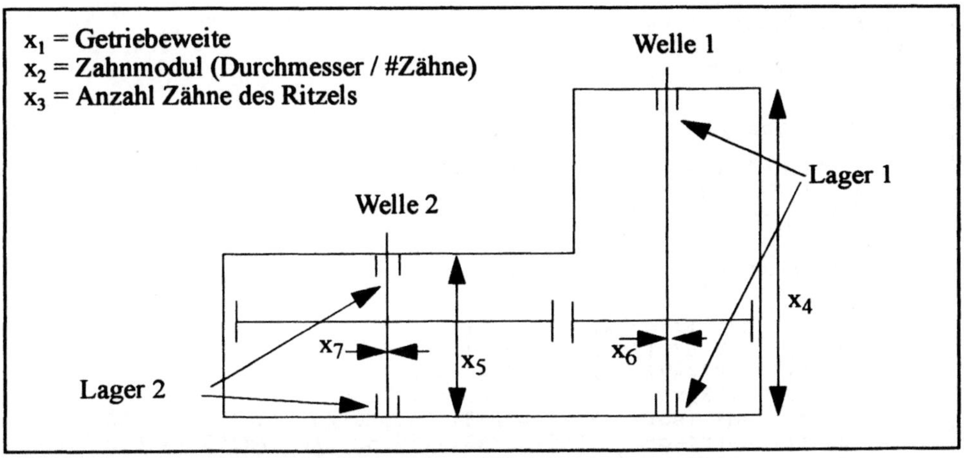


Abb. 16: Darstellung des zu optimierenden Übersetzungsgetriebes

Minimiere $f(x) = 0{,}7854 x_1 x_2^2 (3{,}3333 x_3^2 + 14{,}9334 x_3 - 43{,}0934)$
$\quad - 1{,}508 x_1 (x_6^2 + x_7^2) + 7.477 (x_6^3 + x_7^3) + 0{,}7854 (x_4 x_6^2 + x_5 x_7^2)$

unter Beachtung der folgenden Restriktionen:

$g_1$: $27 x_1^{-1} x_2^{-2} x_3^{-1} \leq 1$ $g_2$: $397{,}5 x_1^{-1} x_2^{-2} x_3^{-2} \leq 1$ $g_3$: $1{,}93 x_2^{-2} x_3^{-1} x_4^3 x_6^{-4} \leq 1$

$g_4$: $1{,}93 x_2^{-1} x_3^{-1} x_5^3 x_7^4 \leq 1$ $g_5$: $A_1 / B_1 \leq 1100$ $g_6$: $A_2 / B_2 \leq 850$

$$A_1 = \sqrt{\left[\left(\frac{745 x_4}{x_2 x_3}\right)^2 + 16{,}9 \times 10^6\right]} \qquad A_2 = \sqrt{\left[\left(\frac{745 x_5}{x_2 x_3}\right)^2 + 157{,}5 \times 10^6\right]}$$

$B_1 = 0{,}1 x_6^3$ $B_2 = 0{,}1 x_7^3$ $g_7$: $x_2 x_3 \leq 40$

$g_8, g_9$: $5 \leq x_1 / x_2 \leq 12$ $g_{10}, g_{11}$: $2{,}6 \leq x_1 \leq 3{,}6$ $g_{12}, g_{13}$: $0{,}7 \leq x_2 \leq 0{,}8$

$g_{14}, g_{15}$: $17 \leq x_3 \leq 28$ $g_{16}, g_{17}$: $7{,}3 \leq x_4 \leq 8{,}3$ $g_{18}, g_{19}$: $7{,}3 \leq x_5 \leq 8{,}3$

$g_{20}, g_{21}$: $2{,}9 \leq x_6 \leq 3{,}9$ $g_{22}, g_{23}$: $5{,}0 \leq x_7 \leq 5{,}5$ $g_{24}$: $(1{,}56 x_6 + 1{,}9) x_4^{-1} \leq 1$

$g_{25}$: $(1{,}56 x_7 + 1{,}9) x_5^{-1} \leq 1$

Abb. 17: Analytische Beschreibung des Entwurfsoptimierungsproblems für ein Übersetzungsgetriebe

Diese wird dann am Ende der Modellbildungsphase in eine OpTiX-II-Problembeschreibung umgesetzt (vgl. Abb. 18). Kommentare werden in einer OpTiX-II-Problembeschreibung durch die Zeichenkette „/*“ eingeleitet und durch „ */“ abgeschlossen.

```
/* gear reducer */
realvar
    x1,x2,x3,x4,x5,x6,x7;

problem
subsystem "Gear_Reducer":

min 0.7854*x1*sqr(x2)*(3.3333*sqr(x3)+14.9334*x3-43.0934)
    - 1.508*x1*(sqr(x6)+sqr(x7))
    + 7.477*(x6^3 + x7^3)
    + 0.7854*(x4*sqr(x6)+x5*sqr(x7));

decisionvar x1,x2,x3,x4,x5,x6,x7;

constraints
    /* g1 */   27/x1/sqr(x2)/x3 <= 1;
    /* g2 */   397.5/x1/sqr(x2)/sqr(x3) <= 1;
    /* g3 */   1.93/x2/x3*x4^3/x6^4 <= 1;
    /* g4 */   1.93/x2/x3*x5^3/x7^4 <= 1;
    /* g5 */   sqrt(sqr(745*x4/x2/x3)+16.9E6)/0.1/x6^3 <= 1100;
    /* g6 */   sqrt(sqr(745*x5/x2/x3)+157.5E6)/0.1/x7^3 <= 850;
    /* g7 */   x2*x3 <= 40;
    /* g8 */   x1/x2 >= 5;
    /* g9 */   x1/x2 <= 12;
    /* g24 */  (1.5*x6+1.9)/x4 <= 1;
    /* g25 */  (1.1*x7+1.9)/x5 <= 1;

bounds
    /* g10,g11 */ 2.6 <= x1 <= 3.6 [transformation:2];
    /* g12,g13 */ 0.7 <= x2 <= 0.8 [transformation:2];
    /* g14,g15 */ 17  <= x3 <= 28  [transformation:2];
    /* g16,g17 */ 7.3 <= x4 <= 8.3 [transformation:2];
    /* g18,g19 */ 7.3 <= x5 <= 8.3 [transformation:2];
    /* g20,g21 */ 2.9 <= x6 <= 3.9 [transformation:2];
    /* g22,g23 */ 5.0 <= x7 <= 5.5 [transformation:2];

endsubsystem;
endproblem;
```

Abb. 18: OpTiX-II-Problembeschreibung zum Entwurfsoptimierungsproblem Übersetzungsgetriebe

Das Übersetzungsgetriebe kann in zwei Teilsysteme, die jeweils aus einer zweifach gelagerten Welle und einem Ritzel bestehen, dekomponiert werden (vgl. [7]). Beide Teilsysteme sind über die Größen x1, x2 und x3 miteinander verkoppelt, so daß eine vollständig separable Zerlegung von Zielfunktionen und Restriktionen nicht gegeben ist. Das dekomponierte System stellt aber ein partiell separables Optimierungsproblem gem. (F2.30) bis (F2.34) dar. Somit ist es möglich, zwei Teilprobleme gem. (F2.38) bis (F2.40) und ein Koordinierungsproblem gem. (F2.35) bis (F2.37) zu definieren. Hierbei gilt $X_0 = \{x_1, x_2, x_3\}$, $X_1 = \{x_4, x_6\}$ und $X_2 = \{x_5, x_7\}$. Die analytische Problembeschreibung des dekomponierten Übersetzungsgetriebes kann den Abbildungen 19 bis 21 entnommen werden. Die Lösung des dekomponierten Optimierungsproblems hat in einem iterativen Prozeß zu erfolgen. Hierzu wird jeweils zuerst das Koordinierungsproblem in den Variablen $X_0$ und daran anschließend die Teilsysteme in den Variablen $X_1$ und $X_2$ gelöst.

Minimiere $f_1(x) = -1{,}508x_1x_6^2 + 7.477\,x_6^3 + 0{,}7854x_4x_6^2$

unter Beachtung der folgenden Restriktionen:

$g_3$: $1{,}93x_2^{-2}x_3^{-1}x_4^3x_6^{-4} \leq 1$ $\quad g_5$: $A_1/B_1 \leq 1100$ $\quad g_{16}, g_{17}$: $7{,}3 \leq x_4 \leq 8{,}3$

$g_{20}, g_{21}$: $2{,}9 \leq x_6 \leq 3{,}9$ $\quad g_{24}$: $(1{,}56x_6 + 1{,}9)\,x_4^{-1} \leq 1$

$$A_1 = \sqrt{\left[\left(\frac{745x_4}{x_2x_3}\right)^2 + 16{,}9\times10^6\right]} \qquad B_1 = 0{,}1x_6^3$$

Abb. 19: Formulierung des ersten Teilproblems zum dekomponierten Übersetzungsgetriebe

Minimiere $f_2(x) = -1{,}508x_1x_7^2 + 7.477\,x_7^3 + 0{,}7854x_5x_7^2$

unter Beachtung der folgenden Restriktionen:

$g_4$: $1{,}93x_2^{-1}x_3^{-1}x_5^3x_7^4 \leq 1$ $\quad g_6$: $A_2/B_2 \leq 850$ $\quad g_{18}, g_{19}$: $7{,}3 \leq x_5 \leq 8{,}3$

$g_{22}, g_{23}$: $5{,}0 \leq x_7 \leq 5{,}5$ $\quad g_{25}$: $(1{,}56x_7 + 1{,}9)\,x_5^{-1} \leq 1$

$$A_2 = \sqrt{\left[\left(\frac{745x_5}{x_2x_3}\right)^2 + 157{,}5\times10^6\right]} \qquad B_2 = 0{,}1x_7^3$$

Abb. 20: Formulierung des zweiten Teilsystems zum dekomponierten Übersetzungsgetriebe

Minimiere $f(x) = 0{,}7854x_1x_2^2(3{,}3333x_3^2 + 14{,}9334x_3 - 43{,}0934)$

$$-1{,}508x_1(x_6^2 + x_7^2) + 7.477\,(x_6^3 + x_7^3) + 0{,}7854\,(x_4x_6^2 + x_5x_7^2)$$

unter Beachtung der folgenden Restriktionen:

$g_1$: $27x_1^{-1}x_2^{-2}x_3^{-1} \leq 1$ $\quad g_2$: $397{,}5x_1^{-1}x_2^{-2}x_3^{-2} \leq 1$ $\quad g_7$: $x_2x_3 \leq 40$

$g_8, g_9$: $5 \leq x_1/x_2 \leq 12$ $\quad g_{10}, g_{11}$: $2{,}6 \leq x_1 \leq 3{,}6$ $\quad g_{12}, g_{13}$: $0{,}7 \leq x_2 \leq 0{,}8$

$g_{14}, g_{15}$: $17 \leq x_3 \leq 28$

Abb. 21: Formulierung des Koordinierungsproblems zum dekomponierten Übersetzungsgetriebe

Die Umsetzung in eine OpTiX-II-Problembeschreibung führt zu den in den Abbildungen 22 bis 24 wiedergegebenen drei Teilsystemdefinitionen. Die Deklarationssektion der Problembeschreibung wird hier nicht aufgeführt, da sie der aus Abb. 18 entspricht.

```
subsystem "Welle_und_Ritzel_1" :
      f1 = min -1.508*x1*sqr(x6) + 7.477*x6^3
               + 0.7854*x4*sqr(x6);
decisionvar x4,x6;
constraints
   /* g3 */ 1.93/x2/x3*x4^3/x6^4 <= 1;
   /* g5 */ sqrt(sqr(745*x4/x2/x3)+16.9E6)/0.1/x6^3 <= 1100;
   /* g24 */ (1.5*x6+1.9)/x4 <= 1;
bounds
   /* g16,g17 */ 7.3 <= x4 <= 8.3;
   /* g20,g21 */ 2.9 <= x6 <= 3.9;
endsubsystem;
```

Abb. 22: **OpTiX-II-Problembeschreibung zum ersten Teilsystem des dekomponierten Übersetzungsgetriebes**

```
subsystem "Welle_und_Ritzel_2" :
     f2 = min -1.508*x1*sqr(x7) + 7.477*x7^3
              + 0.7854*x5*x7^2;
decisionvar x5,x7;
constraints
    /* g4 */ 1.93/x2/x3*x5^3/x7^4 <= 1;
    /* g6 */ sqrt(sqr(745*x5/x2/x3)+157.5E6)/0.1/x7^3 <= 850;
    /* g25 */ (1.1*x7+1.9)/x5 <= 1;
bounds
    /* g18,g19 */ 7.3 <= x5 <= 8.3;
    /* g22,g23 */ 5.0 <= x7 <= 5.5;
endsubsystem;
```

Abb. 23: **OpTiX-II-Problembeschreibung zum zweiten Teilsystem des dekomponierten Übersetzungsgetriebes**

```
subsystem "Koordinierungsproblem":
= min -1.508*x1*sqr(x6) + 7.477*x6^3 + 0.7854*x4*sqr(x6)
   -1.508*x1*sqr(x7) + 7.477*x7^3 + 0.7854*x5*x7^2
   +0.7854*x1*sqr(x2)*(3.3333*sqr(x3)+14.9334*x3-43.0934);
decisionvar x1,x2,x3;
constraints
    /* g1 */ 27/x1/sqr(x2)/x3 <= 1;
    /* g2 */ 397.5/x1/sqr(x2)/sqr(x3) <= 1;
    /* g7 */ x2*x3 <= 40;
    /* g8 */ x1/x2 >= 5;
    /* g9 */ x1/x2 <= 12;
bounds
    /* g10,g11 */ 2.6 <= x1 <= 3.6;
    /* g12,g13 */ 0.7 <= x2 <= 0.8;
    /* g14,g15 */ 17 <= x3 <= 28;
endsubsystem;
```

Abb. 24: **Optix-II-Problembeschreibung zum Koordinierungsproblem des dekomponierten Übersetzungsgetriebes**

Die Reihenfolge der Abarbeitung dieser Teilsysteme wird vom Benutzer erst in der Phase der Problemlösung festgelegt. Dort könnte er prinzipiell eine beliebige Abarbeitungsreihenfolge wählen, zur Realisierung der in Abb. 8 auf S. 40 gezeigten hierarchischen Kontrollstruktur muß er jedoch ein Strategieskript erstellen, das in einem iterativen Prozeß zunächst das Koordinierungsproblem und daran anschließend (parallel) die Subsystemaufgaben löst.

Im weiteren werden die Teile der Problembeschreibungssektion vorgestellt, die bisher nicht behandelt wurden.

*(iii) Deklaration von Initialisierungs- und Terminierungsfunktionen auf Teilsystemebene:*

OpTiX-II bietet die Möglichkeit, je eine externe Funktion zu definieren, die vor bzw. nach der Lösung der Teilsystemaufgabe ausgeführt wird (Preprocessing / Postprocessing). Diese externen Funktionen können Initialisierungs- und Terminierungsfunktionen bei der Verwendung externer Modelle wahrnehmen. In dem folgenden Beispiel

```
preprocessing function ext(CCALL,"init",global import and
export x);
postprocessing function ext(CCALL,"post",global import and
export x);
```

definiert der Benutzer eine Funktion *init*, die vor Beginn der Optimierungsrechnung gestartet wird und eine Funktion *post*, die nach Abschluß der Optimierungsrechnung ausgeführt wird. Beide Funktionen müssen zuvor durch eine include-Anweisung in der Deklarationssektion eingebunden werden.

*(iv) Klassifikation des Optimierungsproblems*

Dieses Sprachkonstrukt wurde zur Klassifikation von Teilsystemen in die Sprache aufgenommen und wird zur Zeit nicht ausgewertet. Syntaktisch korrekte Formulierungen sind:

```
classification "NLP"; /* nonlinear optimization problem */
classification "Zeichenkette"; /* für zukünftige Erweiterun-
gen */
```

*(v) Definition des Datenaustausches mit dem Programmpaket SAPOP*

Im Rahmen der Zusammenarbeit am Forschungszentrum für Multidisziplinäre Analysen und Angewandte Strukturoptimierung (FOMAAS) wurde das anwendungsspezifische Softwaresystem SAPOP (vgl. 1.2(III) und [50]) an OpTiX-II gekoppelt. Diese Kopplung ermöglicht es, die in OpTiX-II und SAPOP enthaltenen Optimierungsverfahren wechselseitig zu nutzen. Außerdem können Strukturoptimierungsprobleme als

Teilaufgaben innerhalb einer OpTiX-II- Problembeschreibung definiert werden. Hierzu wird die Definition des Optimierungsproblems nicht durch *min expression* eingeleitet, sondern stattdessen wird die Formulierung *min SAPOP "Dateiname"* verwendet. Die mit *Dateiname* bezeichnete Datei enthält die für SAPOP erforderliche Beschreibung des Strukturoptimierungsproblems. Ein Beispiel soll die Syntax veranschaulichen:

```
min SAPOP "/home/user/problems/strukturdaten" ;
```

SAPOP verwendet eine interne Datenbank, die Strukturinformationen, Gradienten und Sensitivitäten speichert. Die Behandlung dekomponierter Strukturoptimierungsprobleme erfordert, daß neben den reinen Entscheidungsvariablen auch einige dieser Daten in die Lösung des Koordinierungsproblems eingehen. Hierzu werden diese Daten aus der SAPOP-Datenbank in OpTiX-II-Variablen kopiert, um dann bei der Lösung des Koordinierungsproblems in die SAPOP-Datenbank des Koordinierungssubsystems übertragen zu werden. Dieser "Umweg" über OpTiX-II-Variablen ist erforderlich, da ggf. mehrere unterschiedliche Algorithmen an der Lösung eines Strukturoptimierungssubproblems arbeiten können und sichergestellt werden muß, daß nur die Strukturinformationen der besten Lösung übertragen werden. Die Kopieranweisung wird durch das Schlüsselwort *optixvar* eingeleitet. Die allgemeine Formulierung lautet wie folgt:

*optixvar Variablenname ( von_Position, Anzahl_Elemente)*
*Kopierrichtung SAPOPDB ( SAPOP_Variablenname, ab_Position).*

Wird als *Kopierrichtung* die Zeichenfolge <= gewählt, so bewirkt dies, daß die bezeichneten Werte nach erfolgter Teilsystemoptimierung aus der SAPOP-Datenbank in OpTiX-II-Variablen übertragen werden. In dem Beispiel

```
optixvar x(1,10) <= SAPOPDB("VNME",7)
```

werden dem OpTiX-II-Variablenfeld x, beginnend mit x[1], 10 Werte zugewiesen. Diese Werte stammen aus der SAPOP-Variablen VNME, beginnend mit VNME[7]. Eine Umkehr der Kopierrichtung (=>) bewirkt, daß die Werte vor Durchführung der Optimierungsrechnung in die angegebene SAPOP-Variable zu kopieren sind. Die Formulierung

```
optixvar x(1,10) <=> SAPOPDB("VNME",7);
```

bewirkt, daß die Werte vor Durchführung der Optimierungsrechnung in die Variable VNME kopiert werden. Nach erfolgter Optimierung werden dann die neuen Werte in die Variable x übertragen.

*(vi) Deklaration von Kommunikationskanälen:*

In Kapitel 4.1 wurde bereits erwähnt, daß eine parallele Berechnung der Zielfunktion durch eine Zerlegung der Zielfunktionswertberechnung nach dem Master-Worker-Konzept erfolgt. Das Master-Subsystem beschreibt hierbei eine Optimierungsaufgabe und verteilt die Berechnung der Zielfunktion auf die Worker-Subsysteme, die Rechenaufgaben realisieren. Hierzu ist es notwendig, daß der Master und die Worker-Subsysteme in der Problemlösungsphase miteinander kommunizieren. Diese Kommunikation basiert auf bidirektionalen Kommunikationskanälen, die im Rahmen der Teilsystemdefinition zu vereinbaren sind. Eine solche Vereinbarung hat die Form *communicating with "Teilsystemname"*. Ein Beispiel soll dies illustrieren:

```
subsystem "Master":
...
communicating with "Worker";
min ext(CCALL,"mastercode");
...
endsubsystem;

subsystem "Worker":
...
communicating with "Master";
compute ext(CCALL,"workercode");
...
endsubsystem;
```

In der obigen Problembeschreibung wird festgelegt, daß im Ausführungszeitpunkt jede Zuordnung des Strategieskriptes, die der Berechnung des Subsystems *Master* dient, mit jeder Zuordnung des Strategieskriptes, die das Subsystem *Slave* berechnet, über einen bidirektionalen Kommunikationskanal verbunden ist. Die konkrete Kommunikation erfolgt in den C-Routinen *mastercode* und *workercode* unter Verwendung der im Unterkapitel 4.5 vorgestellten Message-Passing-Bibliothek. Die eigentliche Zuordnung der Kommunikationskanäle erfolgt dynamisch zur Laufzeit, da erst dort die Anzahl der beteiligten Instanzen der unterschiedlichen Teilsysteme bekannt ist. Diese Vorgehensweise erlaubt es skalierbare Master-Worker-Konzepte zu realisieren. Dies kann erst in Unterkapitel 4.5 näher erläutert werden, da die Erklärung Kenntnisse über die Formulierung von Strategieskripten voraussetzt.

*(vii) Deklaration von Initialisierungs- und Terminierungsfunktionen:*

Zum Abschluß dieses Unterkapitels über die Problembeschreibungssektion soll noch erwähnt werden, daß neben den Initialisierungs- und Terminierungsfunktionen auf Teilsystemebene auch auf der Ebene der Problembeschreibung Initialisierungs- und

Terminierungsfunktionen existieren. Diese werden zu Beginn bzw. nach erfolgter Abarbeitung eines Strategieskriptes aufgerufen und können genutzt werden, um Startwerte aus einer Datenbank zu lesen, oder dienen dazu, externe Programmpakete (Finite-Elemente-Programme, Simulationssoftware, Datenbanken) zu initialisieren bzw. zu terminieren. Die Deklaration dieser Funktionen hat unmittelbar nach dem Schlüsselwort *problem* zu erfolgen:

```
problem
initial function ext(CCALL,"init",global import and export x1);
terminal function ext(CCALL,"closeit",global import and export
x4);
```

Des weiteren ist es wünschenswert, aus einem Subsystem heraus die Optimierungsrechnung zu beenden. Zu diesem Zweck kann eine Variable als Terminierungsvariable deklariert werden. Wird ihr während der Lösung einer Teilaufgabe ein negativer Wert zugewiesen, so stoppt der Lösungsprozeß nach Abschluß aller laufenden Berechnungen:

```
termination variable x2;
```

## 4.3. Konzepte der Problemübersetzungsphase

Die Problemübersetzungsphase basiert auf einem OpTiX-II-Compiler, der eine OpTiX-II-Problembeschreibung in Unterprogramme der Programmiersprache C übersetzt. Dieser enthält einen symbolischen Differenzierer zur Erzeugung analytischer Ableitungen erster und zweiter Ordnung. Die erzeugten Unterprogramme verfügen über eine genormte Schnittstelle zu den Algorithmenbibliotheken, so daß einzelne Algorithmen die Unterprogramme zur Bestimmung von Zielfunktionen, Restriktionen und deren Gradienten aufrufen können. Da OpTiX-II die Ressourcen eines heterogenen Rechnernetzes nutzen soll, müssen die Unterprogramme auf allen Plattformen mit einem C-Compiler übersetzt und mit plattformspezifischen Algorithmenbibliotheken zusammengebunden werden. Hierbei sind die folgenden Schritte erforderlich:

- für jede Plattform ist ein Rechner zu bestimmen, der die Übersetzungsarbeiten ausführt,
- die erzeugten Unterprogramme sind auf die entsprechenden Rechner zu übertragen,
- der C-Compiler und der Binder sind auf den ausgewählten Rechnern zu starten,
- die erstellten Optimierungsserver müssen so gespeichert werden, daß alle Workstations im Netzwerk auf einen Server zugreifen können, der ihrer Plattform entspricht.

## 4.4. Konzepte der Problemlösungsphase

Aus konzeptueller Sicht sind die Konzepte eines Softwarewerkzeuges zur Unterstützung der Problemlösungsphase und das Konzept zur Formulierung von Lösungsstrategien in Form von Strategieskripten zu beschreiben.

### 4.4.1. Konzepte eines Softwarewerkzeuges zur Unterstützung der Problemlösungsphase

Ein die Problemlösungsphase unterstützendes Softwarewerkzeug muß zwei wesentliche Aufgabenkreise erfüllen:
(I) Es muß die Kontrolle der Optimierungsrechnung übernehmen und die in der Problemübersetzungsphase erzeugten Optimierungsserver auf den Architekturen Workstation-Netzwerk, Multiprozessor-Workstation und Transputercluster verteilen und während der Optimierungsrechnung ansprechen. Hierzu muß es Methoden einsetzen, welche die Heterogenität dieser Rechnerlandschaft überwinden.
(II) Es muß dem Anwender Methoden zur Formulierung von Problemlösungsstrategien zur Verfügung stellen. Insbesondere muß er den in der Problemformulierungsphase formulierten Teilaufgaben Lösungsalgorithmen und Lösungsressourcen zuordnen können. Ferner muß der Anwender in der Lage sein, den Problemlösungsprozeß interaktiv zu steuern. Ein Softwarewerkzeug, das diese Phase unterstützt, sollte deshalb über einen graphisch gesteuerten Editor zur Erstellung von Strategieskripten verfügen. Die Auswahl der Rechnerressourcen und der Algorithmen sowie ihre Parametrisierung, sollten durch Listen bzw. Dialogfenster unterstützt werden. Die Optimierungsrechnung sollte dann interaktiv durch die Selektion verschiedener Menüoptionen gesteuert werden können.

### 4.4.2. Formulierung von Lösungsstrategien in Form von Strategieskripten

Die Anforderungen aus Unterkapitel 1.3(iii) verlangen, daß der Anwender in der Lage sein muß, den Problemlösungsprozeß exakt zu steuern. Hierzu gehört die Formulierung einer Lösungsstrategie durch die Auswahl der einzusetzenden Rechnerressourcen, der Algorithmen und ihrer Parametrisierung. Das Formulieren dieser Lösungsstrategie erfolgt in OpTiX-II durch das Erstellen eines Strategieskriptes. Im dem folgenden Absatz werden mögliche Lösungsstrategien für ein nicht dekomponiertes Optimierungsproblem besprochen. Daran anschließend wird ihre Umsetzung in ein Strategieskript diskutiert.

Die übliche Vorgehensweise bei der Lösung eines nichtlinearen Optimierungsproblems besteht in der Anwendung eines Optimierungsverfahren, beginnend bei einem Startpunkt (x). Als Ergebnis der Optimierungsrechnung erhält man ein (lokales) Optimum der Zielfunktion unter Beachtung der vorgegebenen Restriktionen (vgl. Abb. 25(i)). Zur Verbesserung der Konvergenzeigenschaften werden häufig mehrere Verfahren nacheinander angewendet (vgl. Abb. 25(ii)): so ist es üblich, zu Beginn der Optimierungsrechnung mit einem global konvergenten Verfahren zu starten, um dann in der Nähe der Lösung auf ein superlinear konvergentes Verfahren umzuschalten. Bei komplizierten Optimierungsproblemen kann man auch eine parallel arbeitende Erweiterung hybrider Konzepte nutzen und mehrere Algorithmen an der Lösung eines Optimierungsproblems arbeiten lassen (vgl. Abb. 25(iii)).
Zur Umsetzung einer Vorgehensweise gem. Abb. 25(i) ist ein geeignet parametrisiertes Lösungsverfahren aus der Algorithmenbibliothek und eine Lösungsressource zu bestimmen. Als Lösungsressource können hierbei Workstations im Netzwerk, oder einzelne Prozessoren eines Parallelrechners bestimmt werden. Diese Zusammenfassung eines Optimierungs(teil)problems, eines geeignet parametrisierten Algorithmus und einer Lösungsressource wird im weiteren Verlauf dieser Arbeit als *Zuordnung* bezeichnet. Eine Vorgehensweise gem. Abb. 25(ii) kann nun durch eine Sequenz aus mindestens zwei Zuordnungen realisiert werden. Im Falle einer parallel arbeitenden Algorithmenkombination gem. Abb. 25(iii) ist für jeden einzusetzenden Algorithmus eine Zuordnung zu erstellen. Diese parallel auszuführenden Zuordnungen werden im Strategieskript zu einer *Zuordnungsgruppe* zusammengefaßt.
Die Kombination der Vorgehensweisen aus Abb. 25 liefert eine allgemeine Lösungsstrategie, die aus einer Sequenz von parallel auszuführenden Optimierungsrechnungen besteht. Die Umsetzung in eine Strategieskript führt dann zu einer Sequenz von parallel auszuführenden Zuordnungen, oder anders ausgedrückt, zu einer Sequenz von Zuordnungsgruppen.
Zur Eingabe und Formulierung von Strategieskripten wurde in OpTiX-II das *Blockkonzept* entworfen (vgl. Abb. 26). Ein *OpTiX-II-Block* beschreibt hierbei eine Sequenz von parallel auszuführenden Zuordnungen. Er besitzt Eigenschaften (Attribute), die seine Abarbeitung in der Problemlösungsphase beeinflussen. Zur Realisierung der iterativen Vorgehensweise bei der Lösung dekomponierter Optimierungsprobleme kann beispielsweise für einen Block ein *Iterationsfaktor* gesetzt werden, so daß ein Block wiederholt abgearbeitet wird. Des weiteren kann für einen Block festgelegt werden, daß die Rechenergebnisse einer Zuordnung verworfen werden, wenn sie keine Verbesse-

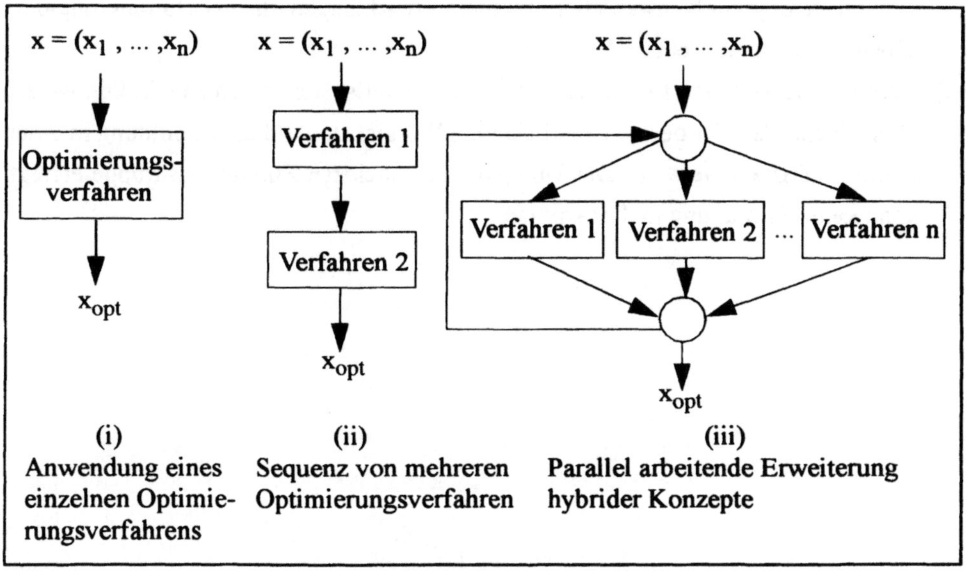


Abb. 25: Vorgehensweisen zur Lösung nichtlinearer Optimierungsprobleme

rung der besten bisher bekannten Lösung bringen. Zur Realisierung parallel arbeitender hybrider Konzepte kann die Eigenschaft *Betriebsmodus* von synchron auf asynchron umgeschaltet werden. Dies beeinflußt die parallele Abarbeitung einer Zuordnungsgruppe. Im *synchronen Modus* werden alle Einzelzuordnungen parallel gestartet und arbeiten unabhängig voneinander an der Lösung der ihnen übertragenen Teilaufgabe. Besteht die Teilaufgabe in der Lösung eines Optimierungsproblems, so wird die Optimierungsrechnung durch ein vorgegebenes Abbruchkriterium (Approximationsgenauigkeit, maximale Iterationszahl etc.) beendet. Nach Abschluß aller Berechnungen erfolgt der Übergang zur nächsten Zuordnungsgruppe. Alle folgenden Berechnungen basieren somit auf den Lösungen der vorhergehenden Stufen. Auch im *asynchronen Modus* werden alle Einzelzuordnungen einer Zuordnungsgruppe parallel gestartet. Sie arbeiten dann jedoch gemeinsam (asynchron) an der Lösung der ihnen übertragenen Teilaufgaben. Dieser Modus realisiert die in Abb. 26 dargestellte Rückkopplung innerhalb einer Zuordnungsgruppe, denn nach erfolgter Abarbeitung einer Zuordnung, werden in Abhängigkeit von der Qualität der gefundenen Lösung die folgenden Maßnahmen ergriffen:

a) Liefert die Zuordnung für das zu optimierende Teilsystem einen Zielfunktionswert, der besser als der beste bisher bekannte Wert ist, so wird der Vektor der Entscheidungsvariablen akzeptiert. Dieser Vektor wird als neuer Startpunkt für die Optimierungsrechnung gewählt und die erfolgreiche Zuordnung wird erneut gestartet. Des weiteren erfolgt ein Neustart aller inaktiven Zuordnungen, die der Optimierung desselben Teilsystems dienen.

b) Liefert die Zuordnung für das zu optimierende Teilsystem einen Zielfunktionswert, der schlechter als der beste bisher bekannte Wert ist, so wird die Zuordnung in einen inaktiven Zustand versetzt. Der Übergang zur nächsten Zuordnungsgruppe erfolgt, wenn keine Zuordnung mehr aktiv ist.

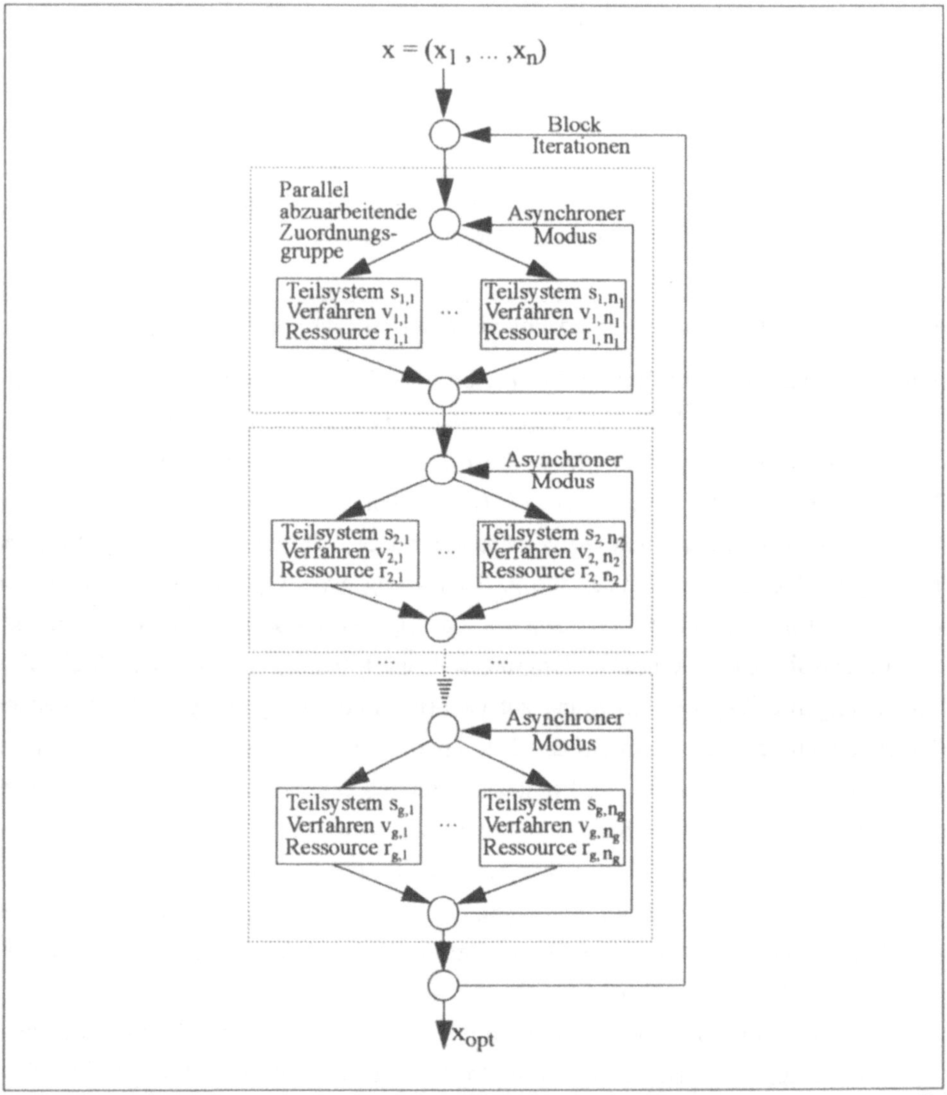


Abb. 26: **OpTiX-II-Block als eine wiederholt auszuführende Sequenz von parallel abzuarbeitenden Zuordnungen**

Der asynchrone Modus realisiert die parallel arbeitende Erweiterung hybrider Konzepte, da OpTiX-II die Koordinierung der parallel arbeitenden Algorithmen übernimmt.

Blöcke können ineinander verschachtelt werden, so daß in Abb. 26 anstelle einer Kombination aus Teilsystem, Lösungsverfahren und Lösungsressource auch ein eingeschachtelter Block auftreten könnte. Die oberste Ebene der so entstehenden Blockhierarchie wird im weiteren als *Master-Block* bezeichnet.

Mit einer Kombination aus einer geeigneten Problembeschreibung und einem Strategieskript, das aus einer geeigneten Blockhierarchie besteht, können nun die in Kapitel 2.3 beschriebenen parallel arbeitenden Lösungsverfahren realisiert werden:

(i) Jede Teilsystemoptimierung kann mittels eines parallel arbeitenden Optimierungsalgorithmus aus der Algorithmenbibliothek berechnet werden, wenn dieser im Rahmen einer Zuordnung einer parallel arbeitenden Lösungshardware zugeteilt wird.

(ii) Es ist möglich, eine parallel arbeitende Erweiterung hybrider Konzepte zu nutzen und eine Kombination verschiedener Optimierungsverfahren gleichzeitig auf eine Teilsystemoptimierung anzuwenden. Hierzu müssen innerhalb einer Zuordnungsgruppe einem Teilsystem mehrere Kombinationen aus Lösungsverfahren und Lösungshardware zugeordnet werden. Außerdem ist für den Block der asynchrone Modus einzustellen.

(iii) Im Falle dekomponierter Optimierungsprobleme können alle Subsystemoptimierungsaufgaben parallel gelöst werden. Hierzu muß für jedes Subsystem und für das Koordinierungsproblem in der Problembeschreibungssprache eine Teilsystemdefinition erstellt worden sein. In der Problemlösungsphase ist dann ein mehrfach abzuarbeitender Block zu erstellen, der aus zwei Zuordnungsgruppen besteht. Die erste Zuordnungsgruppe besitzt nur eine Zuordnung, die dem Koordinierungsproblem ein Lösungsverfahren und eine Lösungsressource zuordnet. Im zweiten Schritt ist dann für alle Teilprobleme der Subsystemebene eine Zuordnung bestehend aus dem 3-Tupel (Teilsystem, Lösungsverfahren, Lösungsressource) zu vereinbaren.

(iv) Im Falle der parallelen Berechnung von Zielfunktion und Restriktionen ist ein Master-Worker-Konzept zu realisieren. Hierzu sind in der Problembeschreibungssprache für den Master und die Worker Subsystemdefinitionen zu erstellen. Im Zuge der Anfertigung des Strategieskriptes ist dann ein Block mit einer Zuordnungsgruppe zu erstellen. Dem Master wird hierbei ein 3-Tupel (Teilsystem,

Lösungsverfahren, Lösungsressource) und den Workern ein 3-Tupel (Teilsystem, *System durchrechnen*, Lösungsressource) zugeordnet.

(v) Eine Kombination von (i), (ii) und (iii) ist möglich, d.h. ein paralleler Algorithmus kann im Rahmen einer Algorithmenkombination eingesetzt werden, und eine Algorithmenkombination oder ein paralleler Algorithmus können zur Lösung eines Optimierungssubsystems eingesetzt werden.

Am Beispiel des dekomponierten Übersetzungsgetriebes aus Abb. 19 bis Abb. 24 auf S. 74 wird nun eine neue Notation zur Formulierung von Blöcken bzw. Strategieskripten eingeführt (Abb. 28), die im weiteren Verlauf der Arbeit ihre Verwendung findet. Zur Lösung des dekomponierten Optimierungsproblems ist eine hierarchische Kontrollstruktur gem. Abb. 27 zu realisieren. Dies führt zu einem Block der mehrmals durchlaufen werden muß. Aus diesem Grund wurde die Blockeigenschaft Iterationsfaktor (Abb. 28) auf den Wert 5 gesetzt. Der Block besteht aus drei Zuordnungsgrup-

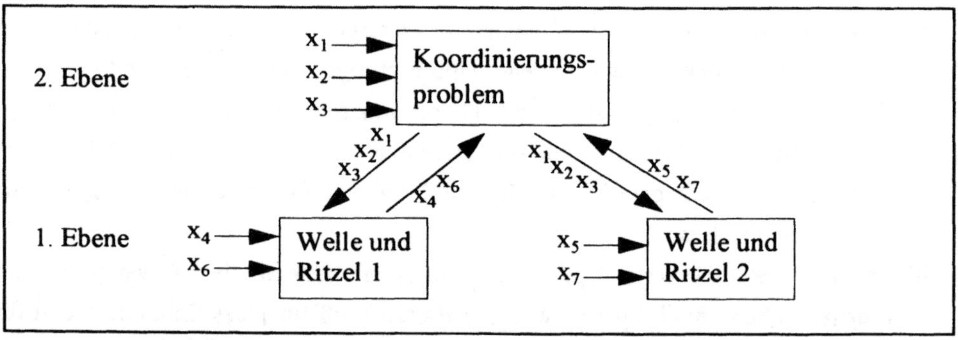


Abb. 27: Hierarchische Kontrollstruktur zur Lösung des dekomponierten Optimierungsproblems zum Übersetzungsgetriebe

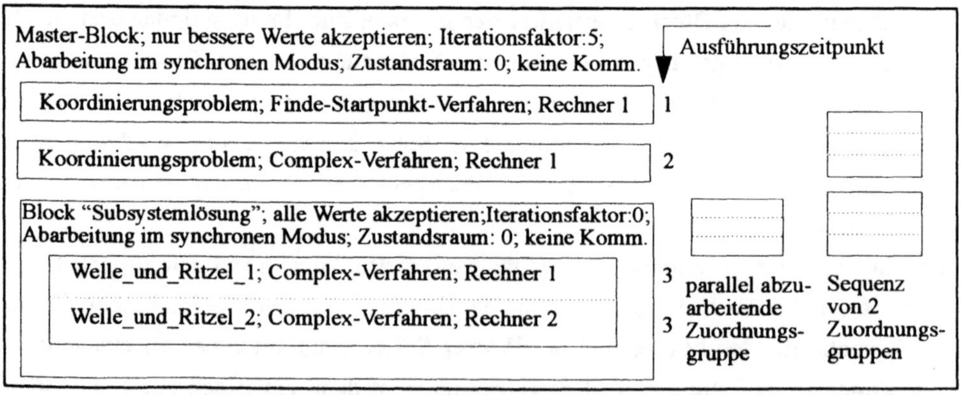


Abb. 28: OpTiX-II-Strategieskript zur Lösung des dekomponierten Optimierungsproblems zum Übersetzungsgetriebe

pen. Die erste Zuordnungsgruppe dient zur Bestimmung einer zulässigen Startlösung. Dem folgt die zweite Zuordnungsgruppe mit der Lösung des Koordinierungsproblems. Die dritte Zuordnungsgruppe besteht aus einem eingeschachtelten Block, in dem die Subsystemoptimierungsaufgaben parallel gelöst werden. Für diesen eingeschachtelten Block darf die Eigenschaft ***nur bessere Werte akzeptieren*** nicht aktiviert sein, da sich die Werte der Teilsystemaufgaben im Laufe der Iterationen durch geänderte Vorgaben der Koordinierungsebene verschlechtern können.

Neben den bisher beschriebenen Vorgehensweisen lassen sich mit OpTiX-II auch Multistart-Ansätze realisieren. Hierzu verwendet OpTiX-II das Konzept paralleler Zustandsräume. Ein *Zustandsraum* enthält hierbei Werte für alle in der Problembeschreibung definierten Variablen. Zusätzlich speichert er Informationen über den Ablauf der Optimierungsrechnung, wie z.B. die Liste aller aktiven Optimierungsrechnungen, oder den besten bisher ermittelten Wert für jedes Teilsystem. Die Zustandsräume werden durchnummeriert, beginnend mit der Nummer 0. Jede in der Problembeschreibung definierte Variable besitzt in OpTiX-II somit mehrere unterschiedliche Werte (einen pro Zustandsraum). Über ein Blockattribut wird jeder Block genau einem Zustandsraum zugeordnet. Alle Berechnungen eines Blocks verändern lediglich die Variablenwerte des als Blockattribut eingestellten Zustandsraumes. Dies bedeutet, daß ein neuer Zielfunktionswert und ein Vektor von Entscheidungsvariablen, die ein Optimierungsverfahren liefert, nur in dem Zustandsraum des zugehörigen Blocks gespeichert werden. Die Variablenwerte aller anderen Zustandsräume bleiben unverändert. In vielen Situationen ist der Austausch von Informationen zwischen den Zustandsräumen erwünscht. OpTiX-II erlaubt es deshalb Kommunikationsanweisungen zu definieren, die den Datenaustausch zwischen den Zustandsräumen steuern. Diese Datenaustauschregeln werden in OpTiX-II ebenfalls als Blockeigenschaften definiert und können über Bedingungen gesteuert werden. Der Austausch von Daten zwischen zwei Zustandsräumen erfolgt mit Bezug auf die Daten einzelner Subsysteme und kann in den folgenden drei Fällen vorgenommen werden:

(i) vor dem Start der Berechnungen eines Blocks,
(ii) während der Abarbeitung eines Blocks (nach der Abarbeitung einzelner Zuordnungen),
(iii) nach Beendigung der Berechnungen eines Blocks.

Dies wird im folgenden näher erläutert. Vor dem Start der Berechnungen eines Blocks können Kommunikationsregeln der folgenden Art definiert werden:

(a) Übernehme die zu einem Teilsystem x gehörenden Variablenwerte aus dem

Zustandsraum mit der Nummer k.

(b) Übernehme die zu einem Teilsystem x gehörenden Variablenwerte aus dem Zustandsraum k, wenn der beste bekannte Zielfunktionswert des Teilsystems y in dem Zustandsraum k besser ist als der beste bekannte Zielfunktionswert des Teilsystems y in dem vom Block genutzten Zustandsraum.

Unter den zu einem Teilsystem gehörenden Variablenwerten sind hierbei Werte für alle die Variablen zu verstehen, die in der entsprechenden Teilsystemdefinition verwendet werden. Kommunikationsregeln der Form (b) werden genutzt, um für ein Optimierungsproblem eine bessere Lösung aus einem anderen Zustandsraum zu laden (x=y). Im Fall dekomponierter Optimierungsprobleme kann eine Lösung für ein Optimierungssubsystem (x) geladen werden, wenn in dem Zustandsraum k für das Koordinierungsproblem (y) eine bessere Lösung gefunden wurde. Während der Abarbeitung eines Blockes, nach erfolgter Abarbeitung einer Zuordnung, besteht die Möglichkeit, die von der Zuordnung errechneten Daten in andere Zustandsräume zu übertragen. Die Kommunikationsregeln hierfür haben den folgenden Aufbau:

(a) Übertrage die zu einem Teilsystem x gehörenden Variablenwerte in den Zustandsraum mit der Nummer k.

(b) Übertrage die zu einem Teilsystem x gehörenden Variablenwerte in den Zustandsraum k, wenn der beste bekannte Zielfunktionswert des Teilsystems y in dem Zustandsraum k schlechter ist, als der beste bekannte Zielfunktionswert des Teilsystems y in dem vom Block genutzten Zustandsraum.

Der Aufbau der Kommunikationsregeln, die nach Beendigung der Berechnungen eines Blocks ausgeführt werden, entspricht denen, die während der Abarbeitung eines Blocks ausgeführt werden.

Die Verwendung von Blöcken und Zustandsräumen soll nun an einem Beispiel erläutert werden. Für ein vorgegebenes Optimierungsproblem wählt ein Fachexperte die folgende Vorgehensweise (vgl. Abb. 29): Starte die Berechnung gleichzeitig von 3 Punkten (davon 2 zufällig gewählt)! Setze die Optimierungsrechnung von den zufällig gewählten Punkten zuerst mit einem Polytop-Verfahren und daran anschließend mit einem Verfahren der Sequentiellen Quadratischen Programmierung fort! Starte gleichzeitig die Optimumssuche von einem vorgegebenen Startpunkt mit einem Polytop-Verfahren! Wähle nach Beendigung dieser Optimierungsschritte die beste Lösung aus und verwende diese als Startpunkt für das Verfahren der Sequentiellen Quadratischen Programmierung!

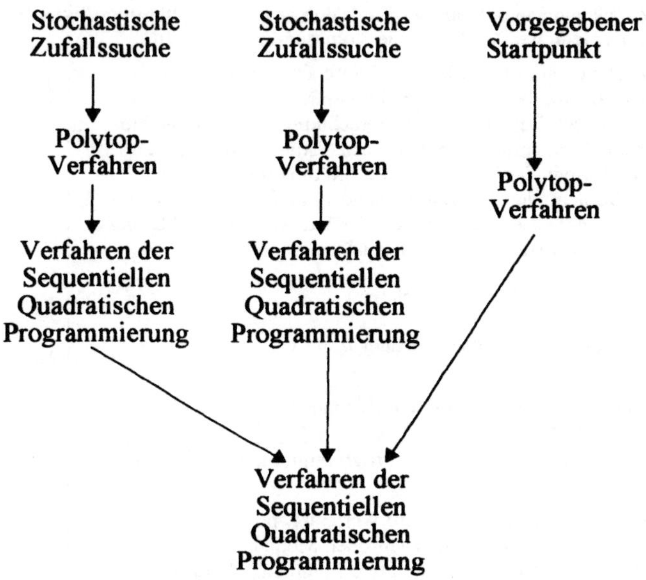


Abb. 29: Mögliche parallele Vorgehensweise bei der Lösung eines nichtlinearen Optimierungsproblems

Diese Lösungsstrategie kann direkt in ein OpTiX-II Strategieskript umgesetzt werden. Hierbei wird die Tatsache ausgenutzt, daß ein eingeschachtelter Block auf einem eigenen Zustandsraum rechnen kann. Das in Abb. 30 abgebildete Strategieskript beschreibt die folgende Vorgehensweise:

A.1 Finde mit je 2 parallel laufenden Zufallssuch-Verfahren einen möglichst guten Startpunkt in den Zustandsräumen 1 und 2.

A.2 Setze im Anschluß an A.1 die Optimierungsrechnung mit je einem Polytop-Verfahren in den Zustandsräumen 1 und 2 fort.

A.3 Setze im Anschluß an A.2 die Optimierungsrechnung mit einem SQP-Verfahren in den Zustandsräumen 1 und 2 fort.

B. Führe parallel zu A.1. bis A.3. die Berechnung von dem in der Problembeschreibungssprache angegebenen Startpunkt mit einem Polytop-Verfahren im Zustandsraum 0 durch.

C. Nach Abarbeitung von A und B setze die Optimierungsrechnung mit einem SQP-Verfahren im Zustandsraum 0 fort.

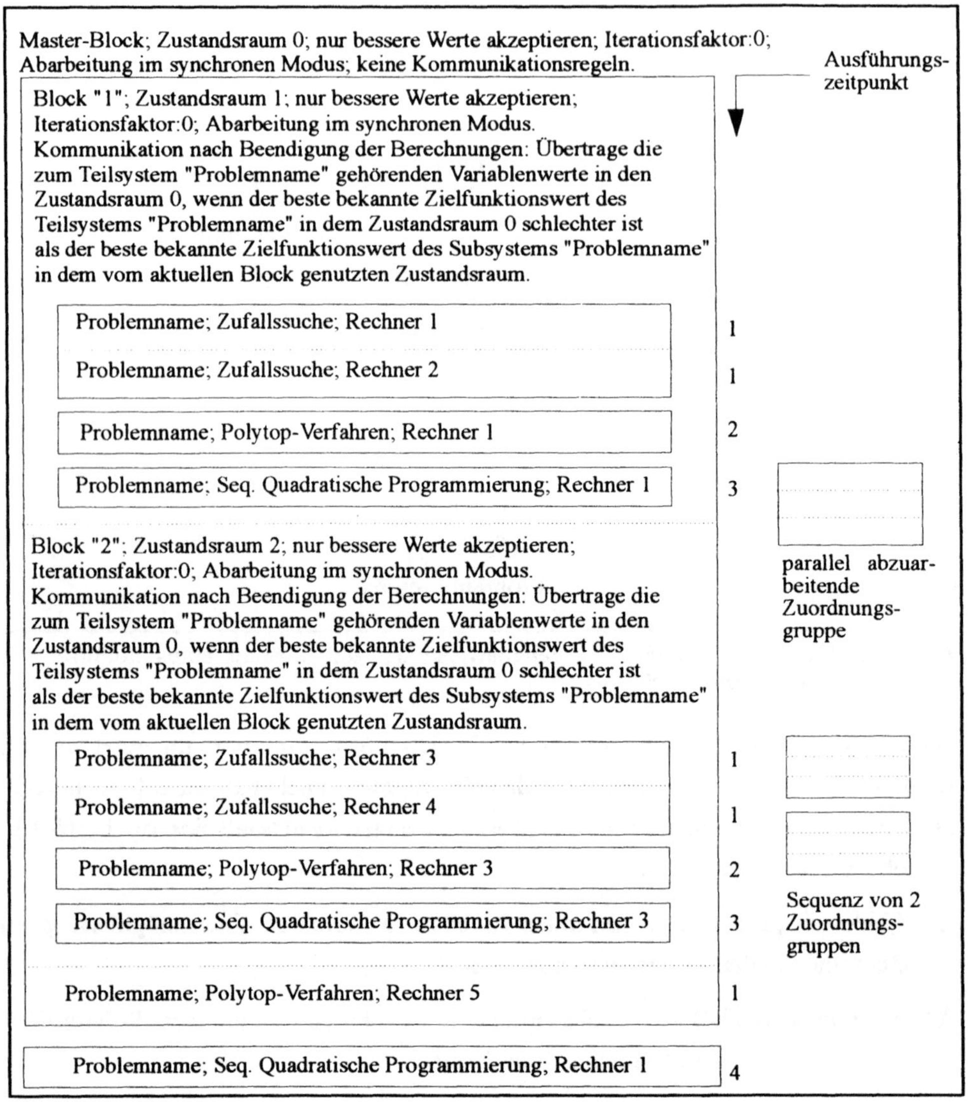


Abb. 30: Umsetzung der Vorgehensweise aus Abb. 29 in ein OpTiX-II-Strategieskript

Nach Abschluß des Rechenschrittes A.3 finden sich die von den SQP-Verfahren ermittelten Lösungen in den Zustandsräumen 1 und 2. Es sind deshalb Kommunikationsanweisungen zu definieren, die den Datenaustausch zwischen den Zustandsräumen steuern. In dem hier beschriebenen (nicht dekomponierten) Beispiel muß für die Blöcke 1 und 2 eine Kommunikationsregel eingegeben werden, die alle Blockergebnisse für das zu optimierende Subsystem nach erfolgter Optimierungsrechnung in den

Zustandsraum 0 überträgt, wenn das auf diesem Zustandsraum arbeitende Polytop-Verfahren für das zu optimierende Subsystem keine bessere Lösung erzielt hat.

## 4.5. Parallelverarbeitungskonzept zur Realisierung grobkörniger Parallelität

Dieses Kapitel beschreibt das in OpTiX-II integrierte Konzept zur Erstellung von grobkörnig parallel arbeitenden Programmen. Dieses basiert auf dem in Unterkapitel 3.2.1(a) vorgestellten Konzept der Kommunizierenden Sequentiellen Prozesse (CSP) und einer Softwarebibliothek gem. Unterkapitel 3.2.2. Im einzelnen wurde das folgende Konzept gewählt:

- Die Beschreibung eines Prozesses erfolgt durch eine Teilsystemdefinition in der Problembeschreibungssprache.
- Die Erzeugung nebenläufiger Prozesse erfolgt in der Problemlösungsphase. Hierzu ist ein Strategieskript zu erstellen, das parallel auszuführende Prozesse (Teilsysteme) in einer Zuordnungsgruppe zusammenfaßt.
- Die Kommunikation zwischen den nebenläufigen Prozessen (Teilsystemen) erfolgt durch Aufrufe der OpTiX-II Message-Passing-Bibliothek unter Benutzung der in der Problembeschreibungssektion vereinbarten Kommunikationskanäle.

In dem folgenden Unterkapitel wird die Integration des CSP-Konzeptes in OpTiX-II diskutiert. Dem folgt in Unterkapitel 4.5.2 die Beschreibung der OpTiX-II Message-Passing-Bibliothek. Daran anschließend wird in Unterkapitel 4.5.3 dargestellt, wie dieses Konzept zur parallelen Berechnung der Zielfunktion verwendet werden kann.

### 4.5.1. OpTiX-II und das Konzept der Kommunizierenden Sequentiellen Prozesse

In OpTiX-II wird ein Prozeß durch eine Teilsystemdefinition beschrieben, welche im Fall allgemeiner paralleler Programme i.d.R. eine Rechenaufgabe der Form *compute ext(CCALL, "Funktionsname")* löst. Zur Beschreibung des Prozesses stehen somit alle Anweisungen und Kontrollstrukturen der Programmiersprachen C und FORTRAN zur Verfügung. Die Festlegung der zeitlichen Ablaufreihenfolge von Prozessen (Sequenz, Parallelausführung, Gruppierung) erfolgt durch ein OpTiX-II-Strategieskript unter Ausnutzung des Blockkonzeptes. Eine *Sequenz* von Prozessen wird hierbei durch einen Block mit aufeinanderfolgenden Zuordnungsgruppen realisiert. Die *Parallelität* von Prozessen wird im Strategieskript durch eine Zuordnungsgruppe mit mehreren Zuordnungen ausgedrückt (eine pro Prozeß). Eine *Gruppierung* von Prozessen erreicht OpTiX-II durch die Verwendung verschachtelter Blöcke. Die Kommunikation (Ein- und Ausgabe in CSP) zwischen sequentiell angeordneten Prozessen basiert auf den in

**Prozeß (CSP: "Name::")**

Ein Prozeß wird in OpTiX-II durch eine Zuordnung aus (*Subsystemname*, *Lösungsalgorithmus*, *Lösungsressource*) beschrieben. Die Aufgabe des Subsystems kann hierbei im Lösen einer Rechenaufgabe bestehen. Der Subsystemname entspricht dem Prozeßnamen.

**Sequenz (CSP: ";")**

Eine Aneinanderreihung (Sequenz) von Prozessen wird im Strategieskript durch einen Block mit aufeinanderfolgenden Zuordnungsgruppen realisiert.

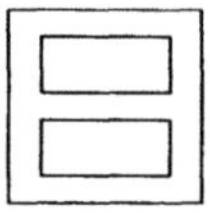

**Parallelausführung (CSP: "||")**

Parallele Prozesse werden im Strategieskript in einer parallel abzuarbeitenden Zuordnungsgruppe zusammengefaßt.

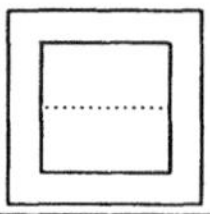

**Gruppierung (CSP: "[ ]")**

Ineinander verschachtelte Blöcke erlauben es dem Anwender, Gruppierungen beliebiger Tiefe auszudrücken. Einstufige Gruppierungen können auch durch die Zusammenfassung von Prozessen in einer Zuordnungsgruppe ausgedrückt werden.

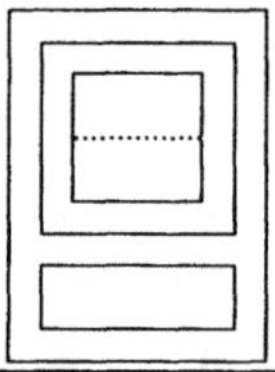

**Eingabe und Ausgabe (CSP: "?" bzw. "!")**

OpTiX-II kennt zwei Mechanismen zur Kommunikation zwischen Prozessen:

I. Kommunikation zwischen sequentiell angeordneten Prozessen:
Die Ausgabe des ersten Prozesses wird in Variablen der Problembeschreibungssprache gespeichert. Diese Werte dienen dem 2. Prozeß als Eingabedaten.

II. Kommunikation zwischen parallel arbeitenden Prozessen:
OpTiX-II enthält eine Message-Passing Bibliothek (OMPL), die es Prozessen erlaubt, Nachrichten miteinander auszutauschen. Diese Bibliothek wird im nächsten Kapitel vorgestellt. Die Routinen der OMPL können innerhalb einer Rechenaufgabe aus externen Funktionen angesprochen werden.

**Kontrollstrukturen (CSP: "guarded commands bzw. repetition")**

Algorithmen und die dazugehörenden Kontrollstrukturen werden in OpTiX-II als externe Funktionen abgelegt, so daß als Kontrollstrukturen alle Konstrukte der Programmiersprachen C und FORTRAN zur Verfügung stehen.

Abb. 31: Umsetzung des Konzepts Kommunizierender Sequentieller Prozesse in OpTiX-II

der Problembeschreibung definierten Variablen: die Ausgaben des ersten Prozesses werden in Variablen der Problembeschreibungssprache gespeichert und stehen dem 2. Prozeß somit als Eingabedaten zur Verfügung. Die Kommunikation zwischen parallel abzuarbeitenden Zuordnungen erfolgt über bidirektionale Kommunikationskanäle, unter Verwendung der OpTiX-II-Message-Passing-Bibliothek und basiert auf der in der Problembeschreibung festgelegten Kommunikationsstruktur (vgl. Unterkapitel

4.2.2.2(vi)). Abb. 31 enthält eine zusammenfassende Übersicht zur Umsetzung des Konzepts Kommunizierender Sequentieller Prozesse in OpTiX-II.
In Unterkapitel 4.2.2.2(vi)) wurde bereits erwähnt, daß die Zuordnung der Kommunikationskanäle dynamisch, zum Zeitpunkt der Abarbeitung eines Strategieskriptes, erfolgt. Dies soll im folgenden an einigen Beispielen verdeutlicht werden. Das Beispiel

```
subsystem "Master":                     subsystem "Worker":
communicating with "Worker";            communicating with "Master";
compute ext(CCALL,"mastercode");compute ext(CCALL,"workercode");
endsubsystem;                           endsubsystem;
```

deklariert Kommunikationskanäle zwischen dem Teilsystem *Master* und dem Teilsystem *Worker*. Ein Anwender kann im Strategieskript nun mehrere Instanzen der Teilsy-

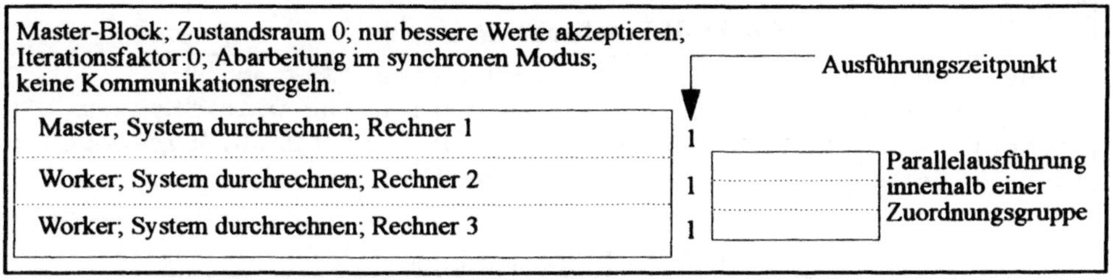


Abb. 32: OpTiX-II-Strategieskript mit einer Instanz des Master- und zwei Instanzen des Worker-Subsystems

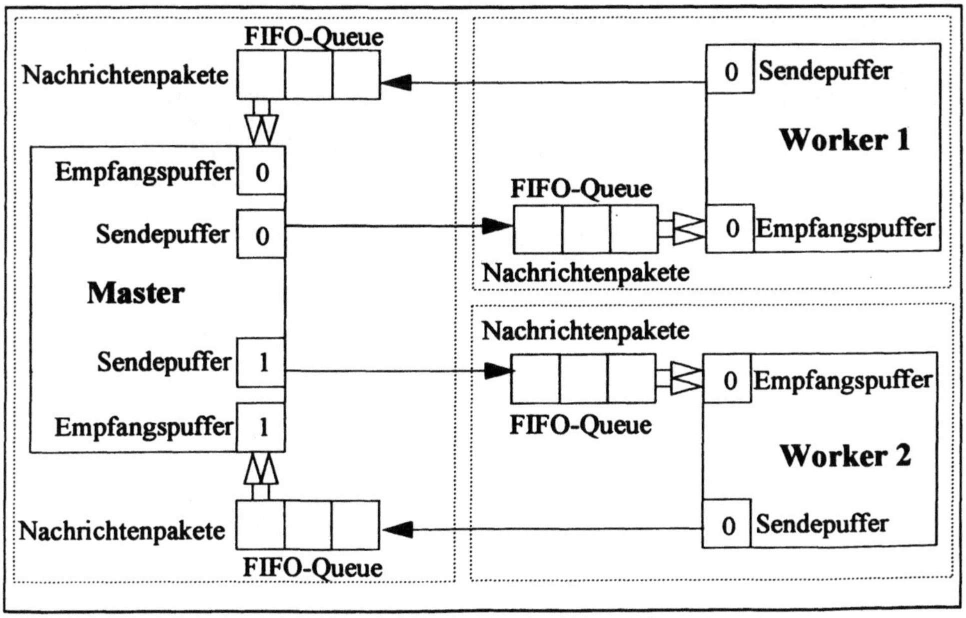


Abb. 33: Kommunikationsstruktur bei einem Master- und zwei Worker-Prozessen

steme *Master* bzw. *Worker* gleichzeitig starten (Zusammenfassung in einer Zuordnungsgruppe). Jede Instanz des Teilsystems Master wird hierbei mit jeder Instanz des Teilsystems Worker über einen Kommunikationskanal verbunden. Abb. 32 zeigt ein Strategieskript, das eine Instanz des Master- und zwei Instanzen des Worker-Subsystems startet. Die sich daraus ergebende Kommunikationsstruktur ist in Abb. 33 wiedergegeben: Der Master-Prozeß ist über die Kommunikationskanäle 0 und 1 mit den beiden Worker-Prozessen verbunden. Diese sind jeweils über ihren Kommunikationskanal Nummer 0 mit dem Master-Prozeß verbunden. Die Kommunikation zwischen Master- und Worker-Prozessen erfolgt durch den Austausch von Nachrichtenpaketen. Ankommende Nachrichtenpakete werden in einer Warteschlange, die nach dem First-

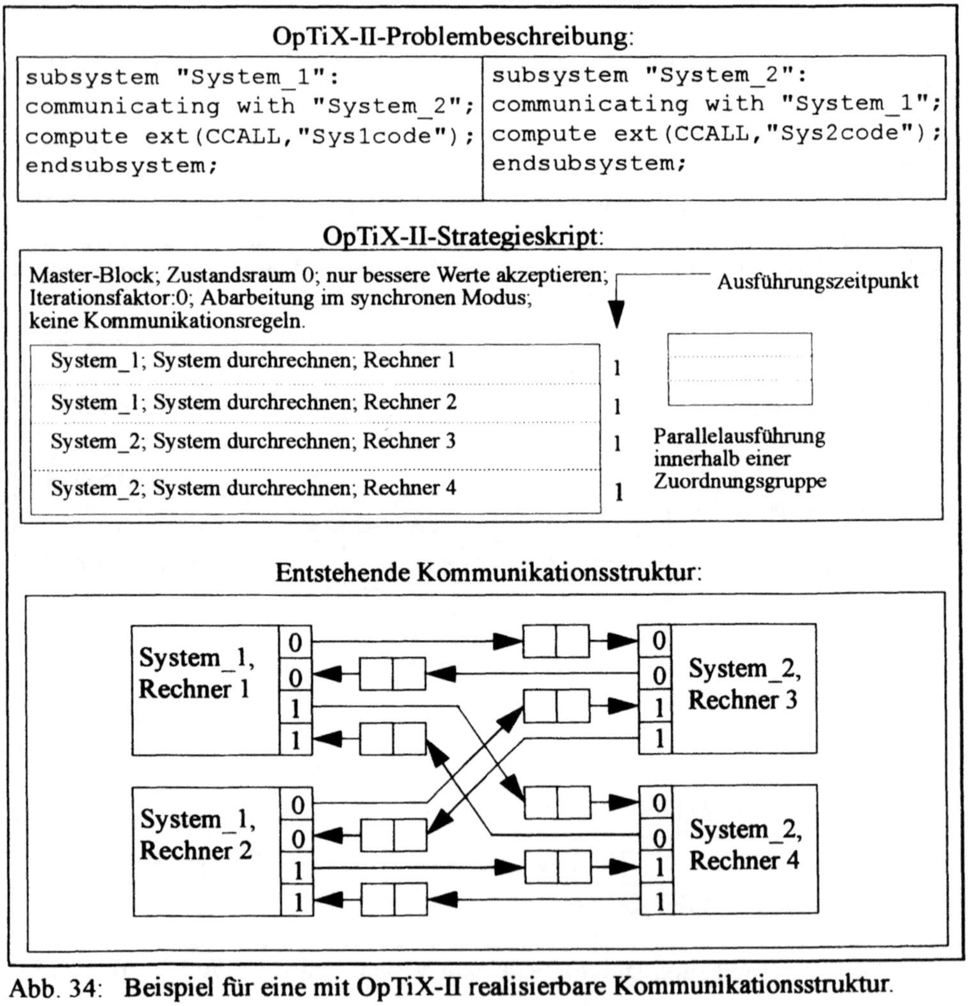


Abb. 34: **Beispiel für eine mit OpTiX-II realisierbare Kommunikationsstruktur.**

In- First-Out-Prinzip arbeitet, gespeichert. Sie können von den Prozessen nacheinander in den Empfangspuffer, der jeweils ein Paket aufnehmen kann, geladen und dann bearbeitet werden. Abzusendende Nachrichtenpakete werden in einem Sendepuffer zusammengestellt und dann mit einem Kommando über den Kommunikationskanal übertragen. Die Kommandos zum Empfang und Versenden von Nachrichten stellt die OpTiX-II-Message-Passing-Bibliothek zur Verfügung. Bevor diese im nächsten Unterkapitel besprochen wird, sollen hier noch einige Beispiele für Kommunikationsstrukturen wiedergegeben werden, die mit OpTiX-II realisiert werden können. In Abb. 34 wird gefordert, daß alle Instanzen des Teilsystems *System_1* mit allen Instanzen des Teilsystems *System_2* kommunizieren sollen. Mit dem dort wiedergegebenen Strategieskript entsteht dann eine Kommunikationsstruktur, in der zwei Instanzen des Teilsystems *System_1* mit zwei Instanzen des Teilsystems *System_2* kommunizieren.
Würde die Teilsystemdefinition für das *System_1* um die Anweisung *communicating with "System_1"* ergänzt, so würde bei dem in Abb. 34 wiedergegebenen Strategieskript in der entstehenden Kommunikationsstruktur ein zusätzlicher Kommunikationskanal zwischen den beiden Instanzen des Subsystems *System_1* eingerichtet. Wie diese drei Beispiele zeigen, können mit OpTiX-II sowohl hierarchische als auch netzwerkförmige Kommunikationsstrukturen beschrieben werden.

### 4.5.2. Die OpTiX-II-Message-Passing-Bibliothek

Die OpTiX-II-Message-Passing-Bibliothek (ompl) besteht aus einer Reihe von Funktionen, die den Austausch von Nachrichtenpaketen zwischen parallel arbeitenden Prozessen erlauben. Die Kommunikation erfolgt hierbei über Kommunikationskanäle, die in der Problembeschreibungssprache mit der *communication*-Anweisung definiert werden (s.o.).
Ein Nachrichtenpaket besteht aus mehreren Datenfeldern (Vektoren), die durch einen eindeutig zu vergebenden Namen identifiziert werden. Für jeden Kommunikationskanal existiert ein Sende- und ein Empfangspuffer, der genau ein Nachrichtenpaket aufnimmt (vgl. Abb. 33).
Das Versenden einer Nachricht erfolgt nach dem Schema: Sendepuffer löschen (iii), Datenfelder in den Sendepuffer eintragen (iv), Sendepuffer abschicken (v). Das Empfangen einer Nachricht erfolgt analog dazu: Empfangspuffer löschen (vi), Warten bis ein Datenpaket im Empfangspuffer ankommt (vii), Datenfelder aus dem Empfangspuffer lesen (xi).
Im folgenden werden die einzelnen Funktionen der OpTiX-II-Message-Passing-Biblio-

thek näher vorgestellt. Die Funktionen ompl_get_no_channels() und ompl_get_subsystemname() werden in der Initialisierungsphase benötigt. Die Funktion

**(i) int ompl_get_no_channels (void);**

liefert hierbei die Anzahl der Kommunikationskanäle zu anderen Prozessen. Diese werden durchnummeriert, beginnend mit der Nummer 0. Diese Funktion wird bei einer skalierbaren Anwendung benötigt um den Parallelitätsgrad zu bestimmen. Mit der Funktion

**(ii) char *ompl_get_subsystemname(int channelno);**

kann der Anwender feststellen, welcher Prozeß sich am anderen Ende eines Kommunikationskanals befindet. Sie liefert den Teilsystemnamen dieses Prozesses.
Die im folgenden vorgestellten Funktionen dienen dem Versenden von Nachrichtenpaketen: Die Funktion

**(iii) int ompl_clear_sndbuffer(int channelno);**

löscht den Sendepuffer des Kommunikationskanals mit der Nummer *channelno*. Als Rückgabewert liefert sie den freien Platz im Sendepuffer, in Blöcken à 8 Bytes gemessen. Die Funktionen

**(iv.i) int ompl_int_to_sndbuffer**
**(int channelno, char *fieldname, int noelements, int field[] );**
**(iv.f) int ompl_float_to_sndbuffer**
**(int channelno, char *fieldname, int noelements, float field[] );**
**(iv.d) int ompl_double_to_sndbuffer**
**(int channelno, char *fieldname, int noelements,double field[]);**
**(iv.c) int ompl_char_to_sndbuffer**
**(int channelno, char *fieldname, int noelements, char field[] );**

tragen ein Datenfeld in den Sendepuffer des Kommunikationskanals *channelno* ein. Die Variable *fieldname* benennt das Datenfeld. Die OpTiX-II-Message-Passing-Bibliothek überträgt aus dem übergebenen Datenfeld *field* genau *noelements* Feldelemente in den Sendepuffer. Als Rückgabewert liefern diese Funktionen den verbleibenden Platz im Sendepuffer, in Blöcken à 8 Bytes gemessen. Mit

**(v) int ompl_snd_buffer (int channelno);**

wird der Sendepuffer des Kommunikationskanals *channelno* schließlich zum Empfänger übertragen. Die im weiteren vorgestellten Funktionen dienen dem Empfang von Nachrichtenpaketen. Die Funktion

**(vi) int ompl_clear_rcvbuffer (int channelno);**

löscht den Empfangspuffer des Kommunikationskanals *channelno* und schafft damit die Voraussetzung zum Empfang eines weiteren Nachrichtenpaketes. Der Aufruf von

**(vii) void ompl_wait_rcv (int channelno);**

blockiert den aufrufenden Prozeß bis Daten in den Empfangspuffer von Kanal *channelno* eingespeist werden. Flexibler arbeitet die Funktion

**(viii) void ompl_wait ();**

Sie blockiert den Prozeß, bis ein Nachrichtenpaket von einem beliebigen anderen Prozeß eintrifft. Nach Aufruf dieser Funktion kann der Anwender die Funktion

**(ix) int ompl_get_rcv_buffer_id();**

aufrufen, um die Kanalnummer eines Empfangspuffers mit neuen Daten zu erhalten. Mit

**(x) int ompl_status_rcvbuffer (int channelno);**

kann der Zustand einzelner Empfangspuffer abgefragt werden. Diese Funktion liefert eine 1 (0), wenn der Empfangspuffer des Kommunikationskanals *channelno* (nicht) mit Daten gefüllt wurde. Die Funktionen

**(xi.i) int ompl_int_from_rcvbuffer**
**( int channelno, char *fieldname, int *noelements, int field[] );**

**(xi.f) int ompl_float_from_rcvbuffer**
**(int channelno, char *fieldname, int *noelements, float field[] );**

**(xi.d) int ompl_double_from_rcvbuffer**
**(int channelno, char *fieldname, int *noelements,double field[] );**

**(xi.c) int ompl_char_from_rcvbuffer**
**(int channelno, char *fieldname, int *noelements, char field[] );**

lesen ein Datenfeld aus dem Empfangspuffer des Kommunikationskanals *channelno*. Die Variable *fieldname* benennt das zu lesende Datenfeld. Die OpTiX-II-Message-Passing-Bibliothek überträgt dann aus dem Empfangspuffer maximal *noelements* Feldelemente in das übergebene Datenfeld *field* und vermerkt die Anzahl der übertragenen Feldelemente in der Variablen *noelements*. Die Funktion liefert eine 1 (0), wenn das Feld im Empfangspuffer (nicht) lokalisiert werden konnte.

Die OpTiX-II-Message-Passing-Bibliothek enthält nur wenige Funktionen, die aber ausreichen, um die Kommunikation in parallelen Programmen, die nach dem CSP-Konzept arbeiten, sicherzustellen. Von anderen Kommunikationsbibliotheken hebt sie sich dadurch ab, daß die Datenfelder innerhalb eines Nachrichtenpaketes durch einen Namen, einen Typ und eine Feldgröße identifiziert werden. Die Reihenfolge der Vektoren im Nachrichtenpaket spielt somit keine Rolle mehr, und Versuche, nichtexistierende Feldelemente zu lesen, führen zu einer Fehlermeldung. Hierdurch wird die Erstellung paralleler Programme erleichtert.

Das folgende Kapitel zeigt nun, wie das in OpTiX-II integrierte Konzept zur Erstellung von grobkörnig parallel arbeitenden Programmen zur Parallelisierung der Zielfunktionswertberechnungen verwendet werden kann. Eine weitere Anwendung wird in Kapitel 7 vorgestellt.

### 4.5.3. Parallele Berechnung der Zielfunktion

Dieses Unterkapitel beschreibt, wie das in OpTiX-II integrierte Konzept zur Erstellung von grobkörnig parallel arbeitenden Programmen genutzt werden kann, um die Berechnung einer Zielfunktion zu parallelisieren. Die Vorgehensweise hierzu basiert wie folgt auf dem Master-Worker- Konzept:

i) Für den Master und den Worker ist in der Problembeschreibungssprache je ein Teilsystem zu definieren. Die communicating-Anweisung reserviert Kommunikationskanäle zwischen Master und Worker, über die mittels der OpTiX-II-Message-Passing-Bibliothek Nachrichten ausgetauscht werden können.
ii) Es ist eine Master-Routine zu erstellen, welche die parallele Berechnung steuert und Teilaufgaben mittels der OpTiX-II-Message-Passing-Bibliothek auf die Worker-Prozesse verlagert. Die Master-Routine entspricht der Zielfunktion.
iii) Es sind Hilfsfunktionen (Worker) zu erstellen, die unabhängig voneinander einen Teil der Zielfunktion berechnen. Die Worker nehmen eine ihnen übertragene Aufgabe entgegen und führen die entsprechenden Berechnungen durch. Die Kommunikation mit dem Master erfolgt über die OpTiX-II-Message-Passing-Bibliothek. Im weiteren wird vereinfachend angenommen, daß alle Worker eine identische Struktur besitzen.
iv) In der Problemlösungsphase ist ein Strategieskript zu erstellen, das den Master und mindestens eine Instanz des Workers parallel startet.

Diese vierteilige Vorgehensweise wird nun an einem Beispiel besprochen. In dem gewählten hypothetischen Beispiel sind die Parameter eines komplexen mathematischen Modells zu optimieren. Das Modell liegt als Programmpaket der Programmiersprache C vor und kann parallelisiert werden:

(i) In der Problembeschreibung (vgl. Abb. 35) wird ein Teilsystem *Master* definiert, das die Optimierungsaufgabe enthält. In dem gewählten Beispiel ist die Zielfunktion durch die externe C-Routine *Zielfunktion* gegeben (vgl. Abb. 36). Die ***communicating***-Anweisung reserviert Kommunikationskanäle zu dem Teilsystem ***Worker***. Dieses beschreibt eine Rechenaufgabe, die im Aufruf der C-Routine *Rechenknecht* besteht (vgl. Abb. 37).

```
include "/home/user/Optix/optix2/models/reaktor.c";
realvar x1, x2, Druck, Temperatur;
problem

subsystem "Master" :
    postprocessing ext(CCALL,"exitrechenknecht");
    communicating with "Worker";
     f = min ext(CCALL,"Zielfunktion",local x1, local x2,
                             local Druck,local Temperatur);
    decisionvar x1,x2;
    constraints
        eofdependent Temperatur >= 20.0;
        eofdependent Druck < 12.0;
endsubsystem;

subsystem "Worker" :
    communicating with "Master";
    compute ext(CCALL,"Rechenknecht");
endsubsystem;
endproblem;
```

Abb. 35: OpTiX-II Problembeschreibung mit Master-Worker-Konzept zur parallelen Berechnung einer Zielfunktion

(ii) Die Abb. 36 zeigt den Aufbau der Master-Routine *Zielfunktion*. Diese bestimmt zuerst mittels der *ompl_get_no_channels()* Funktion die Anzahl der zur Verfügung stehenden Worker-Prozesse. Dann teilt sie jedem Worker-Prozeß mit, welche Berechnungen er durchführen soll. Die Vorgehensweise hierbei ist die folgende: Zuerst wird der Sendepuffer des Kommunikationskanals zum Worker mit dem Kommando *ompl_clear_sndbuffer(i)* gelöscht. Dann wird die Variable *todo*, die dem Worker einen Aufgabencode mitteilt, in den Sendepuffer eingetragen. Dem folgen weitere vom Worker benötigte Variablen. Schließlich wird der Sendepuffer mittels *ompl_snd_buffer(i)* zum Worker übertragen. Nachdem er allen Workern eine Aufgabe zugeteilt hat, geht der Master mittels des *ompl_wait()* Kommandos in einen Wartezustand. Dieser wird beendet, wenn einer der Worker seine Ergebnisse liefert. Mittels *ompl_get_rcv_buffer_id()* ermittelt der Master daraufhin die Nummer eines Kommunikationskanals, der neue Daten geliefert hat und liest diese aus. Daran anschließend wird der entsprechende Empfangspuffer gelöscht, so daß er in Zukunft ein weiteres Paket aufnehmen kann. Der Master wartet bis alle Worker ihre Ergebnisse geliefert haben. Dann erfolgt die Berechnung des Zielfunktionswertes und der Variablen, auf die in den Restriktionen Bezug genommen wird.

(iii) Die in Abb. 37 gezeigte Prinzipskizze der Worker-Routine *Rechenknecht* besitzt keine Parameter, so daß die Datenversorgung unter Verwendung der OpTiX-II-

```
double Zielfunktion(v1,v2,druck,temperatur)
double *v1, *v2, *druck, *temperatur;
{ double Zielfunktionswert; int i, Anzahl, todo, verbleibendeErgebnisse, KanalNr;
      ...
      /* Ermittle die Anzahl der Rechenknechte: */
      Anzahl = ompl_get_no_channels();
      /* Ordne jedem Rechenknecht eine Teilaufgabe zu */
      foreach (i=0; i<Anzahl; i++)
      {  /* lösche den Sendepuffer */
         ompl_clear_sndbuffer(i);
         /* trage Daten in den Sendepuffer ein */
         todo = COMPUTE;
         ompl_int_to_sndbuffer (i, "todo", 1, &todo);
         ompl_xxx_to_sndbuffer (i, ... );
              ...
         ompl_xxx_to_sndbuffer (i, ... );
         /* sende Daten an den Slave */
         ompl_snd_buffer(i);
      }

      /* Warte auf die Ergebnisse */
      verbleibendeErgebnisse = Anzahl;
      while (verbleibendeErgebniss > 0)
      {  ompl_wait();
         KanalNr = ompl_get_rcv_buffer_id();
         /* lese die Daten eines Rechenknechtes */
         ompl_xxx_from_rcvbuffer(KanalNr, ...);
         ompl_xxx_from_rcvbuffer(KanalNr, ...);
              ...
         ompl_xxx_from_rcvbuffer(KanalNr, ...);
         ompl_clear_rcvbuffer(KanalNr);
         verbleibendeErgebnisse--;
         /* verarbeite die Ergebnisse */
              ...
      }

      /* berechne das Ergebnis */
      *druck = ... ;
      *temperatur = ... ;
      Zielfunktionswert = ... ;

      return(Zielfunktionswert);
}
```

Abb. 36: Schematischer Aufbau der Zielfunktion (Master)

Message-Passing-Bibliothek erfolgen muß. Der Worker durchläuft eine Schleife: Er wartet auf ein Datenpaket vom Master (*ompl_wait(0)*). Dann liest er die Variable todo aus dem Empfangspuffer. Enthält diese den Wert der Konstanten EXIT, so wird die Funktion Rechenknecht beendet. Ist dies nicht der Fall, so werden die

```
double Rechenknecht(void)
{ int todo, Anzahl;
      /* Warte auf eine Rechenaufgabe */
      while (TRUE)
      {  ompl_wait(0);
         /* lese die Daten, welche die Zielfunktion gesendet hat */
         Anzahl = 1;
         ompl_int_from_rcvbuffer(0, "todo", &Anzahl, &todo);
         if (todo == EXIT) return(0.0);
         ompl_xxx_from_rcvbuffer(0, ...);
                  ...
         ompl_xxx_from_rcvbuffer(0, ...);
         ompl_clear_rcvbuffer(0);

         /* Durchführen der Berechnungen */
                  ...

         /* Übertrage die Rechenergebnisse zur Funktion Zielfunktion */
         ompl_clear_sndbuffer(0);
         /* trage Daten in den Sendepuffer ein */
         ompl_xxx_to_sndbuffer (0, ... );
         ompl_xxx_to_sndbuffer (0, ... );
                  ...
         ompl_xxx_to_sndbuffer (0, ... );
         ompl_snd_buffer(0);
      }
}
```

Abb. 37: Schematischer Aufbau der Worker Komponente

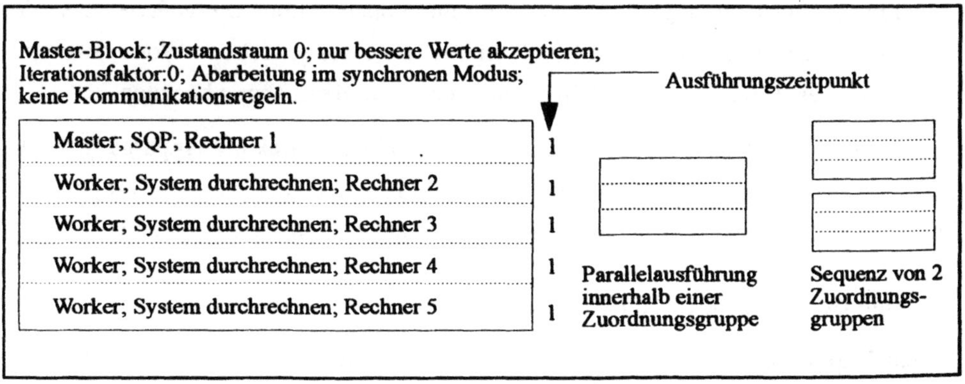


Abb. 38: Strategieskript zur Lösung eines Optimierungsproblems bei paralleler Berechnung der Zielfunktion

vom Master gelieferten Daten aus dem Empfangspuffer gelesen. Dieser wird dann gelöscht, so daß er ein neues Nachrichtenpaket aufnehmen kann (*ompl_clear_rcv-buffer(0)*). Mit den vom Master gelieferten Daten berechnet der Worker einen Teil

```
double exitrechenknecht(void)
{ int i, todo, Anzahl;
        ...
        /* Ermittle die Anzahl der Rechenknechte: */
        Anzahl = ompl_get_no_channels();
        /* beende jeden Rechenknecht */
        foreach (i=0; i<Anzahl; i++)
        {   /* lösche den Sendepuffer */
            ompl_clear_sndbuffer(i);
            /* trage Daten in den Sendepuffer ein */
            todo = EXIT;
            ompl_int_to_sndbuffer (i, "todo", 1, &todo );
            ompl_snd_buffer(i);
        }
        return(0.0);
}
```

Abb. 39: Schematischer Aufbau der Terminierungsfunktion zur Beendigung der Hilfsfunktionen

der Zielfunktion. Die ermittelten Werte werden in den Sendepuffer eingetragen und mittels ompl_snd_buffer(0) an den Master übertragen. Danach wartet der Worker auf das nächste Datenpaket.

(iv) Das in Abb. 38 wiedergegebene Strategieskript startet eine Instanz des Master und vier Instanzen des Worker-Teilsystems. Im Laufe einer jeden Zielfunktionswertberechnung wird die Rechenlast auf die vier Worker verteilt. Nach Beendigung der Optimierungsrechnung wird die Terminierungsfunktion *exitrechenknecht* des Master-Teilsystems ausgeführt (vgl. Abb. 39). Dieses sendet den Worker-Komponenten den Terminierungsbefehl, so daß diese ihre Berechnung beenden.

Die beschriebene Master-Worker-Konzeption erlaubt eine flexible Anpassung an die zur Verfügung stehenden Rechnerressourcen, da die Anzahl der Worker-Komponenten im Strategieskript in der Problemlösungsphase leicht angepaßt werden kann.

## 4.6. Zum Geltungsbereich von Variablenwerten

Dieses Kapitel beschäftigt sich mit Fragestellungen zum Geltungsbereich von Variablenwerten, die sich aus der Verwendung einer verteilten DV-Umgebung ergeben.
Die Werte aller Variablen werden von OpTiX-II in Zustandsräumen verwaltet. Jeder Zustandsraum enthält eine Inkarnation aller Variablen, bei 10 Zustandsräumen existieren somit für jede Variable 10 Werte. Die Verwaltung der Zustandsräume wird von der Ausführungsumgebung übernommen. Jeder Block und somit alle zugeordneten Subsy-

stem(optimierungs)aufgaben arbeiten auf genau einem Zustandsraum, der als Blockparameter eingestellt wird. Die Lösung einer Subsystemaufgabe (Rechenaufgabe oder Optimierungsaufgabe) erfolgt isoliert auf einem Rechnerknoten in einer verteilten DV-Umgebung. Es stellt sich nun die Frage, wann die Änderungen einzelner Entscheidungsvariablen für alle parallel arbeitenden Optimierungsserver sichtbar werden sollen? In OpTiX-II wurde das folgende Konzept gewählt:

Die Ausführungsumgebung kopiert zu Beginn der Optimierungsrechnung alle benötigten Variablenwerte auf den zur Lösung der Subsystemaufgabe gewählten Rechnerknoten. Im Zuge des Lösungsprozesses werden die Werte einiger Variablen durch die Optimierungsverfahren und durch den Aufruf externer Funktionen verändert. Diese Änderungen erfolgen jedoch lokal, auf dem Rechnerknoten, und werden erst nach Beendigung des Lösungsprozesses in der Ausführungsumgebung wirksam. Hierzu überträgt der Optimierungsserver die erzielten Ergebnisse an die Steuerungskomponente der Ausführungsumgebung. Wurde die Blockeigenschaft "nur bessere Werte akzeptieren" gewählt, so prüft die Steuerungskomponente, ob im betroffenen Zustandsraum keine bessere Lösung für das behandelte Subsystem vorhanden ist. Sollte dies nicht der Fall sein, oder wurde die Blockeigenschaft "bessere Werte ignorieren" gewählt, so werden die im Subsystem ermittelten Variablenwerte in den zugehörigen Zustandsraum übernommen und in Abhängigkeit von den definierten Kommunikationsregeln in weitere Zustandsräume übertragen.

Für Variablen, die als Parameter in externen Funktionsaufrufen auftreten, werden spezielle Regeln bzgl. des Geltungsbereiches ihrer Werte vereinbart, so daß der Kommunikationsaufwand reduziert werden kann. Diese werden im folgenden besprochen:

Externe Funktionen wurden bereits im Unterkapitel 4.2.2.2(i) eingeführt. Der Teilausdruck

```
ext(CCALL,"func1",  global import and export var1,
                    global import and const var2)
```

liefert den Wert *func1(var1,var2)*. Das syntaktische Konstrukt *ext* kennzeichnet hier den Aufruf einer externen Funktion. Das Schlüsselwort *CCALL* gibt an, daß die externe Funktion in der Programmiersprache C erstellt wurde. Im weiteren folgt auf den in Anführungsstriche gesetzten Funktionsnamen die Parameterliste. Den Variablen der Parameterliste wird ihr Übergabemodus vorangestellt. Dieser spezifiziert die Lebensdauer der Wertebelegungen von Variablen, die an externe Funktionen übergeben werden. Durch die im folgenden wiedergegebenen Schlüsselwörter wird sichergestellt, daß nur wirklich benötigte Werte zwischen der Steuerungskomponente und dem

Optimierungsserver übertragen werden. Somit wird der Kommunikationsaufwand reduziert:

global export — Die Variable stellt eine reine Ausgabevariable dar; ihr Wert soll nach Lösung der Subsystemaufgabe an die Steuerungskomponente der Ausführungsumgebung übertragen werden.

global import and export — Diese Variable stellt eine Ein- und Ausgabevariable dar; ihr Wert wird zu Beginn des Lösungsprozesses aus dem globalen Namens-/Werteraum bestimmt. Nach Lösung der Subsystemaufgabe wird der Wert an die Steuerungskomponente der Ausführungsumgebung übertragen.

global import and local — Diese Variable stellt eine reine Eingabevariable dar; ihr Wert wird zu Beginn des Lösungsprozesses aus dem globalen Namens-/Werteraum bestimmt. Nach Lösung der Subsystemaufgabe wird der Wert verworfen.

global import and const — Diese Variable stellt eine reine Eingabevariable dar; ihr Wert wird zu Beginn der Subsystemoptimierung aus dem globalen Namens-/Werteraum bestimmt und nicht verändert.

local — Diese Variable besitzt eine lokale Bedeutung während der Lösung der Subsystemaufgabe. Ihr Startwert ist undefiniert und ihr letzter Wert geht mit Beendigung der Subsystemoptimierung verloren. Dieser Übergabemechanismus wird innerhalb der Zielfunktion gewählt, wenn die entsprechende Variable zur Formulierung von Restriktionen benötigt wird, ihr Wert aber für die Steuerung der Optimierungsrechnung unerheblich ist.

Die Parameterübergabe an die externe Funktion erfolgt grundsätzlich als "call by reference", d.h. es wird ein Zeiger auf die Variablen übergeben. Dieser Mechanismus erlaubt auch die Übergabe von Teilfeldern in der Form "<Vektorname>(<Startadresse>, <Anzahl Elemente>) ". Die Verwendung von Teilfeldern in der Parameterliste erlaubt, daß mehrere Subsysteme parallel auf unterschiedlichen Teilbereichen eines Vektors arbeiten können.

# 5. Implementierung des integrierten Softwaresystems

Der konzeptionelle Entwurf des integrierten Softwaresystems zur Lösung nichtlinearer Optimierungsprobleme in Kapitel 4 führte zu einem System, dessen Komponenten die Phasen Problemformulierung, Problemübersetzung und Problemlösung unterstützen (vgl. Abb. 14 auf S. 61). Im folgenden soll die rechentechnische Umsetzung des konzeptuellen Entwurfs besprochen werden. Hierzu beschreibt das Unterkapitel 5.1 zunächst die Grobstruktur des implementierten Systems. Daran anschließend werden die Werkzeuge zur Unterstützung der drei Phasen in den Unterkapiteln 5.2 und 5.3 vorgestellt.

## 5.1. Grobstruktur des integrierten Softwaresystems

Die OpTiX-II-Softwareumgebung besteht i.w. aus drei Komponenten (vgl. Abb. 40): Die *Editier- und Übersetzungsumgebung* (i) dient der Eingabe der Problembeschreibung in der Phase der Problemformulierung. Sie aktiviert auch den *OpTiX-II-Compiler* (ii) und steuert die Problemübersetzungsphase. Die Phase der Problemlösung wird schließlich durch die OpTiX-II-*Ausführungsumgebung* (iii) unterstützt. Die einzelnen Abläufe bei der Aufstellung und Lösung nichtlinearer Optimierungsprobleme mittels OpTiX-II sollen nun näher besprochen werden (vgl. Abb. 40). In der Phase der Problemformulierung nutzt der Anwender die *OpTiX-II-Editier- und Übersetzungsumgebung* zur Eingabe der Problembeschreibung. In einem weiteren Texteditor kann er zusätzliche Dateien mit Unterprogrammen der Programmiersprachen C oder FORTRAN erstellen. Eine Menüoption der Editier- und Übersetzungsumgebung bewirkt dann die Problemübersetzung. Sie startet zunächst den OpTiX-II-Compiler, der die Problembeschreibung in Unterprogramme der Programmiersprache C übersetzt und ebenfalls analytische Ableitungen erster und zweiter Ordnung für Zielfunktionen und Restriktionen generiert. Diese Unterprogramme werden in der Problemlösungsphase aus der Algorithmenbibliothek zur Berechnung von Zielfunktionen, Restriktionen und deren Ableitungen aufgerufen. Hierzu müssen sie zunächst durch einen C-Compiler in das Objektformat des jeweiligen Rechners übersetzt und anschließend mit den OpTiX-II-Laufzeitbibliotheken zu einem Optimierungsserver zusammengebunden werden (vgl. Abb. 40). Die vom Benutzer definierten zusätzlichen Dateien mit Unterprogrammen der Programmiersprachen C oder FORTRAN sind ebenfalls mit den entsprechenden Compilern in das Objektformat des jeweiligen Rechners zu übersetzen und in die Optimierungsserver einzubinden. Da OpTiX-II heterogene Rechnernetze unterstützt, ist für jede Rechner- bzw. Software-Plattform ein eigener Optimierungsserver zu erzeugen. Aus diesem Grunde überträgt die Editier- und Übersetzungsumgebung das Compilat der Problembeschreibung und die zusätzlichen C- und FORTRAN-Dateien auf alle Plattformen und führt für jede Plattform die entsprechenden Compiler- und Binder-Läufe durch, so daß am Ende der Problemübersetzungsphase für jede Plattform ein spezifischer Optimierungsserver zur Verfügung steht. Die Laufzeitbibliotheken können je nach Plattform unterschiedliche Implementierungen einzelner Algorithmen enthalten, so daß auch spezifische Rechnereigenschaften, wie etwa die Vektoreinheiten von Supercomputern, genutzt werden können. Eine detailliertere Beschreibung der Phasen der Problemformulierung und Problemübersetzung erfolgt im Unterkapitel 5.2. Die Phase der Problemlösung wird durch die *OpTiX-II-Ausführungsumgebung* unterstützt. Sie wird durch die Wahl einer Menüoption in der Editier- und Übersetzungsumgebung gestartet. Der Benutzer nutzt die Ausführungsumgebung zur Formulierung des Strategieskriptes (vgl. Kapitel 4.4 auf S. 79) und zur Steuerung der Optimierungsrech-

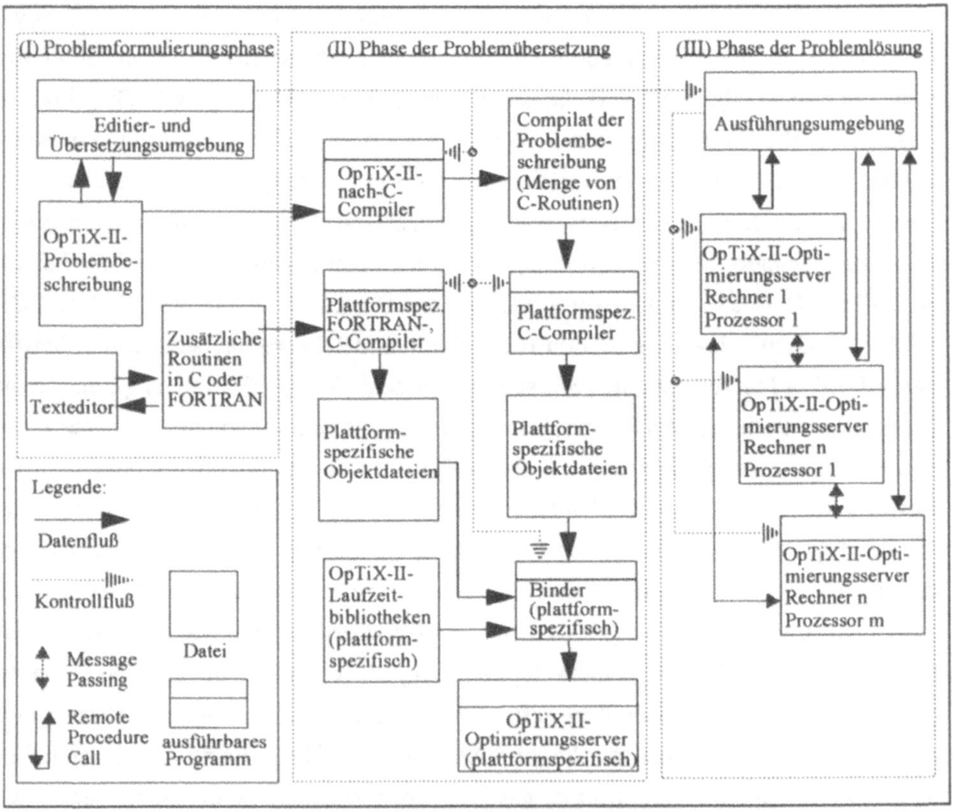


Abb. 40: Daten- und Kontrollfluß in der OpTiX-II-Softwareumgebung

nung. Zu Beginn der Optimierungsrechnung prüft die Ausführungsumgebung zunächst, ob alle im Strategieskript erwähnten Rechnerressourcen zur Verfügung stehen. Ist dies der Fall, so installiert sie auf jedem dieser Rechner einen OpTiX-II-Optimierungsserver. Diese Optimierungsserver können dann im Zuge der Abarbeitung des Strategieskriptes angesprochen werden, um die in einer Zuordnung festgelegte Rechen- oder Optimierungsaufgabe zu lösen. Die ermittelten Lösungen werden vom Optimierungsserver an die Ausführungsumgebung gemeldet, die sie i.A. von den im Strategieskript gewählten Einstellungen übernimmt oder verwirft. Die OpTiX-II-Message-Passing- Bibliothek kann zur Kommunikation zwischen den Optimierungsservern genutzt werden. Die Ausführungsumgebung informiert den Anwender fortlaufend über den Gang der Optimierungsrechnung und über die ermittelten Zwischenlösungen, so daß er aktiv in den Gang der Optimierungsrechnung eingreifen, die Optimierung stoppen und mit einem neuen Strategieskript fortsetzen kann.

## 5.2. Die Phasen der Problemformulierung und der Problemübersetzung

Die Phasen der Problemformulierung und Problemübersetzung werden durch die OpTiX-II- Editier- und Übersetzungsumgebung unterstützt. Diese Komponente spielt eine zentrale Rolle, da der Benutzer in ihr

- die Problembeschreibung erstellt,
- die Erstellung der Optimierungsserver steuert und
- die Ausführungsumgebung startet.

Die Implementierung der Editier- und Übersetzungsumgebung erfolgte in der Programmiersprache C, auf Workstations der Fa. Sun Microsystems, unter den Betriebssystemen Solaris 1.1 [80] und Solaris 2.3 [81]. Die graphische Benutzerschnittstelle wurde hierbei mit dem Programm GUIDE [143] entworfen. Sie basiert auf der Graphikoberfläche Open Look [149] und dem XVIEW-Toolkit [76]. Zur Implementierung des Compilers kamen die Werkzeuge lex und yacc [2] zum Einsatz.

Die Editierumgebung besitzt eine kontext-sensitive Hilfefunktion, die durch das Drükken der Help-Taste aktiviert wird. In Abhängigkeit von der Position des Mauszeigers kommen dann verschiedene Hilfstexte zur Anzeige (vgl. Abb. 43).

Die Beschreibung der Editier- und Übersetzungsumgebung in den folgenden zwei Unterkapiteln erfolgt in Anlehnung an das im vorherigen Kapitel vorgestellte Phasenmodell.

### 5.2.1. Phase der Problemformulierung

Die Formulierung des nichtlinearen Optimierungsproblems erfolgt mit der in Kapitel 4.2.2 beschriebenen OpTiX-II-Problembeschreibungssprache. Zur Eingabe dient ein Texteditor, der den mittleren Teil des Bildschirmfensters der Editier- und Übersetzungsumgebung einnimmt (vgl. Abb. 41). Dieser Texteditor entspricht dem Standard-Editor der Open Look-Graphikoberfläche von Sun Microsystems. Auf eine ausführliche Beschreibung seiner Funktionalität wird deswegen an dieser Stelle verzichtet. Sie findet sich in der mit jeder Workstation ausgelieferten Dokumentation [145]. Alle Menüfunktionen des Editors können durch die Betätigung der rechten Maustaste (Position über dem Texteditor) erreicht werden.

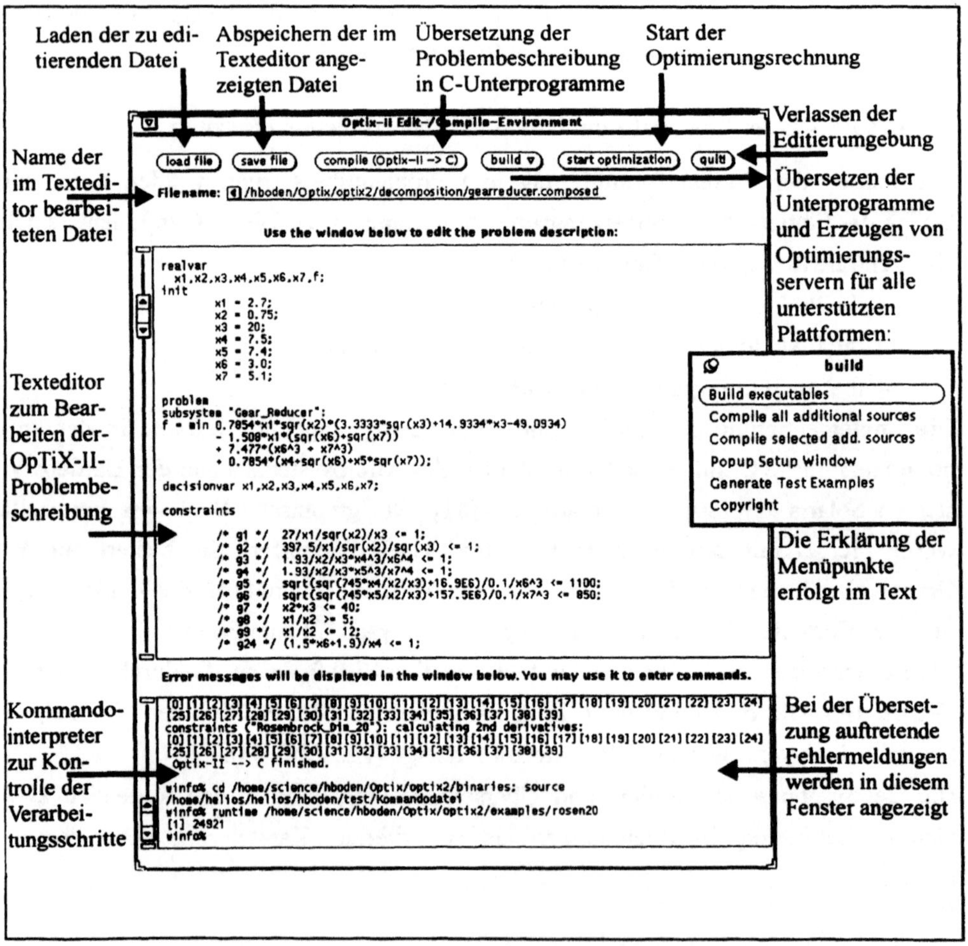


Abb. 41: Das Basisfenster der OpTiX-II-Editier- und Übersetzungsumgebung

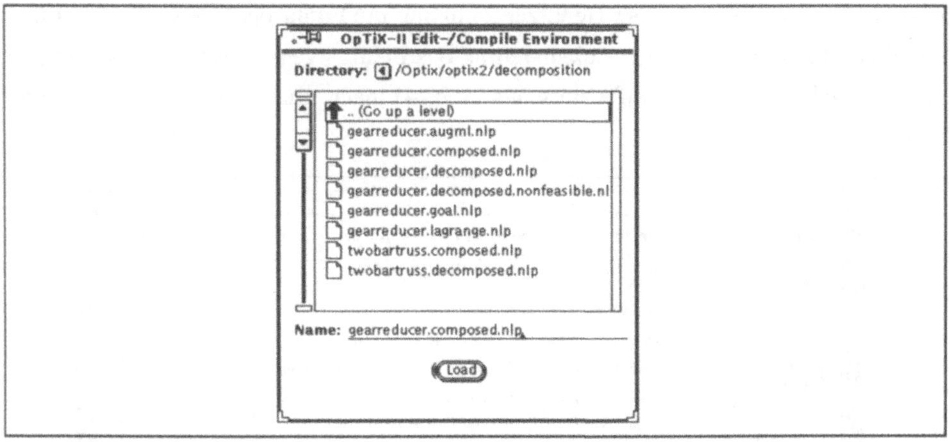


Abb. 42: Dateiauswahlfenster

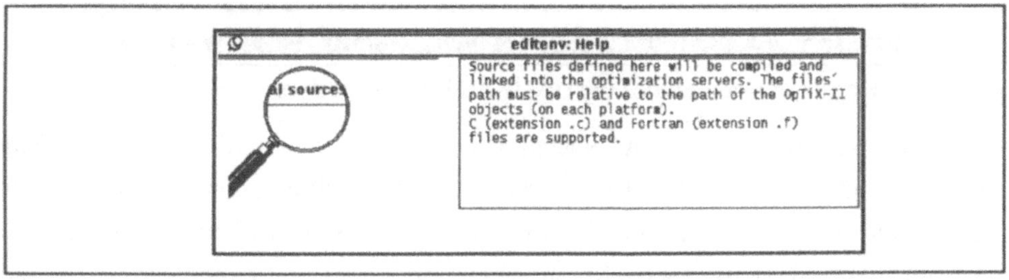


Abb. 43: Beispiel eines Hilfstextes, der nach Drücken der Help-Taste erscheint

Das Abspeichern und Laden einer Problembeschreibung wird durch die Menüoptionen (load file) und (save file) der Editierumgebung gesteuert. Nach der Auswahl dieser Menüs erscheint ein Dateiauswahlfenster (vgl. Abb. 42), aus dem ein Dateiname auszuwählen ist. OpTiX-II-Problembeschreibungen können an dem Suffix ".nlp" erkannt werden. Zu jeder Problembeschreibung speichert OpTiX-II eine weitere Datei mit der Endung ".lnk" ab. Diese enthält die vom Anwender gewählten Voreinstellungen (vgl. Abb. 46). Beide Dateien müssen sich im selben Verzeichnis befinden.

## 5.2.2. Phase der Problemübersetzung

Der OpTiX-II-nach-C-Compiler wird durch das Betätigen des (compile (Optix-II -> C)) -Knopfes gestartet (vgl. Abb. 41). Er überprüft die Syntax der Problembeschreibung und generiert ein Compilat der Problembeschreibung in der Programmiersprache C. Die Aktionen des Compilers werden im Fensterbereich des Kommandointerpreters protokolliert.

Ein Syntaxfehler führt zur Ausgabe einer Fehlermeldung der Form "ERROR: syntax error, in line number 47". Der Benutzer kann nun die Funktion "View=>Select Line at Number" des Texteditors zur Lokalisierung des Fehlers verwenden. Abb. 44 zeigt den unteren Teil des Bildschirmfensters aus Abb. 41 nach einem erfolgreichen Übersetzungslauf.

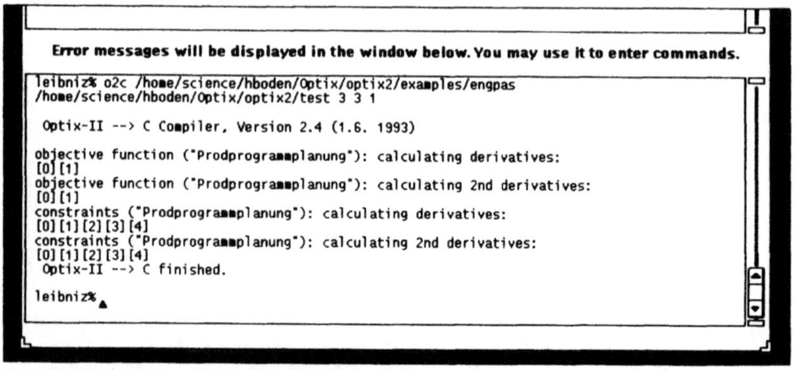


Abb. 44: Kontrollausgaben des OpTiX-II-nach-C-Compilers

Im zweiten Schritt der Problemübersetzung müssen die vom OpTiX-II-Compiler generierten Routinen, sowie alle zusätzlichen Routinen der Programmiersprachen C und FORTRAN, in das Objektformat der einzusetzenden Rechner übersetzt und anschließend mit den OpTiX-II- Laufzeitbibliotheken zu einem Optimierungsserver zusammengebunden werden. Hierzu dient die Menüoption *Build executables* des (build ▿)-Menüs (vgl. Abb. 41). Nach Auswahl dieser Menüoption erscheint das in Abb. 45 wiedergegebene Bildschirmfenster. Der Anwender wählt nun nacheinander alle Plattfor-

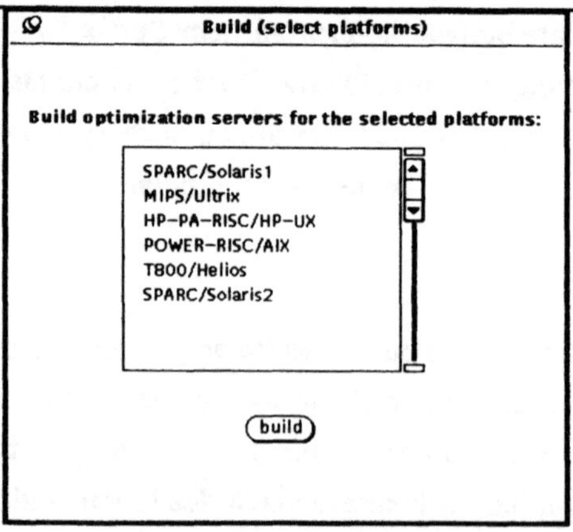


Abb. 45: Auswahl von Plattformen zur Erzeugung von Optimierungsservern

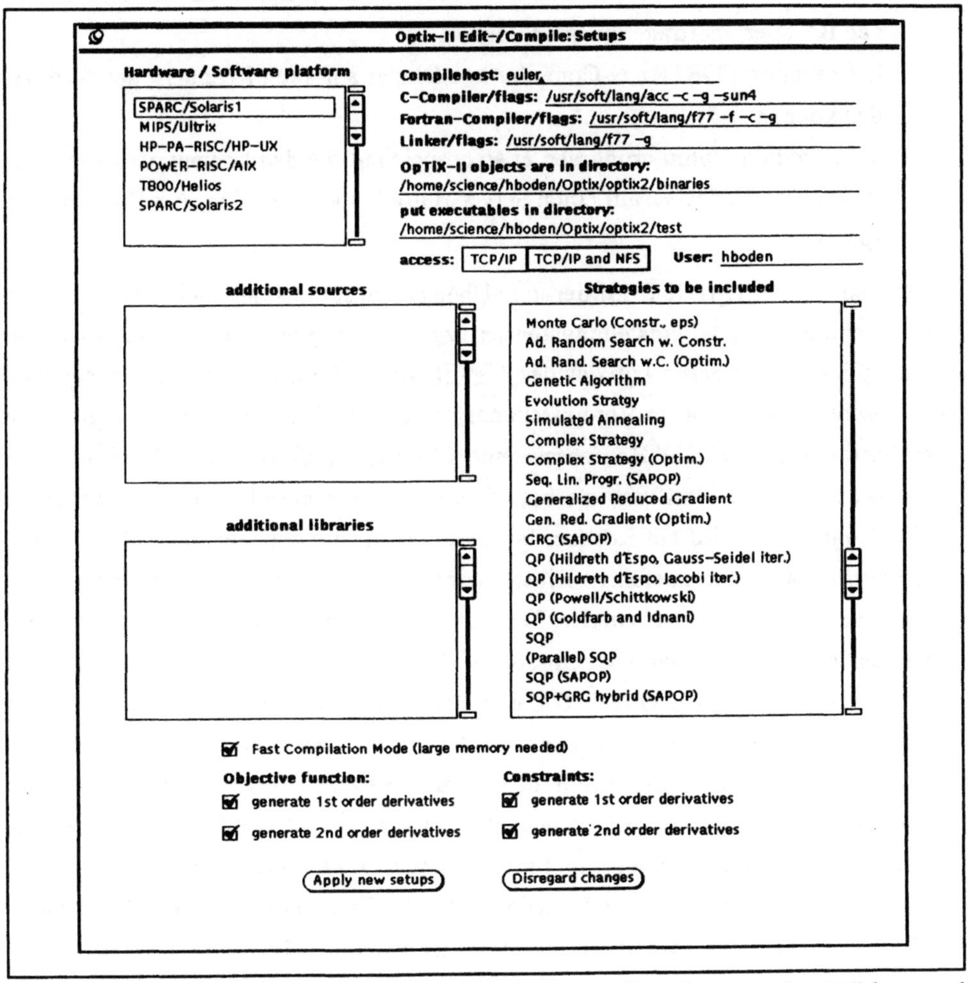


Abb. 46: Bildschirmfenster zur Festlegung von Voreinstellungen der Editier- und Übersetzungsumgebung

men aus, für die er Optimierungsserver generieren möchte und bestätigt diese Wahl jeweils durch das Drücken des (build) -Knopfes. Die Generierung der Optimierungsserver wird im Kommandofenster protokolliert. Nach erfolgter Problemübersetzung startet der Anwender die OpTiX-II-Ausführungsumgebung durch Betätigung des (start optimization) -Knopfes.

Der zweite Schritt der Problemübersetzung kann nur erfolgreich ausgeführt werden, wenn

- für jede Plattform ein Rechner bestimmt wurde, der die Übersetzungsarbeiten ausführt,

- die erzeugten Unterprogramme und zusätzlichen Routinen auf die entsprechenden Rechner übertragen werden können,
- C-Compiler, FORTRAN-Compiler und Binder auf allen Rechnern gestartet werden können,
- die erstellten Optimierungsserver so gespeichert werden können, daß alle Workstations im Netzwerk auf einen Server zugreifen können, der ihrer Plattform entspricht.

Hierzu sind in der OpTiX-II-Editier- und Übersetzungsumgebung einige Voreinstellungen zu tätigen. Das Voreinstellungsfenster (vgl. Abb. 46) erscheint nach Auswahl der Menüoption *Popup Setup Window* des (build ▽)-Menüs (vgl. Abb. 41). Die Liste *Hardware/Software platform* im Voreinstellungsfenster enthält die Namen der registrierten Rechnerarchitekturen und Betriebssysteme. Für jede Plattform sind in den Feldern, die sich rechts von der Plattformliste befinden, einige Voreinstellungen einzugeben. Im Feld *Compilehost* wird ein Rechner benannt, der für die entsprechende Plattform die Übersetzungsarbeiten ausführt. Dieser wird im weiteren als *Übersetzungsserver* bezeichnet. Die Felder *C-Compiler*, *Fortran-Compiler* und *Linker* beinhalten die plattformspezifischen Kommandos zum Aufruf der Compiler / Binder. Das nächste Feld enthält den Pfad zu den OpTiX-II-Laufzeitbibliotheken. Des weiteren muß für jede Plattform ein Verzeichnis angegeben werden, in welchem die generierten Optimierungsserver abzulegen sind. Wird in dem lokalen Netzwerk des Anwenders ein verteiltes Dateisystem, wie etwa das Network File System (NFS) [150], eingesetzt, so kann dieses Verzeichnis über eine symbolische Referenz mit dem entsprechenden Verzeichnis der ersten Plattform verbunden sein. In diesem Fall sollte unter *access* die Option *TCP/IP and NFS* ausgewählt werden. In allen anderen Fällen ist die Option *TCP/IP* einzustellen. Sie bewirkt, daß alle zu übersetzenden Dateien in der Problemübersetzungsphase mit dem UNIX-Kommando *rcp* auf die entsprechende Plattform kopiert werden. Das Feld *User* enthält den Namen, unter dem der OpTiX-II-Anwender auf dem Übersetzungsserver bekannt ist. Seine Rechte auf diesem Rechner müssen so gesetzt werden, daß er als Benutzer der Editier- und Übersetzungsumgebung in der Lage ist, die Kommandos *rcp*, *rlogin* und *rsh* [32] auszuführen. Üblicherweise trägt man hierzu in die ".rhosts"-Datei [148] des Anwenders auf dem Übersetzungsserver eine Zeile der folgenden Form ein:

| | |
|---|---|
| Name des Rechners auf dem die Editier- und Übersetzungsumgebung gestartet wird. | Name des Benutzers der die Editier- und Übersetzungsumgebung gestartet hat. |

Die bisher erwähnten Voreinstellungen sind i.d.R nach der Installation von OpTiX-II einmal zu treffen und bleiben dann lange Zeit unverändert. Sie können deshalb in der Konfigurationsdatei *editenv.cfg* gespeichert werden. Diese wird beim Start der Editier- und Übersetzungsumgebung automatisch eingelesen.
Die Liste der *additional sources* (vgl. Abb. 46) ist dahingegen abhängig von einer konkreten Problemstellung. Sie enthält die Namen von Dateien mit einzubindenden FORTRAN-Unterprogrammen. Der angegebene Dateipfad bezieht sich auf ein Verzeichnis des ersten Übersetzungsservers. In der Übersetzungsphase kopiert OpTiX-II diese Dateien auf die anderen Plattformen und integriert die entstehenden Objektdateien in die Optimierungsserver. Mit den Menüoptionen *Compile all additional sources* bzw. *Compile selected additional sources* des (build ▿)-Menüs kann die Übersetzung der zusätzlichen Quelldateien auf der ersten Plattform auch manuell gestartet werden.
Die Liste der *additional libraries* ist ebenfalls problemspezifisch, sie enthält zusätzliche Objektdateien, die mit in die Optimierungsserver eingebunden werden sollen. Diese Dateien müssen vom Anwender manuell in das *OpTiX-II-objects*-Verzeichnis (vgl. Abb. 46) der jeweiligen Plattform kopiert werden.
Die Aktivierung der Voreinstellung *Fast Compilation Mode* (vgl. Abb. 46) beschleunigt den OpTiX-II-nach-C-Compiler, da sie die interne Datenrepräsentation des Compilers beeinflußt. Bei größeren Optimierungsproblemen kann dies jedoch zu Hauptspeicherengpässen führen. Die Optionen unterhalb von *Objective function* und *Constraints* steuern das Erzeugen analytischer Ableitungen erster und zweiter Ordnung. Ein Häkchen zeigt an, daß die zugehörigen Ableitungen generiert werden sollen. Diese Optionen sind zu deaktivieren, wenn der Benutzer eigene (approximierende) Ableitungen extern hinzubindet.

## 5.3. Phase der Problemlösung

Die Phase der Problemlösung wird durch die OpTiX-II-Ausführungsumgebung unterstützt. Diese besteht nicht aus einem monolitischen Programm, sondern aus mehreren Programmen, die auf einem Rechnernetz verteilt werden. Der Anwender sieht lediglich die Leitstandkomponente der Ausführungsumgebung. Er nutzt sie zur Formulierung von Strategieskripten und zur Steuerung der Optimierungsrechnung. Sie wird im Unterkapitel 5.3.2 beschrieben. Das nun folgende Unterkapitel beschreibt die Implementierung der Ausführungsumgebung.

### 5.3.1. Implementierung der Ausführungsumgebung

Die OpTiX-II-Ausführungsumgebung besteht aus drei Programmschichten, die miteinander kommunizieren (vgl. Abb. 47). Die oberste Schicht besteht aus der **Leitstandkomponente**. Sie stellt die Präsentationsschicht der Ausführungsumgebung dar und realisiert die Schnittstelle zum Benutzer. Die zweite Schicht kontrolliert die Optimierungsrechnung und realisiert die eigentliche Programmlogik der Ausführungsumgebung. Sie wird deswegen als **Kontrollkomponente** bezeichnet. Die Kommunikation mit der Leitstandkomponente erfolgt über Nachrichtenpakete [146] und ein gemeinsames Speichersegment ([146],[162]). Die Trennung der Präsentationsschicht von der eigentlichen Programmlogik erlaubt es in Zukunft, die Leitstandkomponente durch ein Programm mit einer leistungsfähigeren graphischen Schnittstelle zu ersetzen und ermöglicht die Einbindung der OpTiX-II-Softwareumgebung in andere Programmsysteme. Die dritte Schicht besteht aus den **Optimierungsservern**. Sie werden von der Kontrollkomponente auf dem Rechnernetz verteilt und dann zur Lösung einzelner Optimierungsaufgaben angesprochen. Im folgenden wird die Implementierung der drei Schichten besprochen:

*(i) Leitstandkomponente:*

Die Implementierung der Leitstandkomponente erfolgte in der Programmiersprache C auf Workstations der Fa. Sun Microsystems unter den Betriebssystemen Solaris 1.1 und 2.3. Die graphische Oberfläche wurde mit dem Programm GUIDE entworfen. Dieses Werkzeug erlaubt es, die einmal entworfene Oberfläche unter verschiedenen Graphikumgebungen zu realisieren. Da die Implementierung der Graphikoberfläche unter Verwendung des XVIEW-Toolkits und der Graphikoberfläche Open Look erfolgen sollte, wurde die mit GUIDE entworfene Oberfläche in C-Routinen umgesetzt, die das XVIEW-Toolkit nutzen. Dieses realisiert eine objektbasierte und ereignisgesteuerte Vorgehensweise: Für die einzelnen Objekte der Graphikoberfläche werden hierbei C-Funktionen definiert, die aufzurufen sind, wenn bei den Objekten der Graphikoberfläche spezielle Ereignisse eintreffen. Solche Ereignisse werden vom Benutzer hervorgerufen und können z.B. in der Auswahl von Menüpunkten eines Menüobjektes oder im Anklicken eines Listenelements in einem Listenobjekt bestehen. Die Leitstandkomponente besitzt somit keinen sequentiellen Kontrollfluß, wie dies bei klassischen Programmen einer imperativen Programmiersprache der Fall ist. Stattdessen besteht sie aus einer Menge von Funktionen, die in Abhängigkeit von Benutzerinteraktionen aufgerufen werden. Neben Benutzerinteraktionen muß die Leitstandkomponente auch Nachrichten verarbeiten, die von der Kontrollkomponente gesendet werden.

Da das XVIEW-Toolkit keine Möglichkeit bietet, daß Eintreffen einer Nachricht über eine Message-Queue als Ereignis zu definieren, mußte der Umweg über eine Pipe [162] gewählt werden. Hierzu startet die Leitstandkomponente einen zweiten Prozeß (Nachrichtenempfangskomponente), der die über eine Message-Queue eintreffenden Nachrichten entgegennimmt und über eine Pipe an die Leitstandkomponente weiterleitet (vgl. Abb. 47). Erfolgt die Optimierungsrechnung auf einem Transputersystem, so überträgt die Leitstandkomponente das Strategieskript auf das Transputersystem, startet die Optimierungsrechnung und lädt nach erfolgter Berechnung die erzielte Lösung vom Transputersystem. Die detaillierte Vorgehensweise hierbei wurde bereits in Boden [18] beschrieben.

*(ii) Kontrollkomponente:*
Die Implementierung der Kontrollkomponente erfolgte in der Programmiersprache C auf Workstations der Fa. Sun Microsystems unter den Betriebssystemen Solaris 1.1 und 2.3. Sie steuert die Optimierungsrechnung und wird durch Nachrichten (Kommandos) der Leitstandkomponente kontrolliert. Solche Kommandos können z.B. sein:

- Starte die Optimierungsrechnung mit dem in der Datei „xxx.skr“ abgelegten Strategieskript!
- Setze die Optimierungsrechnung von der aktuell erreichten Lösung mit dem in der Datei „xxx.skr“ abgelegten Strategieskript fort!
- Stoppe die Optimierungsrechnung!
- Installiere Optimierungsserver auf allen Rechnern, auf die in dem in der Datei „xxx.skr“ abgelegten Strategieskript Bezug genommen wird.
- Deinstalliere alle Optimierungsserver.

Die Abarbeitung eines Strategieskriptes erfolgt in zwei Schritten. Im ersten Schritt überprüft die Kontrollkomponente, ob auf allen im Skript erwähnten Rechnern Optimierungsserver installiert wurden. Ist dies nicht der Fall, so installiert sie die fehlenden Server. Dann wird im zweiten Schritt das Strategieskript, beginnend mit dem Master-Block, abgearbeitet. Alle Zuordnungen einer Zuordnungsgruppe werden parallel ausgeführt. Hierzu ruft die Kontrollkomponente mittels Remote Procedure Call (RPC) [147] eine Funktion in den Optimierungsservern auf. Als Parameter werden in diesem Funktionsaufruf die Bezeichnungen des zu optimierenden Teilsystems und des ausgewählten Algorithmus, die Parametrisierung des Algorithmus und die Werte aller im Teilsystem erwähnten Variablen übergeben. Die Funktion liefert die beste gefundene Lösung und die Werte aller Variablen, die im Laufe der Optimierungsrechnung verändert wurden. Da ein RPC den aufrufenden Prozeß blockiert, bis die aufgerufene Funk-

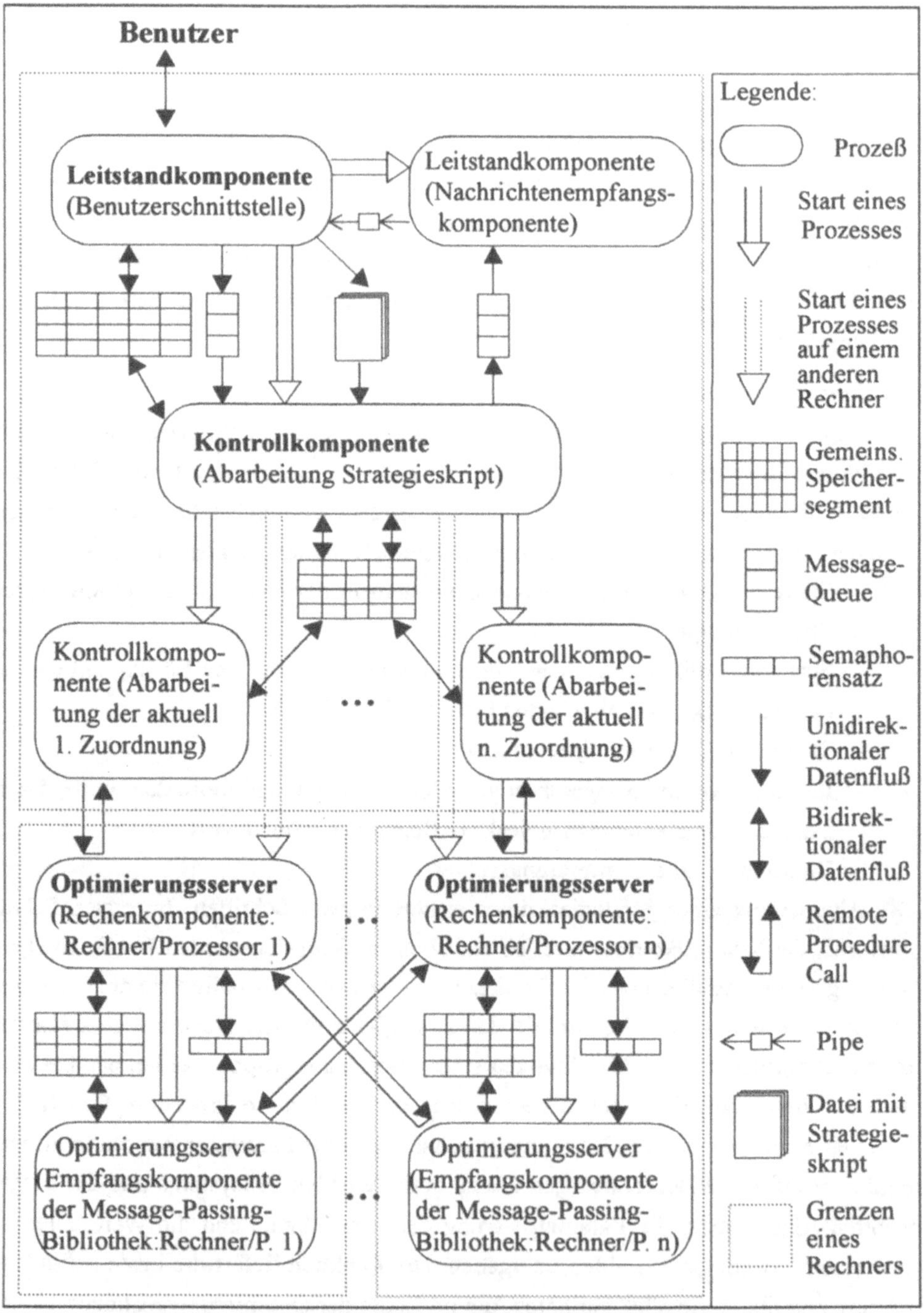


**Abb. 47: Daten- und Kontrollfluß in der OpTiX-II-Ausführungsumgebung**

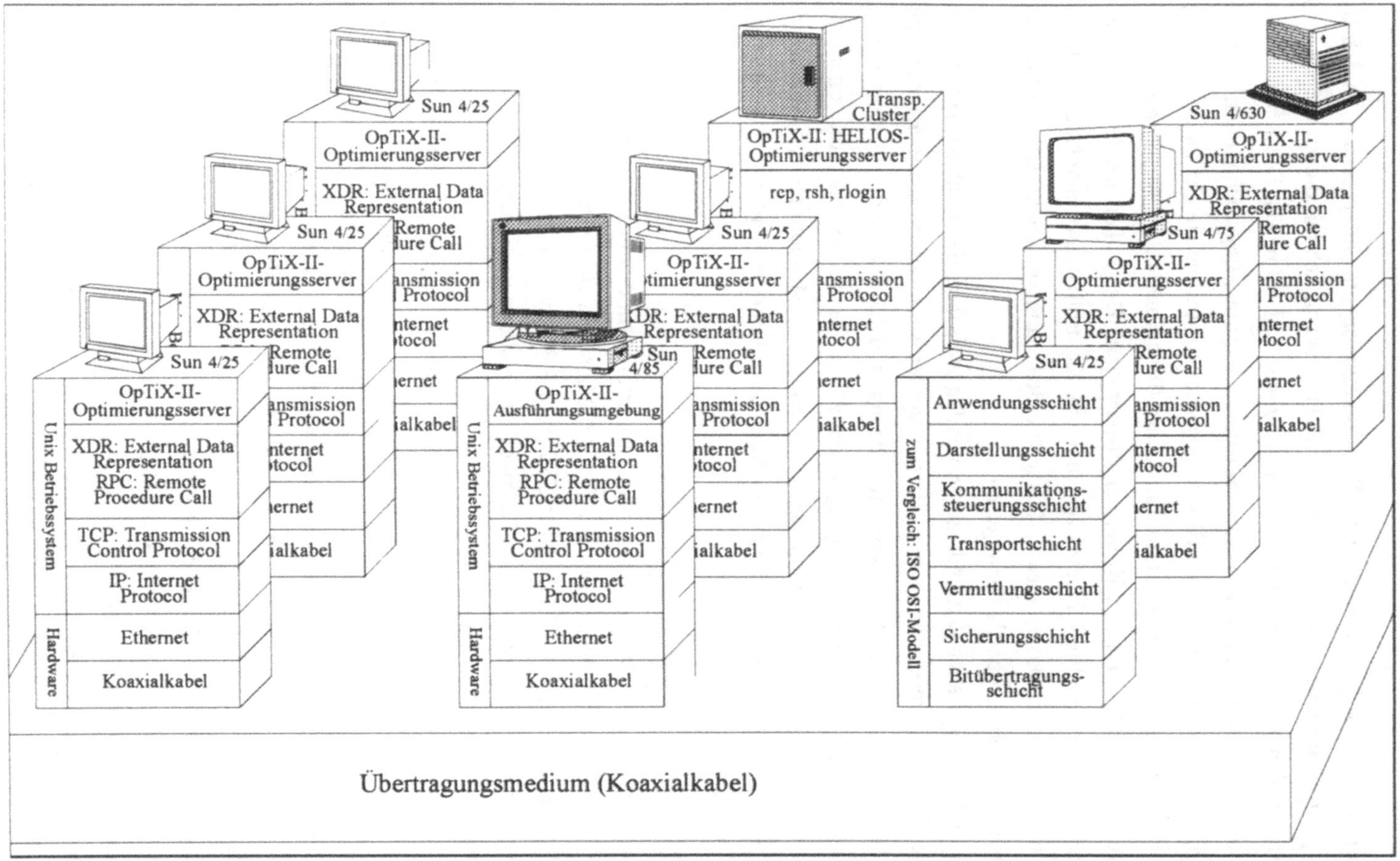


Abb. 48: Schichtenmodell der Kommunikation zwischen der OpTiX-II Ausführungsumgebung und den Optimierungsservern (vgl. [152])

tion ihre Ergebnisse liefert, erzeugt die Kontrollkomponente Hilfsprozesse, so daß alle RPCs parallel ausgeführt werden können. Der Datenaustausch mit diesen Hilfsprozessen erfolgt über ein gemeinsames Speichersegment (vgl. Abb. 47). Die Kontrollkomponente wertet die Lösungen der einzelnen Optimierungsrechnungen aus. In Abhängigkeit von den gewählten Blockeigenschaften werden sie akzeptiert oder ggf. verworfen. Des weiteren übernimmt die Kontrollkomponente die Ausführung der als Blockeigenschaft festgelegten Kommunikationsregeln. Der Ablauf der Optimierungsrechnung wird protokolliert. Hierzu versendet die Kontrollkomponente Nachrichtenpakete an die Leitstandkomponente. Diese werden dann in einem Unterfenster der graphischen Benutzeroberfläche angezeigt.
Die Variablenwerte aller Zustandsräume werden zwischen der Leitstandkomponente und der Kontrollkomponente geteilt. Hierzu werden sie in einem gemeinsamen Speichersegment abgelegt. Jede akzeptierte Lösung und jede ausgeführte Kommunikationsregel führen zu einer Veränderung dieser Werte. Da die Leitstandkomponente auf das gemeinsame Speichersegment zugreift, liefert ihre Menüoption zur Anzeige der Variablenwerte jederzeit, d.h. auch während der laufenden Optimierungsrechnung, aktuelle Werte.

*(iii) Optimierungsserver:*
Die Implementierung der Optimierungsserver erfolgte in den Programmiersprachen C und FORTRAN auf Workstations der Fa. Sun Microsystems unter den Betriebssystemen Solaris 1.1 und 2.3. Die Schnittstellen zum RPC-System wurde mittels des Programms rpcgen [147] generiert. Zu Testzwecken erfolgten Portierungen auf die UNIX-Rechner der Firmen DEC und HP.
Die Optimierungsserver führen die eigentliche Optimierungsrechnung durch. Sie beinhalten das Compilat der Problembeschreibung mit allen Teilsystemen und die Algorithmenbibliotheken. Ihr Aufruf erfolgt durch einen RPC (s.o.). Abb. 48 verdeutlicht die verschiedenen Protokollschichten, die dabei durchlaufen werden.
Die Umsetzung des Parallelverarbeitungskonzeptes zur Realisierung grobkörniger Parallelität (vgl. Unterkapitel 4.5) erforderte auch die Implementierung der OpTiX-II-Message-Passing-Bibliothek. Diese besteht aus zwei Komponenten zum Senden bzw. Empfangen von Nachrichten. Die Empfangskomponente wurde als eigenständiger Prozeß realisiert, der per RPC aufgerufen wird (vgl. Abb. 47). Sie nimmt die ankommenden Nachrichtenpakete entgegen und speichert sie in einer FIFO-Queue (vgl. Abb. 33 auf S. 91). Die Funktionen der OpTiX-II-Message-Passing Bibliothek können auf diese

Pakete über ein gemeinsames Speichersegment und einen Semaphorensatz ([79], [146]), der den Zugriff auf dieses Speichersegment kontrolliert, zugreifen. Die Sendekomponente wurde in den Optimierungsserver integriert. Sie ruft per RPC die Empfangskomponente eines anderen Optimierungsservers auf. Dabei wird sie blockiert, bis die aufgerufene Empfangskomponente das Nachrichtenpaket abgespeichert hat. Die hierbei auftretenden Verzögerungen sind jedoch gering. Die Zuordnung der Kommunikationskanäle im Optimierungsserver erfolgt dynamisch, in Abhängigkeit von der zu lösenden Teilaufgabe.
Aus diesem Grunde werden beim Aufruf des Optimierungsservers, neben den unter (ii) genannten Parametern, auch Daten übergeben, welche die Kommunikationsstruktur beschreiben.

### 5.3.2. Die OpTiX-II-Leitstandkomponente

Das Basisfenster der Leitstandkomponente ist in Abb. 49 wiedergegeben. Es realisiert einen graphischen Leitstand zur Steuerung der Optimierungsrechnung. Die obersten 2 cm des Fensters enthalten Angaben zur bearbeiteten Problembeschreibung und Menüs zur Kontrolle der Optimierungsrechnung. Darunter, im linken Teil des Bildschirmfensters, befinden sich die Elemente der Leitstandkomponente zur Bearbeitung von Strategieskripten (vgl. Abb. 50). Rechts daneben sind die Listen der zur Verfügung stehenden Algorithmen und der vom Anwender definierten Teilsysteme angeordnet. Unterhalb dieser Listen befindet sich das *Hosts*-Auswahlfeld, aus dem der Anwender Lösungsressourcen auswählt. Die untere Hälfte der Leitstandkomponente ist in zwei Teilbereiche unterteilt. Die linke Hälfte dient hierbei der Ausgabe von Statusinformationen, die während der Optimierungsrechnung anfallen, wohingegen die rechte Hälfte zur Ausgabe von Variablenwerten und Ergebnissen der Optimierungsrechnung genutzt wird.
Die Formulierung von Strategieskripten erfolgt mit den in Abb. 50 wiedergegebenen Komponenten des Basisfensters. Die Leitstandkomponente zeigt jeweils nur eine Zuordnungsgruppe des Strategieskriptes an. Die einzelnen Zuordnungen, die aus dem 3-Tupel (Teilsystemnamen, Lösungsressource, Optimierungsverfahren) bestehen, werden hierbei in der Liste der *Computational Items* aufgeführt (vgl. Abb. 50 und Abb. 26 auf S. 82). Die Funktionen des *position*-Menüs dienen der Navigation im Strategieskript und erlauben es zur nächsten, vorhergehenden, ersten oder letzten Zuordnungsgruppe des aktuellen Blocks zu wechseln. Zum Abstieg bzw. Aufstieg in der Blockhierarchie existieren die Menüoptionen *Enter Block*, *Exit Block* und *Return to Master Block*, die jeweils die erste Zuordnungsgruppe des entsprechenden Blocks zur

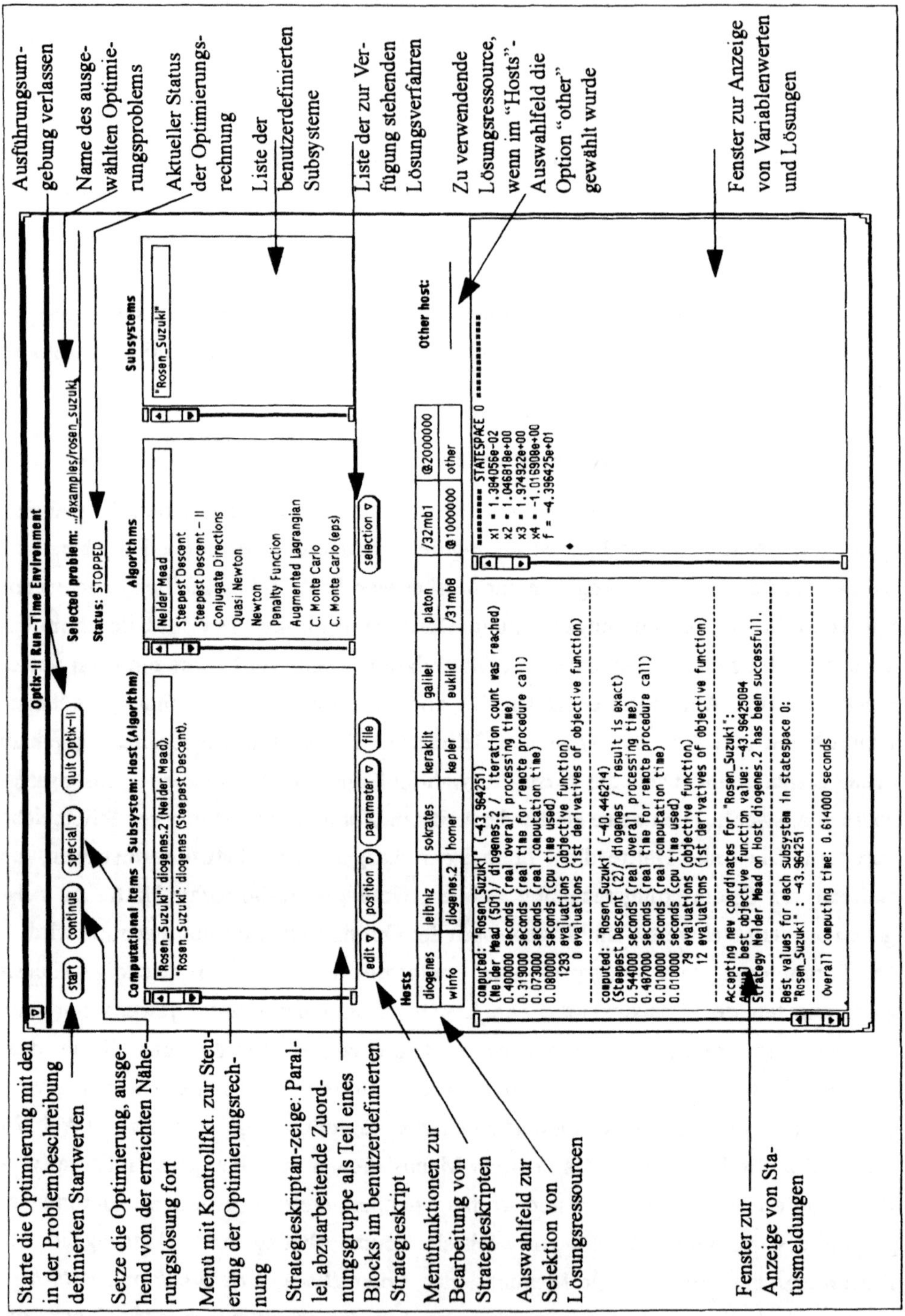


Abb. 49: **Basisfenster der OpTiX-II Leitstandkomponente**

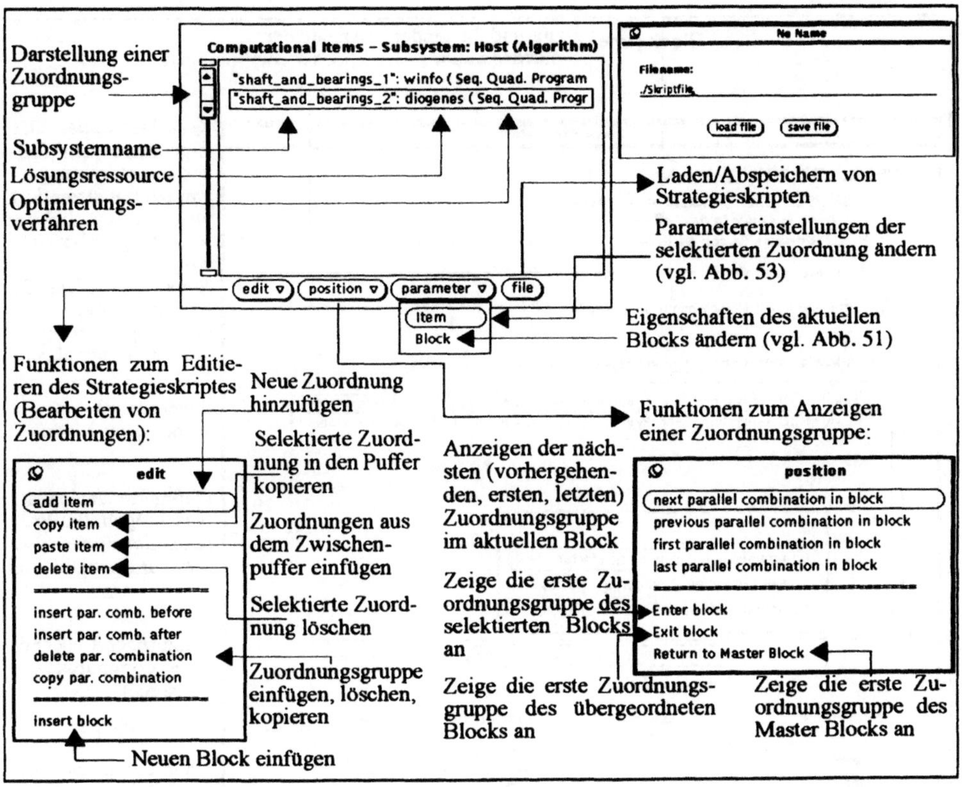


Abb. 50: Elemente der Leitstandkomponente zur Bearbeitung von Strategieskripten

Anzeige bringen.

Das *edit*-Menü enthält Funktionen zum Editieren von Zuordnungsgruppen. Mit *add* erstellt der Anwender eine neue Zuordnung, die aus den in den Listen der Teilsysteme (*subsystems*), Lösungsalgorithmen (*algorithms*) und Lösungsressourcen (*hosts*) ausgewählten Elementen besteht (vgl. Abb. 49). Mit *delete item* wird die in der Liste der Zuordnungen durch Anklicken ausgewählte Zuordnung gelöscht. Die Menüoption *insert par. combination before* bzw. *after* fügt eine neue Zuordnungsgruppe vor bzw. nach der angezeigten Gruppe ein. Mittels *insert block* wird ein eingeschachtelter Block angelegt (vgl. Abb. 50).

Nach Auswahl der *Block*-Option des *parameter*-Menüs können in dem dann erscheinenden Konfigurationsfenster (vgl. Abb. 51) die Eigenschaften des aktuellen Blocks eingestellt werden. Die *Item*-Option des *parameter*-Menüs erlaubt es, die Parametrisierung einer Zuordnung zu ändern. Hierzu ist die Zuordnung in der Liste der *computational items* durch Anklicken auszuwählen. Die *Item*-Menüoption bringt dann das in Abb. 53 wiedergegebene Bildschirmfenster zur Anzeige. In ihm kann die Parametrisierung

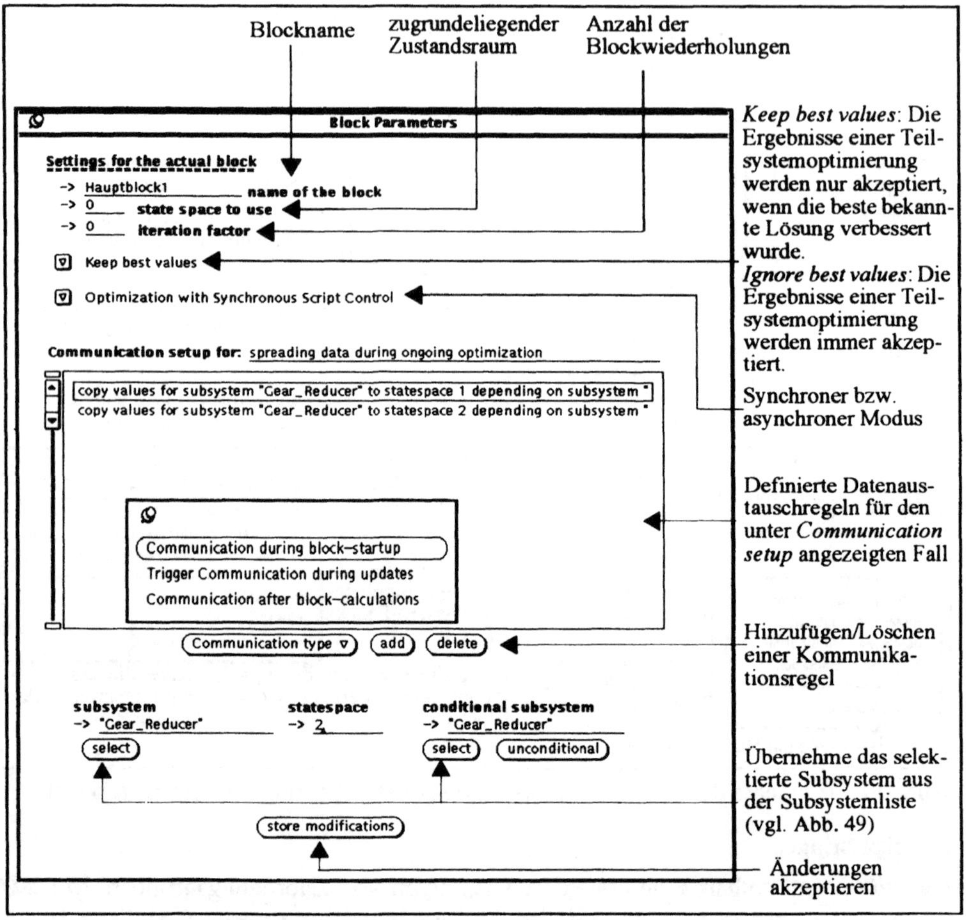


Abb. 51: **Bildschirmfenster zur Festlegung von Blockeigenschaften**

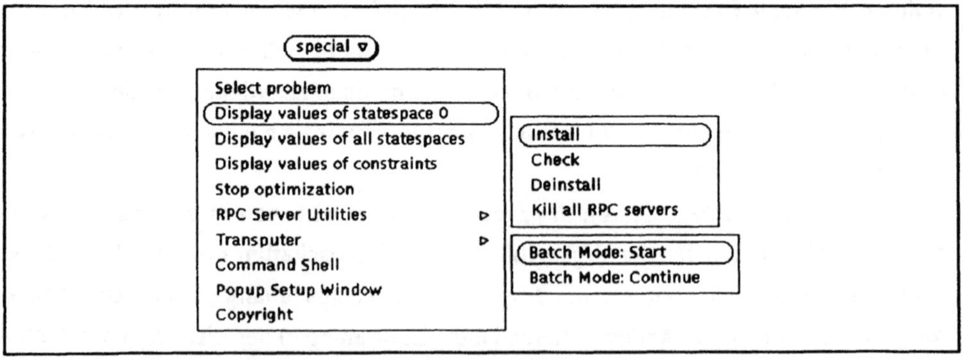


Abb. 52: Die Menüoptionen des *special*-Menüs

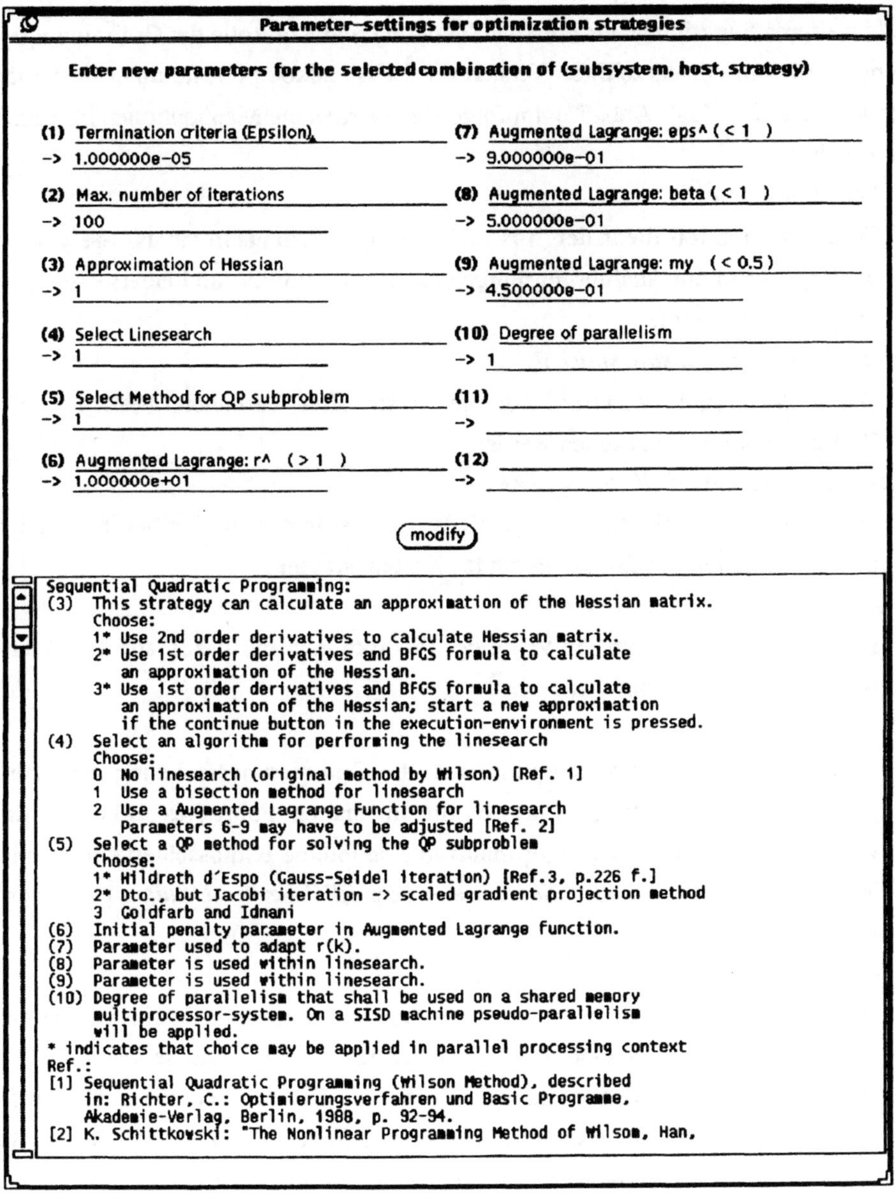


Abb. 53: Bildschirmfenster zur Parametrisierung von Optimierungsverfahren

der Zuordnung geändert und mittels *modify* abgespeichert werden.

Die Optimierungsrechnung, die in der Abarbeitung des zuvor definierten Strategieskriptes besteht, wird durch das Drücken des *start*-Knopfes gestartet (vgl. Abb. 49). Der *continue*-Knopf bewirkt, daß die Optimierungsrechnung von einer erreichten

Näherungslösung aus fortgesetzt wird.

Alle weiteren Funktionen zur direkten Steuerung und Kontrolle der Optimierungsrechnung wurden in der derzeitigen Version der Leitstandkomponente unter dem *special*-Menü angeordnet (vgl. Abb. 52). Im folgenden werden die Menüoptionen im einzelnen besprochen:

(i) Select problem:

Diese Menüoption dient der Auswahl des Optimierungsproblems. Sie wird nicht benötigt, wenn die Ausführungsumgebung aus der Editier- und Übersetzungsumgebung gestartet wurde.

*(ii) Display values of statespace 0:*

Dieser Menüpunkt bewirkt, daß die Werte aller Variablen, bezogen auf den Zustandsraum 0, ausgegeben werden.

*(iii) Display values of all statespaces:*

Diese Option bewirkt die Anzeige der Werte aller in der Problembeschreibung definierten Variablen für alle existierenden Zustandsräume.

*(iv) Display values of constraints:*

Dieser Menüpunkt zeigt die Werte der Restriktionen mit bezug auf die Variablenwerte im Zustandsraum 0 an.

*(v) Stop optimization:*

Nach Auswahl dieser Menüoption wird die Optimierungsrechnung nach Beendigung der laufenden Optimierungsschritte angehalten. Führt dies zu keinem Erfolg, weil z.B. ein Optimierungsalgorithmus in eine interne Endlosschleife geraten ist, so ist die Option *Kill all RPC Servers* aus dem *RPC Server Utilities* Untermenü zu wählen.

*(vi) RPC Server Utilities:*

Dieses Menü steuert die Verwaltung der Optimierungsserver in einem heterogenen Rechnernetzwerk. Die Option *install* installiert Optimierungsserver auf allen im aktuellen Strategieskript erwähnten Rechnern. Die Option *check* überprüft die installierten Optimierungsserver und hilft ausgefallene Rechner, terminierte Server etc. zu erkennen. Mit *deinstall* können die Server auf den Rechnerknoten deinstalliert werden. Die Option *Kill all RPC servers* wird benötigt, falls einzelne Optimierungsverfahren während des Rechenvorgangs gestoppt werden sollen.

*(vii) Transputer:*

Dieses Menü steuert die Optimierungsrechnung auf dem angeschlossenen Transputersystem. Mit *Batch Mode:Start* wird das aktuelle Strategieskript auf ein Transputersystem geladen und dort zur Ausführung gebracht. Der Ablauf der Optimierungsrechnung kann in einem Fenster verfolgt werden, das nach Auswahl dieser Menüoption auf dem Bildschirm erscheint. Nach Abarbeitung der Optimierungsrechnung werden die Ergebnisse in den Zustandsraum 0 der Leitstandkomponente geladen und können über die Option *Display values of statespace 0* angezeigt werden. Die Option *Batch Mode:Continue* setzt die Optimierungsrechnung auf einem Transputersystem vom aktuell erreichten Punkt fort.

*(viii) Command shell:*
Als Ergebnis dieser Menüoption erscheint ein Fenster auf dem Bildschirm, in das der Benutzer Kommandos eingeben kann.

*(ix) Popup Setup Window:*
Bewirkt, daß ein Fenster zur Eingabe von Voreinstellungen auf dem Schirm erscheint (vgl. Abb. 54). Die Voreinstellungen zu *Display remote procedure call statistics* kontrollieren die Ausgabe von statistischen Daten in bezug auf den zur Abarbeitung einer Zuordnung durchzuführenden Aufruf eines Optimierungsservers durch einen Remote Procedure Call (RPC). Für diesen RPC kann ein Timeout (in Minuten) vereinbart werden. Zur Kontrolle bzw. Analyse der Effizienz der einzelnen Optimierungsverfahren besteht die Möglichkeit zur Ausgabe von statistischen Informationen über die Häufigkeit von Berechnungen der Zielfunktion und der Restriktionen (*Display number of evaluations*).

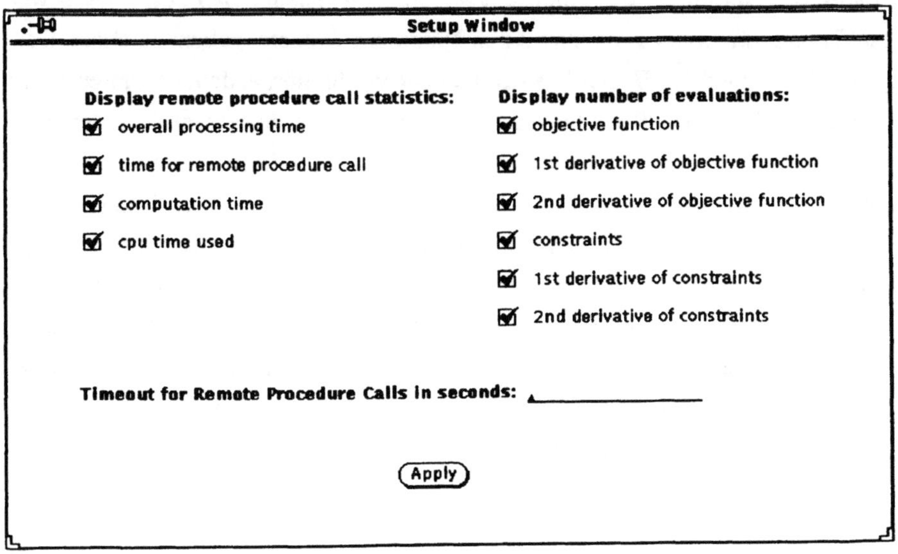


Abb. 54: Bildschirmfenster zur Konfiguration der Leitstandkomponente

*(x) Copyright:*
Die in dieser Dissertation beschriebene Software ist durch deutsches und internationales Recht urheberrechtlich geschützt. Diese Menüoption bewirkt die Ausgabe einer Copyright-Meldung.

Zum Abschluß dieses Kapitels erfolgen einige technische Anmerkungen zur Auswahl und Bezeichnung von Lösungsressourcen (vgl. Abb. 49 auf S. 118):
Für den Fall, daß eine gewünschte Ressource nicht im *Hosts*-Auswahlfeld zur Verfügung steht, kann die *other* Option gewählt und eine Bezeichnung der Lösungsressource im *other host* Feld eingegeben werden. Bei der Auswahl der Lösungsressourcen ist zu beachten, daß die Optimierungsrechnung entweder auf einem Transputercluster, oder auf einem heterogenen Netzwerk UNIX-basierter (Parallel-)Rechner ausgeführt werden kann. Im Fall der Verwendung eines *Transputerclusters* sind die mit "/" bzw. "@" gekennzeichneten Ressourcen auszuwählen (vgl. Abb. 49). Ein "/" kennzeichnet hierbei einen speziellen Prozessor des Transputerclusters, wohingegen ein "@" lediglich eine Hauptspeicheranforderung in Bytes beschreibt; die Prozessorzuordnung wird in diesem Falle vom HELIOS-Betriebssystem vorgenommen. *UNIX-basierte Lösungsressourcen* werden durch ihren Namen identifiziert. Die OpTiX-II-Ausführungsumgebung installiert auf jedem der ausgewählten UNIX-Rechner Optimierungsserver, denen im Laufe der Optimierungsrechnung dedizierte Rechenaufgaben zugewiesen werden. Diese Optimierungsserver werden durch Nummern 1, 2, etc. gekennzeichnet. Der Eintrag "Rechnername" im *Hosts*-Auswahlfeld entspricht hierbei dem Optimierungsserver Nr.1 auf dem Rechner "Rechnername", der Eintrag "Rechnername.2" entspricht dem Optimierungsserver Nr. 2 usw. Ordnet nun ein Anwender, innerhalb einer Zuordnungsgruppe, einem Rechner mehrere Kombinationen aus Subsystem und Algorithmus zu, so werden diese vom installierten Optimierungsserver nicht parallel, sondern sequentiell abgearbeitet. Eine parallele Abarbeitung (z.B. auf Multiprozessorrechnern) wird in diesem speziellen Fall nur erreicht, wenn der Anwender mehrere Optimierungsserver auf einem Rechner anspricht. Hierzu gibt er als Lösungsressource den Rechnernamen, gefolgt von einem Punkt und der Nummer des Optimierungsservers (z.B. "diogenes.2", "diogenes.3" etc.) im Feld *other host* ein.

# 6. Anwendung und Test des OpTiX-II-Softwaresystems

Im Laufe der Entwicklung der OpTiX-II-Softwareumgebung entstanden zahlreiche Implementierungen von Optimierungsverfahren. Diese Implementierungen konnten anhand von Standardbeispielen (Colville [31], Himmelblau [83], Hock [86]) der nichtlinearen Optimierung getestet werden. Der Test von Verfahren zur Lösung dekomponierter Optimierungsprobleme erwies sich dahingegen als schwierig, da der Literatur diesbezüglich nur wenige, niedrigdimensionale Testprobleme entnommen werden konnten (z.B. Azarm [7], Li [106], Kirsch [96]). Aus diesem Grund wurde ein Generator zur Erzeugung nichtlinearer (dekomponierter) Optimierungsprobleme erstellt. Dieser wird im Unterkapitel 6.1 beschrieben. Daran anschließend wird in den Unterkapiteln 6.2 und 6.3 anhand einiger Beispiele der Einsatz von OpTiX-II zur Lösung konvexer und nichtkonvexer Optimierungsprobleme besprochen. Das Unterkapitel 6.4 demonstriert den Einsatz von OpTiX-II für einige Problemstellungen, die in der Praxis anfallen.

## 6.1. Der OpTiX-II-Testbeispielgenerator

Zum Test des Softwaresystems wurde ein Generator zur Erzeugung nichtlinearer (dekomponierter) Optimierungsprobleme erstellt. Die Grundideen dieses Generators stammen von Schittkowski [131] und wurden um Konzepte zur Generierung dekomponierter Probleme erweitert.

Schittkowskis Vorgehensweise hat sich als sehr flexibel erwiesen, da durch die Angabe weniger Parameter verschiedene Klassen von Testproblemen erzeugt werden können. Ausgehend von einer vorgegebenen Lösung $x^o$ generiert er die Zielfunktion und die Restriktionen so, daß im Lösungspunkt die Optimalitätsbedingungen erster und zweiter Ordnung ((F2.8) bis (F2.13)) erfüllt werden. Das Kapitel 6.1.1 beschreibt zunächst die Vorgehensweise zur Generierung allgemeiner nichtlinearer Optimierungsprobleme. Daran anschließend werden in den Kapiteln 6.1.2 bis 6.1.6 Einschränkungen auf Spezialfälle (linear restringierte, degenerierte, schlecht konditionierte Probleme) betrachtet. In Kapitel 6.1.7 wird diese Vorgehensweise auf die Generierung dekomponierter Optimierungsprobleme übertragen. Unterkapitel 6.1.8 beschreibt dann die Integration des Testbeispielgenerators in die Editier- und Übersetzungsumgebung.

### 6.1.1. Generierung allgemeiner nichtlinearer Optimierungsprobleme

Die zu erzeugende Zielfunktion und die Restriktionen basieren in Schittkowskis Ansatz auf Signomen (verallgemeinerten Polynomfunktionen) $s_0$ bis $s_m$ der Form:

(F6.1) $s_r(x) = \sum_{j=1}^{k}\left(c_j \prod_{i=1}^{n} x_i^{a_{ij}}\right)$, $r = 0, \ldots, m$; mit $x_i \geq 0$, $c_j$ und $a_{ij}$ reelle Zahlen.

Hierbei werden die Größen k (Anzahl der Produktterme), n (Problemdimension), m (Anzahl der Restriktionen) sowie die Dichten der Matrizen $a_{ij}$ als Parameter vorgegeben. Nach der Definition unterer und oberer Schranken für die Faktoren $c_j$ und die Exponenten $a_{ij}$ kann ein Zufallsgenerator zur Erzeugung der Signome verwendet werden.

Schittkowski definiert die Zielfunktion zu:

(F6.2) $f(x) = s_0(x) + \frac{1}{2}x^T H x + q^T x + \alpha.$

Die Restriktionen müssen im Lösungspunkt erfüllt sein, so daß diese wie folgt definiert werden:

(F6.3) $g_j(x) := s_j(x) - s_j(x^\circ), j = 1, \ldots, m_e + m_a,$

(F6.4) $g_j(x) := s_j(x) - s_j(x^\circ) - \mu_j, j = m_e + m_a + 1, \ldots, m.$

Die vorgegebenen Größen $m_e$ bzw. $m_a$ bezeichnen hierbei die Anzahl der Gleichungsrestriktionen bzw. die Anzahl der im Punkt $x^0$ aktiven Ungleichungsrestriktionen. Die positiven Konstanten $\mu_j$ sind frei wählbar. Für die Lagrange-Multiplikatoren gelten die folgenden Aussagen:

(F6.5) Die Lagrange-Multiplikatoren $u_1^0$ bis $u_{m_e}^0$ können zufällig bestimmt werden,

(F6.6) $u_j^0 \geq 0, j = m_e + 1, \ldots, m_e + m_a$ (zufällig wählbar),

(F6.7) $u_j^0 = 0, j = m_e + m_a + 1, \ldots, m.$

Die Definitionen (F6.3) bis (F6.7) gewährleisten, daß die Kuhn-Tucker-Bedingungen (F2.8) bis (F2.11) erfüllt sind. Durch geeignete Wahl der Matrix H kann auch die Optimalitätsbedingung zweiter Ordnung (F2.13) erfüllt werden:

(F6.8) $H := -\nabla_x^2 s_0(x^\circ) - \sum_{j=1}^{m} (u_j^0 \nabla_x^2 g_j(x^\circ)) + P.$

Aus $\nabla_x^2 L(x^\circ, u^\circ) = P$ folgt nun, daß (F2.13) erfüllt ist, wenn P positiv definit gewählt wird. Um dies zu gewährleisten, bestimmt Schittkowski mit einem Zufallsgenerator eine obere Dreiecksmatrix U und errechnet P wie folgt:

(F6.9) $P = U^T U.$

Die geeignete Wahl von q ermöglicht es, die verbleibende Kuhn-Tucker-Bedingung (F2.12) zu erfüllen:

(F6.10) $q := -\nabla_x s_0(x^\circ) - Hx^\circ - \sum_{j=1}^{m} u_j^0 \nabla_x g_j(x^\circ).$

Die Konstante $\alpha$ wird so gewählt, daß $f(x^\circ) = 0$ ist. Somit folgt:

(F6.11) $\alpha := - s_0(x^\circ) - \frac{1}{2} x^{\circ T} H x^\circ - q^T x^\circ .$

Durch eine Modifikation der oben dargestellten Vorgehensweise können Testbeispiele für verschiedene Klassen von statischen nichtlinearen Optimierungsproblemen generiert werden. Diese Modifikationen werden in den folgenden Unterkapiteln vorgestellt.

### 6.1.2. Generierung linear restringierter Optimierungsprobleme

Für den Spezialfall eines Testproblems mit linearen Restriktionen ersetzt Schittkowski (F6.1) durch:

(F6.12) $s_j(x) := a_j^T x, \quad j=1, \dots, m, \quad a_j \in R^n.$

Nach Vorgabe unterer und oberer Grenzen für die $a_j$, können diese mit einem Zufallsgenerator bestimmt werden.

### 6.1.3. Generierung degenerierter Optimierungsprobleme

Man spricht von einem degenerierten Optimierungsproblem, wenn im Lösungspunkt $x^\circ$ mindestens einer der Lagrange-Multiplikatoren $\mu_j^o$, $j \in \{1,\dots,m_e + m_a\}$, verschwindet (zu Null wird). Dies ist der Fall, wenn eine aktive Restriktion im Optimum redundant ist. Ein Optimierungsproblem wird als nahezu degeneriert bezeichnet, wenn sich die Werte der Lagrange-Multiplikatoren um mehrere Größenordnungen unterscheiden.

Zur Erzeugung degenerierter Testprobleme schlägt Schittkowski daher die folgende Festlegung der Lagrange-Multiplikatoren vor:

(F6.13) a) $u_j^o = 1, \quad j = 1,\dots,m_e + m_a,$

(F6.14) b) $u_j^o = 10^{-2(j-1)}, \quad j = 1,\dots,m_e + m_a,$

(F6.15) c) $u_j^o = 1, \quad j = 1,\dots,\left(\frac{m_e + m_a}{2}\right),$

$$u_j^o = 0, \quad j = \left(\frac{m_e + m_a}{2}\right) + 1,\dots,m_e + m_a,$$

(F6.16) d) $u_j^o = 0, \quad j = 1,\dots,m_e + m_a.$

### 6.1.4. Generierung schlecht konditionierter Optimierungsprobleme

Die lokalen Konvergenzeigenschaften vieler Optimierungsverfahren, die auf der Lagrange- oder Kuhn-Tucker-Theorie basieren, werden sehr stark durch die Konditions-

nummer der Hesse-Matrix der Lagrange-Funktion im Optimum bestimmt. Zum Test solcher Optimierungsverfahren sollten deshalb schlecht konditionierte Testprobleme (bezogen auf $\nabla_x^2 L(x°,u°)$) erzeugt werden können.
Die Testbeispiele werden so gewählt, daß $\nabla_x^2 L(x°,u°) = P$ gilt (F6.8). Durch eine geeignete Wahl der Matrix P kann also die Konditionierung des Testproblems beeinflußt werden. Schittkowski schlägt hierzu vor:

(F6.17) $P := \begin{bmatrix} H_\vartheta & : & 0 \\ 0 & : & I_{n-\vartheta} \end{bmatrix}$ Hierbei bezeichnet $I_{n-\vartheta}$ die $(n-\vartheta \times n-\vartheta)$ Einheitsmatrix und $H_\vartheta$ die positiv definite $(\vartheta \times \vartheta)$ Hilbert-Matrix, mit: $H_\vartheta := \left(\frac{1}{i+j-1}\right)_{i,j=1,\vartheta}$

Die Konditionsnummer steigt mit $\vartheta$ an. Nach Zielke [165] (vgl. Schittkowski [131], S. 58) gilt die folgende Näherung: $cond(H_\vartheta) = e^{3,5\vartheta}$.

### 6.1.5. Generierung indefiniter Testprobleme

Durch (F6.9) wird garantiert, daß die Hesse-Matrix der Lagrange-Funktion positiv definit ist. Diese Voraussetzung ist stärker als zur Erfüllung von (F2.13) benötigt. Zum Test der verschiedenen Optimierungsverfahren ist es daher auch interessant, indefinite Optimierungsprobleme zu testen. Schittkowski schlägt vor, (F6.3) durch

(F6.18) $g_j(x) := s_j(x) - s_j(x°) + d_j^T(x^o - x), j = 1, \ldots, m_e+m_a$

zu ersetzen. Den Vektor $d_j$ bestimmt er zu:

(F6.19) $d_j := \nabla_x s_j(x^o) - e_j, j = 1, \ldots, m_e+m_a$ ; $e_j :=$ j-ter Einheitsvektor.

Diese Wahl bewirkt, daß die Gradientenvektoren der ersten $m_e+m_a$ Restriktionen im Punkt x° Einheitsvektoren darstellen.
Die Wahl der Lagrange-Multiplikatoren (F6.5) und (F6.6) wird durch die zusätzliche Bedingung $u_j \neq 0$, j aus $1,\ldots,m_e+m_a$ eingeschränkt.
Die Matrix P ergibt sich nun zu:

(F6.20) $P := \begin{bmatrix} \sigma U_1^T U_1 & : & 0 \\ 0 & : & U_2^T U_2 \end{bmatrix} \begin{matrix} \} m_e+m_a \\ \} n-m_e-m_a \end{matrix}$ .

Bei den Matrizen $U_1$ und $U_2$ handelt es sich um obere Dreiecksmatrizen, die mittels eines Zufallsgenerators bestimmt werden können. P wird nur dann indefinit, wenn ein $\sigma \leq 0$ gewählt wird.

### 6.1.6. Generierung konvexer Testprobleme

Zur Erzeugung konvexer Funktionen (vgl. (F2.14) und (F2.15)) ersetzt Schittkowski die Vorschrift zur Signom-Generierung (F6.1) durch

$$(F6.21) \quad t_p(x) = \sum_{j=1}^{k} c_j e^{\left(\sum_{i=1}^{n} a_{ij} x_i\right)}, \; p = 0, \ldots, m, \; c_j > 0, \; s_0(x) := t_0(x), \; s_j(x) := -t_j(x), \; j = 1, \ldots, m.$$

Die Wahl der Lagrange-Multiplikatoren (vgl. (F6.5) bis (F6.7)) wird nur durch die Bedingung $u_j > 0$, j aus 1,...,m eingeschränkt. Um H = 0 zu erreichen, wird P wie folgt definiert:

$$(F6.22) \quad P := \nabla_x^2 s_0(x^o) + \sum_{j=1}^{m} u_j^o \nabla_x^2 g_j(x^o).$$

Diese Matrix ist positiv semi-definit. Durch Addition einer positiv definiten Matrix $\tilde{P}$ erhält man eine strikt konvexe Matrix P.

### 6.1.7. Generierung dekomponierter Testprobleme

Die Generierung eines in p Teilsysteme dekomponierbaren Testproblems basiert auf der Vorgabe einer $n \times p$ Matrix K mit $K_{ij} :=$

$$\begin{cases} 1 & \forall i \in 1, \ldots, n \text{ und } \forall j \in 1, \ldots, p \text{ für die gilt: } x_i \text{ kommt in Teilsystem j vor} \\ 0 & \forall i \in 1, \ldots, n \text{ und } \forall j \in 1, \ldots, p \text{ für die gilt: } x_i \text{ kommt in Teilsystem j nicht vor} \end{cases}.$$

Dieser Matrix K entspricht eine disjunkte Partitionierung $x = (X_0, X_1, X_2, \ldots, X_p)$ der Entscheidungsvariablen mit

$$X_0 = \{x_i \mid x_i \text{ kommt als Variable in mehr als einem Subsystem vor}\},$$
$$X_j = \{x_i \mid x_i \text{ kommt als Variable nur im Teilsystem j vor}\}, j = 1, \ldots, p.$$

Die Regel zur Signom-Generierung (F6.1) wird ersetzt durch:

$$(F6.23) \quad s_0(x) = \sum_{j=1}^{k(p+1)} \left( c_j \prod_{i=1}^{n} x_i^{a_{ij}} \right) \text{ mit } a_{ij} = 0 \;\; \forall i \text{ mit } x_i \notin X_{(j-1) \, div \, k} \cup X_0$$

In (F6.23) werden Teilausdrücke aus k Termen in $s_0$ gebildet, die den einzelnen Teilsystemzielfunktionen in (F2.35) direkt zugeordnet werden können.

Die m Restriktionen sollen gleichmäßig auf die Teilsysteme verteilt werden, so daß (F6.1) für r=1,...,m durch (F6.24) ersetzt wird.

(F6.24) $$s_r(x) = \sum_{j=1}^{k} \left( c_j \prod_{i=1}^{n} x_i^{a_{ij}} \right) \text{ mit } a_{ij} = 0 \quad \forall i \text{ mit } x_i \notin X_{(r-1) \bmod (p+1)} \cup X_0 .$$

Die in (F6.8) durch Addition von P auftretenden, unerwünschten Kopplungen können durch die folgende Vorschrift beseitigt werden:

(F6.25) $H_{ij} := 0 \quad \forall i, j \text{ mit } K_{ij} = 0$.

Zur Generierung linear restringierter (dekomponierbarer) Optimierungsprobleme wird (F6.12) wie folgt angepaßt:

(F6.26)

$$s_r(x) = \sum_{i=1}^{n} a_{ir} x_i \text{ mit r} = 1,\ldots,\text{m und } a_{ir} = 0 \quad \forall i \text{ mit } x_i \notin X_{(r-1) \bmod (p+1)} \cup X_0$$

Die Anpassungen von (F6.21) zur Generierung konvexer (dekomponierbarer) Optimierungsprobleme lauten:

(F6.27) $$s_0(x) = \sum_{j=1}^{k(p+1)} c_j e^{\left( \sum_{i=1}^{n} a_{ij} x_i \right)}, a_{ij} = 0 \quad \forall i \text{ mit } x_i \notin X_{(j-1) \operatorname{div} k} \cup X_0 ,$$

(F6.28) $$s_r(x) = \sum_{j=1}^{k} c_j e^{\left( \sum_{i=1}^{n} a_{ij} x_i \right)}, a_{ij} = 0 \quad \forall i \text{ mit } x_i \notin X_{(r-1) \bmod (p+1)} \cup X_0 .$$

Die Vorschriften (F6.23) bis (F6.25) garantieren, daß ein Optimierungsproblem der Form (F2.35) bis (F2.40) entsteht. Im Sonderfall $X_0 = \{\}$ entsteht ein vollständig separables Problem der Form (F2.30) bis (F2.34).

### 6.1.8. Integration des Testbeispielgenerators in die OpTiX-II-Editierumgebung

Die Menüoption *Generate Test Examples* des (build ▽)-Menüs der Editierumgebung bringt das in Abb. 55 wiedergegebene Bildschirmfenster des OpTiX-II-Testbeispielgenerators zur Anzeige. Der Generator realisiert die zuvor beschriebene Theorie. Dementsprechend verweisen die Pfeile in Abb. 55 auf Entsprechungen zwischen den Variablen der vorhergehenden Kapitel und Eingabefeldern des Bildschirmfensters. Die Eingabe der Kopplungsmatrix K wurde bei der Implementierung des Testbeispielgenerators vereinfacht, d.h. der Anwender gibt nicht jedes Element der Matrix einzeln ein, sondern er erstellt für jede Variable eine Liste aller Teilsysteme, die diese Variable enthalten sollen. Aus diesen Listen errechnet die OpTiX-II-Editier- und Übersetzungsumgebung dann die Kopplungsmatrix K.

OpTiX-II erlaubt es dem Anwender, für die Werte der Koeffizienten und Exponenten aller zu generierenden Signome untere und obere Grenzen festzulegen. Des weiteren kann er die Dichte der entstehenden Koeffizientenmatrizen vorgeben und festlegen, ob die Exponenten der Signome ganzzahlige oder reelle Werte annehmen sollen. Die unter *Problem features* und *Additional problem features* auszuwählenden Problemeigenschaften können im Widerspruch zueinander stehen. OpTiX-II korrigiert die Benutzereingaben in diesem Fall und sorgt für sinnvolle Einstellungen.

Die Betätigung des (generate test problem)-Knopfes generiert schließlich ein Testbeispiel unter Verwendung der eingestellten Parameter und lädt das im Format der OpTiX-II-Problembeschreibungssprache gehaltene Beispiel in den Texteditor der Editierumge-

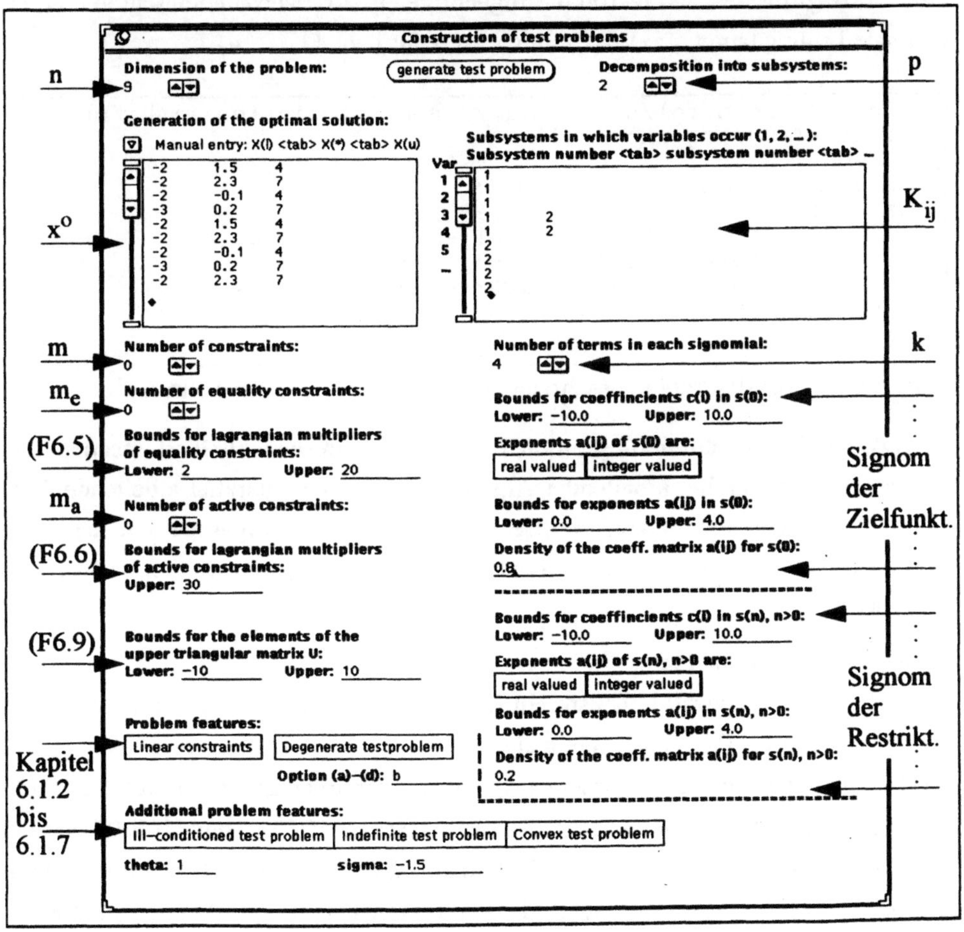


Abb. 55: Bildschirmfenster des OpTiX-II-Testbeispielgenerators

bung. Dort kann es ggf. weiter bearbeitet und übersetzt werden.

## 6.2. Zur Lösung konvexer Optimierungsprobleme

Für konvexe Optimierungsprobleme existiert eine große Zahl von Optimierungsverfahren, die Probleme dieser Klasse zuverlässig lösen. OpTiX-II enthält eine Vielzahl dieser Algorithmen. Zusätzlich erlaubt OpTiX-II den Einsatz der Parallelverarbeitung, um konvexe Probleme schneller zu lösen. Dies soll am Beispiel der Rosenbrockschen Testfunktion [127] diskutiert werden, die von Rosenbrock für den Fall n=2 eingeführt wurde:

$$f(\boldsymbol{x}) = min \sum_{i=1}^{n} (100 (x_{i+1} - x_i^2)^2 + (x_i - 1)^2) .$$

Abb. 56 zeigt für den Fall n=100 die zugehörige OpTiX-II-Problembeschreibung. Die optimale Lösung lautet: $f(x) = 0$, mit $x_i = 1$ für i aus {1, ... , n}.

```
include "../control/deriv.c"; /* num. Gradienten einbinden */
realvar x(100),f; intvar i;
problem
subsystem "Rosenbrock_Dim_100":
   f = min sum(foreach i=1,..,99:
                  100*sqr(x[i+1]-sqr(x[i]))+sqr(x[i]-1.0));
decisionvar foreach i=1,..,100:x[i];
bounds      foreach i=1,..,100: -3.0 <= x[i] <= 3.0;
endsubsystem;
endproblem;
```

Abb. 56: OpTiX-II-Problembeschreibung zur Rosenbrockschen Testfunktion

Zur Lösung dieses Optimierungsproblems können (i) ein sequentiell arbeitender Algorithmus, (ii) ein parallel arbeitender Algorithmus, (iii) eine parallel arbeitende Algorithmenkombination oder (iv) ein Dekompositionsansatz eingesetzt werden. Diese Vorgehensweisen zur Lösung der Rosenbrockschen Testfunktion werden im folgenden besprochen:

(i) *Sequentieller Algorithmus*:

Als sequentieller Algorithmus kam ein Quasi-Newton-Verfahren zum Einsatz. Dieses wird über die zwei Parameter maximale Iterationszahl und Rechengenauigkeit gesteuert. Für die Testrechnungen wurde eine maximale Iterationszahl von 15000 Iterationen eingestellt. Die Rechengenauigkeit wurde zwischen 10E-02 und 10E-06 variiert. Tabelle 2 zeigt die ermittelten Werte. Es fällt auf, daß der in der OpTiX-II-Softwareumgebung vorhandene Algorithmus für die Rechengenauigkeit 10E-04 das Optimum der Testfunktion nicht findet. Dies ist auf numerische Rundungsungenauigkeiten zurückzuführen. Eine Analyse des Programmtextes hat ergeben, daß die Approximation der Inversen der Hesse-Matrix besonders empfindlich gegenüber Rundungsungenauigkeiten ist. Mit den inhaltlich identischen Aufdatierungsformeln

a) Bk[i][j] = Bk[i][j] + ykykT[i][j]/skTyk[0] - Bksk[i]*skTBk[j]/skTBksk[0];

b) Bk[i][j] = Bk[i][j] - Bksk[i]*skTBk[j]/skTBksk[0] + ykykT[i][j]/skTyk[0];

c) Bk[i][j] += ykykT[i][j]/skTyk[0] - Bksk[i]*skTBk[j]/skTBksk[0];

im Programmtext liefert der Algorithmus schon nach 200 Iterationen stark abweichende Zielfunktionswerte. Dieses Problem kann umgangen werden, wenn die Approximation der Inversen der Hesse-Matrix in regelmäßigen Abständen durch die Einheitsmatrix ersetzt wird. Hierzu wird der Algorithmus in OpTiX-II nach einer vorgegebenen Iterationszahl neu gestartet.

**Tabelle 2: Problemlösungsverhalten des sequentiell arbeitenden Quasi-Newton-Verfahrens in Abhängigkeit von der vorgegebenen Rechengenauigkeit**

| Genauigkeit | 10E-02 | 10E-03 | 10E-04 | 10E-05 | 10E-06 |
|---|---|---|---|---|---|
| Iterationen bis zum Erreichen des Optimums | 819 | 2945 | Optimum nicht erreicht | 972 | 719 |
| Zeit in Sek. auf Sun 4/630 (40 MHz SPARC) | 178,38 | 621,78 | Optimum nicht erreicht | 193,76 | 159,34 |

(ii) *Parallel arbeitender Algorithmus*:

In dieser Problemlösungskategorie wurde die parallele Implementierung eines Quasi-Newton- Verfahrens gem. Kapitel 2.3.1.1 getestet. Der Algorithmus ist auf UNIX-basierte Multiprozessorsysteme mit einem gemeinsamen Speicher zugeschnitten. Für die Testrechnungen wurden eine maximale Iterationszahl von 2000, eine Genauigkeit von 10E-05 und zu nutzende Prozessorzahlen von 1 bis 4 eingestellt. Tabelle 3 enthält die ermittelten Ergebnisse. Der Algorithmus benötigt bei einem Prozessor 193,76 Sekunden zur Lösung des Problems. Bei 2 Prozessoren benötigt er 75,70 Sekunden. Diese Werte wurden in etwa erwartet. Überrascht hat, daß der Algorithmus bei Einsatz von 3 Prozessoren die optimale Lösung nicht findet. Ferner benötigt er bei einem Einsatz von 4 Prozessoren 130,49 Sekunden. Diese Werte erklären sich aus den oben erwähnten Rundungsungenauigkeiten. Bei dem parallel arbeitenden Algorithmus werden in Abhängigkeit von der Anzahl der gewählten Prozessoren unterschiedliche Zwischensummen gebildet. Dies führt zu einer Aufsummierung von Rundungsungenauigkeiten und schließlich dazu, daß der Algorithmus, in Abhängigkeit von der Prozessorzahl, unterschiedliche Lösungstrajektorien einschlägt (vgl. Tabelle 3).

Im weiteren wurde untersucht, ob das Lösungsverhalten des Algorithmus bei der Lösung des Testproblems verbessert werden kann, wenn nach einer vorgegebenen Iterationszahl die Approximation der Inversen der Hesse-Matrix durch die Einheitsmatrix ersetzt wird. Hierzu erfolgte nach einer vorgegebenen Iterationszahl ein Neustart des Algorithmus (ausgehend von der aktuell erreichten Lösung). Tabelle 4 enthält die hierbei ermittelten Ergebnisse. Bedingt durch die Rundungsungenauigkeiten ist bei ein bis drei Prozessoren ein Neustart nach 300 Iterationen besonders gut geeignet. Bei vier

**Tabelle 3: Rechenzeiten auf einer Sun 4/630 und Lösungsverhalten bei Einsatz eines parallel arbeitenden Quasi-Newton Verfahrens zur Lösung des Rosenbrockschen Testbeispiels**

| Iterationen | 1 Prozessor<br>Rechenzeit (Sek.)<br>Zielfunktionswert | 2 Prozessoren<br>Rechenzeit (Sek.)<br>Zielfunktionswert | 3 Prozessoren<br>Rechenzeit (Sek.)<br>Zielfunktionswert | 4 Prozessoren<br>Rechenzeit (Sek.)<br>Zielfunktionswert |
|---|---|---|---|---|
| 100 | 20,36 Sek.<br>86,227319 | 10,89 Sek.<br>86,227319 | 8,78 Sek.<br>86,234538 | 8,18 Sek.<br>86,254871 |
| 125 | 25,23 Sek.<br>84,797011 | 13,57 Sek.<br>84,278399 | 10,89 Sek.<br>84,548168 | 10,31 Sek.<br>84,755732 |
| 150 | 30,20 Sek.<br>83,084805 | 16,64 Sek.<br>81,541629 | 13,05<br>81,435163 | 12,1<br>83,526245 |
| 200 | 40,09 Sek.<br>78,245922 | 21,08 Sek.<br>72,990870 | 17,46 Sek.<br>71,012000 | 15,55 Sek.<br>81,540152 |
| 500 | 100,51 Sek.<br>37,64 | 51,85 Sek.<br>27,7283 | 41,86 Sek.<br>58,28793 | 37,98 Sek.<br>73,611263 |
| 700 | 139,468 Sek.<br>16,353641 | 72,73 Sek.<br>0,067253 | 58,69 Sek.<br>58,28793 | 54,19 Sek.<br>55,861512 |
| 730 | 145,89 Sek.<br>15,119984 | *75,70 Sek.*<br>0,00000 | 61,09 Sek.<br>58,28793 | 55,76 Sek.<br>54,557653 |
| 972 | 193,76 Sek.<br>0,00000 | Lösung nach<br>730 Iter. erreicht | 81,01 Sek.<br>58,28793 | 77,44 Sek.<br>40,006689 |
| 1729 | Lösung nach<br>972 Iter. erreicht | Lösung nach<br>730 Iter. erreicht | 144,57 Sek.<br>58,28793 | 130,49 Sek.<br>0,00000 |
| 2000 | Lösung nach<br>972 Iter. erreicht | Lösung nach<br>730 Iter. erreicht | 165,00 Sek.<br>58,28793 | Lösung nach<br>1729 Iter. erreicht |

**Tabelle 4: Lösungsverhalten des Quasi-Newton Verfahrens auf einer Sun 4/630 in Abhängigkeit von Neustarts**

| Neustart alle # Itera-tionen | 1 Prozessor Rechenzeit (Sek.) Iterationen | 2 Prozessoren Rechenzeit (Sek.) Iterationen | 3 Prozessoren Rechenzeit (Sek.) Iterationen | 4 Prozessoren Rechenzeit (Sek.) Iterationen |
|---|---|---|---|---|
| 100 | 282,80 Sek.<br>1397 Iter. | 160,68 Sek.<br>1317 Iter. | 150,77 Sek.<br>1397 Iter. | 176,64 Sek.<br>1422 Iter. |
| 200 | 191,32 Sek.<br>953 Iter. | 102,95 Sek.<br>937 Iter. | 96,05 Sek.<br>941 Iter. | *72,55 Sek.*<br>917 Iter. |
| 300 | 165,25 Sek.<br>820 Iter. | 86,05 Sek.<br>786 Iter. | 76,92 Sek.<br>792 Iter. | 77,33 Sek.<br>997 Iter. |
| 400 | 172,66 Sek.<br>860 Iter. | 110,99 Sek.<br>934 Iter. | 85,03 Sek.<br>989 Iter. | 86,47 Sek.<br>1106 Iter. |

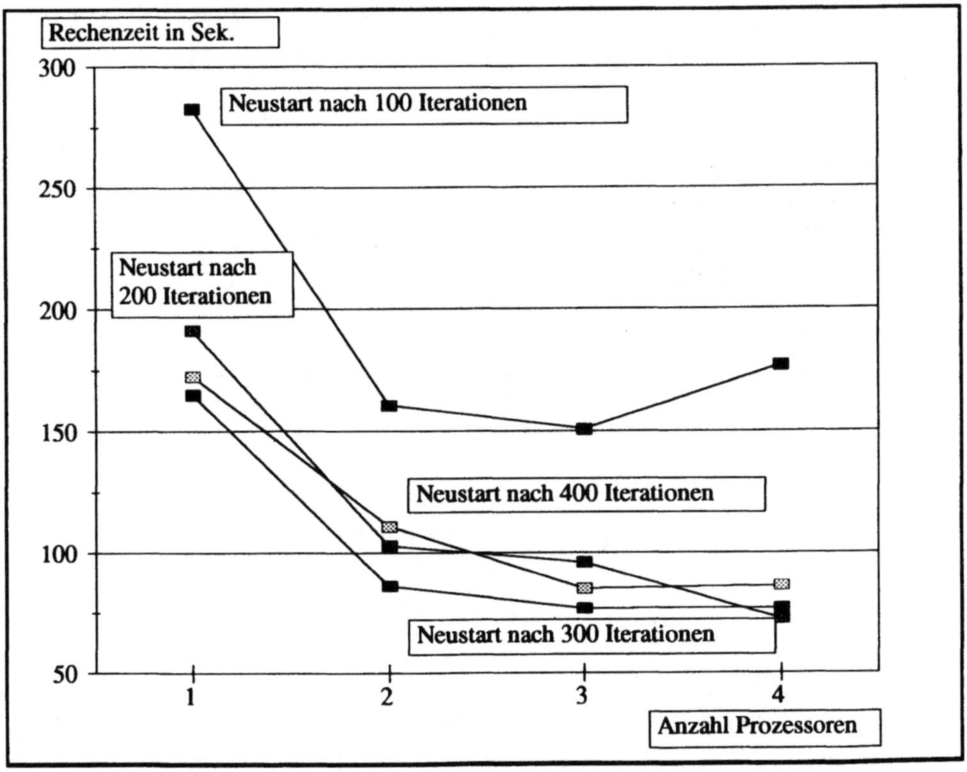


Abb. 57: Rechenzeiten des parallel arbeitenden Quasi-Newton-Verfahrens in Abhängigkeit von Neustarts und der Anzahl der eingesetzten Prozessoren

Prozessoren empfiehlt sich dahingegen ein Neustart nach 200 Iterationen. Abb. 57 veranschaulicht dies graphisch.

```
include "../control/deriv.c"; /* num. Gradienten einbinden */
realvar x(100),f; intvar i;
problem
subsystem "Rosenbrock_0":
      f = min sum(foreach i=1,..,32:
                   100*sqr(x[i+1]-sqr(x[i]))+sqr(x[i]-1.0));
decisionvar foreach i=1,..,32:x[i];
bounds      foreach i=1,..,32: -3.0 <= x[i] <= 3.0;
endsubsystem;

subsystem "Rosenbrock_1":
      f = min sum(foreach i=33,..,65:
                   100*sqr(x[i+1]-sqr(x[i]))+sqr(x[i]-1.0));
decisionvar foreach i=34,..,65:x[i];
bounds      foreach i=34,..,65: -3.0 <= x[i] <= 3.0;
endsubsystem;

subsystem "Rosenbrock_2":
      f = min sum(foreach i=66,..,99:
                   100*sqr(x[i+1]-sqr(x[i]))+sqr(x[i]-1.0));
decisionvar foreach i=67,..,100:x[i];
bounds      foreach i=67,..,100: -3.0 <= x[i] <= 3.0;
endsubsystem;

subsystem "Rosenbrock_2nd":
      f = min sum(foreach i=1,..,99:
                   100*sqr(x[i+1]-sqr(x[i]))+sqr(x[i]-1.0));
decisionvar x[33],x[66];
bounds
        -3.0 <= x[33] <= 3.0;
        -3.0 <= x[66] <= 3.0;
endsubsystem;
endproblem;
```

Abb. 58: OpTiX-II Problembeschreibung für die in drei Teilsysteme dekomponierte Rosenbrocksche Testfunktion

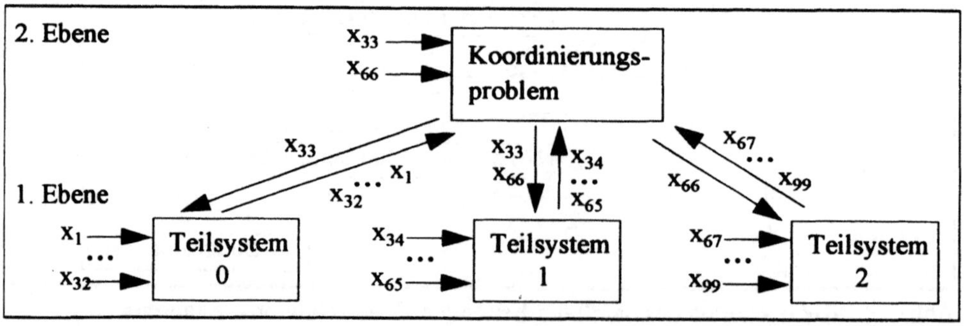


Abb. 59: Zwei-Ebenen Diagramm zur dekomponierten Rosenbrockschen Testfunktion

*(iii) Dekompositionsverfahren:*

Zur Lösung des Rosenbrockschen Testbeispiels kann ein primales Dekompositionsverfahren gem. (F2.35) bis (F2.40) eingesetzt werden. Abb. 58 liegt eine Zerlegung in drei Teilsysteme, die über ein bzw. zwei Variablen miteinander gekoppelt sind zu Grunde. Diese Zerlegung in mehrere Subsysteme besitzt den Vorteil, daß ein großes Optimierungsproblem (100 Variablen) durch mehrere kleinere mit geringerem Komplexitätsgrad (32 bzw. 2 Variablen) ersetzt wird. Diese kleineren Probleme können schneller und außerdem parallel gelöst werden. Im Fall der Rosenbrockschen Testfunktion ist die Zielfunktion nicht vollständig separabel, so daß ein iteratives Verfahren gem. Abb. 59 zur Lösung der Optimierungsaufgabe eingesetzt werden muß. Dieses führt auf das in Abb. 60 wiedergegebene Strategieskript. Die Ergebnisse der Testrechnungen wurden in Tabelle 5 zusammengetragen.

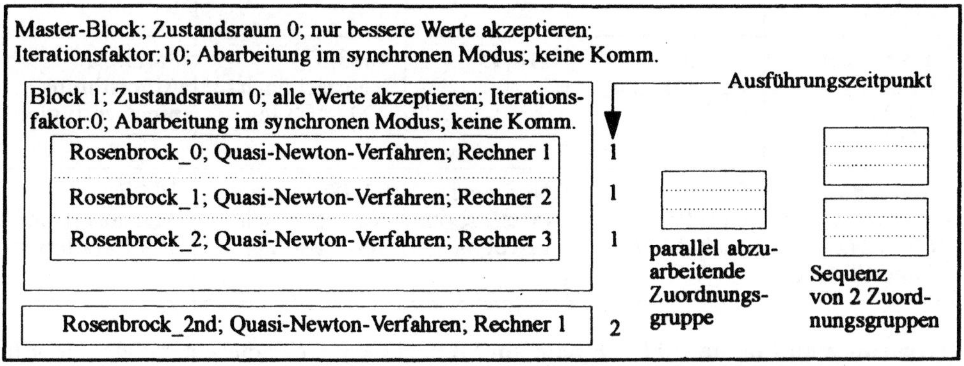


Abb. 60: Strategieskript zur Lösung des dekomponierten Rosenbrockschen Testbeispiels

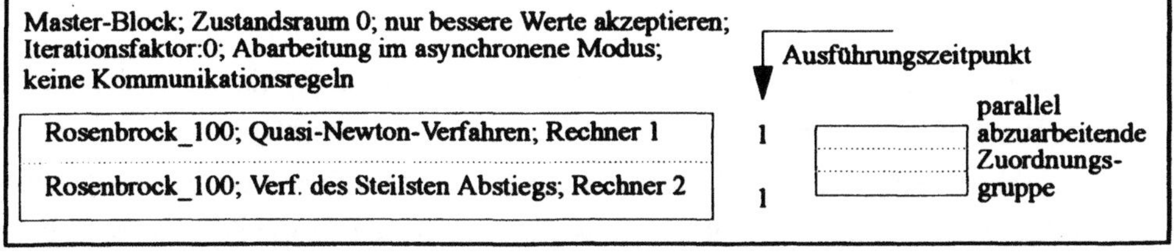


Abb. 61: Strategieskript mit Algorithmenkombination zur Lösung des Rosenbrockschen Testbeispiels

*(iv) Parallel arbeitende Algorithmenkombination:*

Im weiteren kam auch eine parallele Algorithmenkombination, bestehend aus einem Quasi- Newton-Verfahren und einem Verfahren des Steilsten Abstiegs, zur Lösung des

**Tabelle 5: Problemlösungszeiten (in Sekunden) für das Quasi-Newton-Verfahren und die unterschiedlichen Vorgehensweisen zur Lösung des Rosenbrockschen Testbeispiels**

| Rechner-architektur | Sequentieller Ansatz, Neustart nach 300 Iterationen | Dekompo-sitions-ansatz | Algorithmen-kombination Steilst. Abstieg /Quasi-Newton | paralleler Algorithmus |
|---|---|---|---|---|
| Sun 4/630 4 Prozessoren (40 MHz SPARC) | 165,25 Opt. Lösung nach 820 Iter. | 19,84 | 284,00 Neustart nach 200 / 100 Iter. | 72,55 Neustart nach 200 Iterationen |
| Netzwerk Sun 4/25 (33 MHz SPARC) | 233,95 Opt. Lösung nach 820 Iter. | 22,24 | 405,54 Neustart nach 200 / 100 Iter. | Paralleler Algorithmus nicht verfügbar |
| Transputer Cluster (20 MHz T800) | 3052,00 Opt. Lösung nach 1029 Iter. | 318,95 | 4083,53 Neustart nach 200 / 100 Iter. | Paralleler Algorithmus nicht verfügbar |
| Sun 4/85 2 Prozessoren (40 MHz SuperSPARC) | 51,65 Opt. Lösung nach 820 Iter. | Nur zwei Prozessoren verfügbar | 93,78 Neustart nach 200 / 100 Iter. | 34,27 Neustart nach 300 Iterationen |

Problems zum Einsatz. Abb. 61 zeigt ein Strategieskript, das diese parallele Algorithmenkombination realisiert. Die Ergebnisse wurden in Tabelle 5 aufgenommen. Diese enthält eine Zusammenfassung der Testrechnungsergebnisse für die in Abb. 12 auf Seite 50 aufgeführten Rechnerplattformen.

Der Dekompositionsansatz ist im Fall der Rosenbrockschen Testfunktion der erfolgreichste Problemlösungsansatz. Hierfür sind zwei Gründe ausschlaggebend:

(i) Die Teilsysteme sind nur schwach gekoppelt und das auf der Koordinierungsebene zu lösende Optimierungsproblem ist wesentlich kleiner als die Subsystemoptimierungsprobleme.

(ii) Der spezielle Aufbau der Zielfunktion führt zu einer schnellen Konvergenz des Dekompositionsansatzes, da die Vorgaben der Koordinierungsebene die Subsystemoptimierung massiv beeinflussen: Der Term $(x_i - 1)^2$ führt dazu, daß die Koordinierungsvariablen sehr schnell den optimalen Wert annehmen. Über den gemischten Term $100\,(x_{i+1} - x_i^2)^2$ findet dieser dann den Eingang in die Subsystemoptimierungen.

Der Einsatz eines parallelen Algorithmus führt ebenfalls zu einer Verkürzung der Rechenzeiten. Aus den Zahlen der Tabelle 4 geht jedoch hervor, daß die derzeitige parallele Implementierung des Quasi-Newton-Verfahrens für drei und mehr Prozessoren eine schlechte Effizienz besitzt.

Die parallel arbeitende Algorithmenkombination, bestehend aus einem Quasi-Newton-Verfahren und einem Verfahren des Steilsten Abstiegs, bewirkt keine Verkürzung der Rechenzeit. Die Rechenzeit hängt lediglich von der Häufigkeit der Neustarts des Quasi-Newton-Verfahrens ab. Insofern korrespondieren die in Tabelle 5 (2. Zeile) angegebenen 284 Sekunden mit den 282,8 Sekunden aus Tabelle 4 (2. Zeile, 2. Spalte). Die zusätzlichen 1,2 Sekunden ergeben sich aus dem Aufwand zur Koordinierung der Algorithmen.

## 6.3. Zur Lösung nichtkonvexer Optimierungsprobleme

Die Vorgehensweisen zur Lösung nichtkonvexer Optimierungsprobleme sollen hier am Beispiel der verallgemeinerten Rastrigin-Funktion besprochen werden. Diese ist multimodal und wird definiert als (vgl. [128]):

$$f(\boldsymbol{x}) = min \quad 30\,\mathrm{A} + \sum_{i=1}^{n} (x_i^2 - A\cos(\omega x_i)) .$$

Abb. 62 zeigt für den Fall n=30 die zugehörige OpTiX-II-Problembeschreibung. Die optimale Lösung ergibt sich für $x_i$=0 für i aus 1, ... , n.

```
realvar x(30),f;
intvar i;
constants
       A=50;
       w=3.1415926;

problem
subsystem "Rastrigin":
 f = min 30*A+sum(foreach i=1,..,30:sqr(x[i])-A*cos(w*x[i]));
decisionvar
     foreach i=1,..,30:x[i];
bounds
     foreach i=1,..,30: -5.0 <= x[i] <= 5.0;
endsubsystem;
endproblem;
```

Abb. 62: OpTiX-II-Problembeschreibung zur verallgemeinerten Rastrigin-Funktion

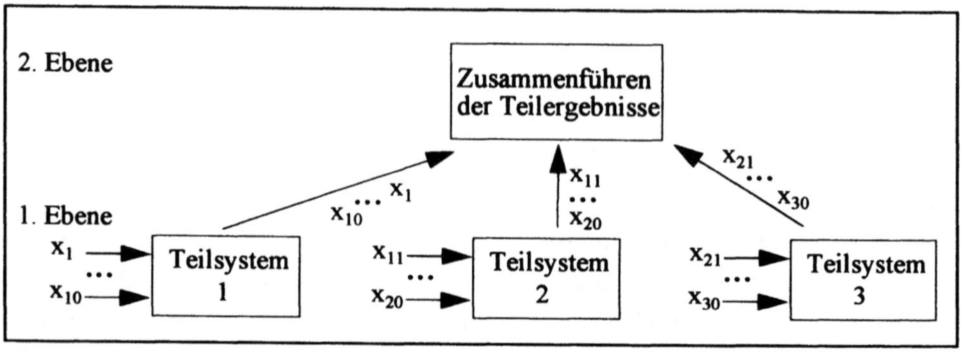


Abb. 63: Dekomposition der verallgemeinerten Rastrigin-Funktion

Die Zielfunktion ist vollständig separabel, so daß ein primales Dekompositionsverfahren gem. (F2.30) bis (F2.34) zur Lösung dieser Aufgabe sehr gut geeignet ist (vgl. Abb. 63). Da keine Kopplungen zwischen den Teilsystemen zu bestimmen sind, führt die 2. Ebene lediglich die Teilergebnisse zusammen (vgl. Abb. 64). Diese Zerlegung in mehrere Subsysteme besitzt den Vorteil, daß ein größeres Optimierungsproblem (30 Variablen) durch mehrere kleinere mit geringerem Komplexitätsgrad (10 Variablen) ersetzt wird. Diese kleineren Probleme können schneller und außerdem parallel gelöst werden. Anstelle des Dekompositionsansatzes kann auch eine parallele Algorithmenkombination, bestehend aus einem Verfahren des Steilsten Abstiegs, einem Nelder-Mead-Verfahren und einem Verfahren der adaptiven Zufallssuche, eingesetzt werden.

Tabelle 5 gibt nun eine Übersicht darüber, welche Rechenzeiten mit den unterschiedlichen Lösungsansätzen auf den unterschiedlichen Plattformen realisiert werden konnten.

Die spezielle Struktur und die Größe des Testproblems führen dazu, daß lediglich das Verfahren der Adaptiven Zufallssuche in der Lage ist, das 30-dimensionale Problem zu lösen. Der Einsatz der Algorithmenkombination bewirkt eine deutliche Verkürzung der Rechenzeit, da das Verfahren des Steilsten Abstiegs und das Nelder-Mead-Verfahren im Laufe der Optimierungsrechnung neue lokale Minima finden, die näher an der globalen Lösung liegen, als das bis dahin ermittelte Optimum. Eine drastische Reduzierung der Rechenzeiten konnte mit dem Dekompositionsansatz erreicht werden. Hierfür sind zwei Gründe ausschlaggebend:

(i) Die Dekomposition führte zu drei Teilsystemen, die parallel gelöst werden können. Aufgrund der vollständigen Separierbarkeit des Testproblems ist keine iterative Vorgehensweise notwendig.

(ii) Die Komplexität der drei 10-dimensionalen Probleme ist geringer als die des 30-

dimensionalen Problems. Dies hat zur Folge, daß zur Lösung der 10-dimensionalen Probleme Algorithmen eingesetzt werden können (Nelder-Mead, Steilster Abstieg), die bei dem 30-dimensionalen Problem nur ein lokales Optimum erreichen.

Im Zuge der Testrechnungen wurden ebenfalls Multistart-Ansätze zur Lösung des Optimierungsproblems getestet. Diese führten jedoch zu keinem verbesserten Problemlösungsverhalten.

Die erweiterte Rastrigin-Funktion, die in der Literatur verwendet wird, um stochastische Optimierungsverfahren und Vorgehensweisen der Globalen Optimierung zu tes-

```
realvar x(30),f,f1,f2,f3;
intvar i;
constants
    A=50;
    w=3.1415926;

problem
subsystem "Rastrigin_1":
    f1 = min sum(foreach i=1,..,10:sqr(x[i])-A*cos(w*x[i]));
decisionvar
    foreach i=1,..,10:x[i];
bounds
    foreach i=1,..,10: -5.0 <= x[i] <= 5.0;
endsubsystem;


subsystem "Rastrigin_2":
    f2 = min sum(foreach i=11,..,20:sqr(x[i])-A*cos(w*x[i]));
decisionvar
    foreach i=11,..,20:x[i];
bounds
    foreach i=11,..,20: -5.0 <= x[i] <= 5.0;
endsubsystem;


subsystem "Rastrigin_3":
    f 3= min sum(foreach i=21,..,30:sqr(x[i])-A*cos(w*x[i]));
decisionvar
    foreach i=21,..,30:x[i];
bounds
    foreach i=21,..,30: -5.0 <= x[i] <= 5.0;
endsubsystem;


subsystem "Rastrig_2nd":
    f = compute f1+f2+f3;
endsubsystem;
endproblem;
```

Abb. 64: OpTiX-II-Problembeschreibung mit Dekomposition der verallgemeinerten Rastrigin-Funktion

**Tabelle 6: Problemlösungszeiten (in Sekunden) für die unterschiedlichen Vorgehensweisen zur Lösung der verallgemeinerten Rastrigin-Funktion**

| Rechnerarchitektur | Sequentieller Ansatz | Dekompositionsansatz | Algorithmenkombination |
|---|---|---|---|
| Sun 4/630<br>4 Prozessoren<br>(40 MHz SPARC) | 341.03 | 7.1 | 90.18 |
| Netzwerk<br>Sun 4/25<br>(33 MHz SPARC) | 574.00 | 10.97 | 160.00 |
| Transputer<br>Cluster<br>(20 MHz T800) | 3374.63 | 68.87 | 2552.76 |
| Sun 4/85<br>2 Prozessoren<br>(40 MHz SuperSPARC) | 157,53 | nur zwei Prozessoren verfügbar | 42,64 |

ten, diente in dieser Arbeit als Beispiel, um das Potential, das die Parallelverarbeitung bietet, zu demonstrieren. Eine genauere Analyse der Funktion zeigt, daß sie auch in 1-dimensionale Teilsysteme zerlegt werden könnte, die alle die gleiche Lösung besitzen.

## 6.4. Praktische Anwendungsbeispiele

Im folgenden sollen anhand von einigen Anwendungsgebieten die Einsatzmöglichkeiten von OpTiX-II veranschaulicht werden. Das Unterkapitel 6.4.1 führt zunächst zwei Anwendungen aus dem Bereich der Wirtschaftswissenschaften auf. Dem folgen in den Unterkapiteln 6.4.2 und 6.4.3 je ein Beispiel aus dem Chemieanlagenbau und aus der Mechanik.

### 6.4.1. Wirtschaftswissenschaftliche Anwendungsbeispiele

Am Beispiel der Planung der mengenmäßigen Zusammensetzung eines Produktionsprogramms und der Ermittlung eines optimalen Marketing-Mixes sollen Einsatzmöglichkeiten der Problembeschreibungssprache aufgezeigt werden.

*(i) Planung der mengenmäßigen Zusammensetzung eines Produktionsprogramms:*
Im Rahmen der operativen Fertigungsprogrammplanung sind Entscheidungen über die mengenmäßige Zusammensetzung eines Produktionsprogramms zu fällen. Im gewählten Beispiel fertigt ein Betrieb mit den Maschinen A, B, C einer Produktionsanlage die

Produkte I und II (vgl. Abb. 65). Die Deckungsbeiträge der Produkte betragen 300 DM/Tonne (I) und 800 DM/Tonne (II). Die optimale mengenmäßige Zusammensetzung des Produktionsprogramms maximiert den durch das Produktionsprogramm erzielten Deckungsbeitrag, so daß sich das folgende Optimierungsproblem ergibt:

Maximiere $300x_1 + 800x_2$, unter Beachtung der Restriktionen:

$$2x_1 + 4x_2 \leq 180,$$
$$2,4x_1 + 2,4x_2 \leq 160\ ,$$
$$0,7x_1 + 3,5x_2 \leq 140,$$
$$x_1, x_2 \geq 0 \text{ (zu fertigende Mengen der Produkte I und II).}$$

Mit der in Abb. 66 wiedergegebenen OpTiX-II Problembeschreibung ergibt sich die optimale Lösung zu $x_1$ = 16,67 Tonnen und $x_2$ = 36,67 Tonnen.

| | Fertigungszeit der Produkte (Stunden/Tonne) I | II | maximale Kapazität (Stunden/Monat) |
|---|---|---|---|
| A | 2 | 4 | 180 |
| B | 2.4 | 2.4 | 160 |
| C | 0.7 | 3.5 | 140 |

Abb. 65: Fertigungszeiten der Produkte I und II sowie Kapazitäten der Maschinen A, B, C

```
realvar
      x1,x2,f;
init
      x1 = 1.0;
      x2 = 2.0;
problem
subsystem "Produktionsprogrammplanung":
      f= max 300*x1 + 800*x2 ;
decisionvar
      x1,x2;
constraints
      2*x1+4*x2         <= 180;
      2.4*x1+2.4*x2     <= 160;
      0.7*x1+3.5*x2     <= 140;
      x1 >= 0;
      x2 >= 0;
endsubsystem;
endproblem;
```

Abb. 66: OpTiX-II-Problembeschreibung zur Ermittlung der mengenmäßigen Zusammensetzung eines Produktionsprogramms im Rahmen der operativen Fertigungsprogrammplanung

*(ii) Ermittlung eines optimalen Marketing-Mixes:*

Viele Marketing-Instrumente stehen in enger Wechselwirkung zueinander, so daß im Rahmen einer Marketing-Entscheidung der optimale Marketing-Mix, d.h. diejenige Kombination, die zur maximal möglichen Erfüllung des Marketing-Ziels führt, ermittelt werden muß.

Das hier wiedergegebene Beispiel aus Balachandran und Gensch [10] ermittelt für eine Brauerei einen Marketing-Mix, welcher den Absatz maximiert (vgl. Luptacik [109], S. 142ff. bzw. Eiselt [48], S. 695ff). Hierbei ermittelten Balachandran und Gensch die in Abb. 67 als Zielfunktion wiedergegebene Abhängigkeit zwischen dem Absatz in Millionen USD und dem Einsatz der im folgenden beschriebenen Marketing-Instrumente: Das Unternehmen kann auf den Preis des Produktes ($A1_t$), oder auf das Image ($A2_t$) zielende Werbeausgaben tätigen. Des weiteren können in den Geschäften anzubringende Werbemittel (Reklameschilder, Werbegeschenke, Kataloge etc.) zu Werbeausgaben ($I_t$) führen. Diese Werbeausgaben sind im Modell definiert als das Verhältnis der Werbungsausgaben der Firma in der Zeitperiode t zu den gesamten Werbungsausgaben des Industriezweiges. Der relative Preis ($P_t$), ergibt sich als der Einzelhandelspreis (retail price) des Produkts der Brauerei, geteilt durch den Durchschnittspreis der konkurrierenden Firmen. Eine relative Preisänderung ($C_t$) wird als die Veränderung des Einzelhandelspreises der Firma vom Zeitpunkt t-1 zum Zeitpunkt t, dividiert durch die Veränderung des Durchschnittspreises der Konkurrenten, definiert. Die Größe ($T_t$) beschreibt den Händlerrabatt oder spezielle Preiskonditionen, die Großabnehmern und Einzelhändlern eingeräumt werden. Zur Berechnung der relativen Kosten für die Beschäftigung von Vertretern und Verkäufern ($S_t$) werden die entsprechenden Kosten der Brauerei durch die Kosten des Industriezweiges geteilt. Des weiteren beinhaltet die Distributionsvariable ($D_t$) den gewichteten prozentualen Anteil an Wiederverkäufern (retailers), die das Produkt der Brauerei im Programm haben. Die relative Aufmachung der Verpackung ($B_t$) und die relative Produktqualität ($Q_t$) wurden durch Kundenbefragung ermittelt und die Variable ($Ac_t$) bezieht sich auf die Altersstruktur der Kundenpopulation.

Das aus Eiselt [48], S. 695ff entnommene Optimierungsproblem (vgl. Abb. 67) kann durch eine Aneinanderreihung einer Complex-Strategie und eines Verfahrens der Verallgemeinerten Reduzierten Gradienten gelöst werden. Die erzielte Lösung (Zielfunktionswert: 18.563239) lautet:

| | |
|---|---|
| | $C_t$ = 1.349490e+00 |
| $A1_{t-1}$ = 1.000000e-01, | $T_t$ = 1.300000e+00, |
| $A1_t$ = 1.001600e-01, | $S_{t-1}$ = 1.250000e+00, |

$A2_{t-1}$ = 2.500000e-01, $D_t$ = 8.000000e-01,
$A2_t$ = 1.065000e-01, $B_t$ = 1.800000e+00,
$I_t$ = 3.500000e-01, $Q_t$ = 8.000000e-01,
$P_t$ = 1.000000e-01, $Ac_t$ = 1.289440e+00.

```
realvar
   A1tm1,   /* advertising expend.,conc. the prod. price t-1*/
   A1t,     /* adv. expend.,concerning the product price */
   A2tm1,   /* adv. expend.,concerning the product image t-1*/
   A2t,     /* adv. expend.,concerning the product image */
   It,      /* in-store promotion */
   Pt,      /* price */
   Ct,      /* relative price change */
   Tt,      /* discounts */
   Stm1     /* sales effort t-1 */
   Dt,      /* distribution */
   Bt,      /* packaging appeal */
   Qt,      /* relative quality */
   Act;     /* age composition */

problem
 subsystem "MarketingMix":
 max 16.212 + 3.937 * A2tm1^0.91 * Bt^1.31
    -0.00021*A1tm1^(-0.95)*Pt^(-0.68)*Tt^(-0.84)*Ct^(-0.28)
    -0.00305*Act^(-0.18)*Qt^1.76-0.0046*It^(-0.9)*Stm1^(-1.1)
    -0.0053*Pt^(-0.76)*Dt^(-1.12);

 decisionvar
    A2tm1,A1tm1,It,Pt,Ct,Tt,Stm1,Dt,Bt,Qt,Act,A1t,A2t;
    /* A1t and A2t do not appear in the objective function */

 constraints
       A1tm1 + A2tm1  <= 0.35;   /* advertising */
       A1t + A2t      <= 0.35;
       A1t + A2t + It <= 0.60;
       Pt + A2tm1     <= 0.35;
 bounds
       0.20 <= It    <= 0.35; /* in-store promotion */
       0.10 <= Pt    <= 1.35; /* price */
       0.60 <= Ct    <= 1.35; /* relative price change */
       0.60 <= Tt    <= 1.30; /* discounts */
       0.80 <= Stm1  <= 1.25; /* sales effort */
       0.30 <= Dt    <= 0.80; /* distribution */
       0.60 <= Bt    <= 1.80; /* packaging appeal */
       0.80 <= Qt    <= 1.80; /* relative quality */
       0.80 <= Act   <= 1.30; /* age composition */
       0.10 <= A1t   <= 0.25; /* advertising */
       0.10 <= A2t   <= 0.25;
       0.10 <= A1tm1 <= 0.25;
       0.10 <= A2tm1 <= 0.25;
 endsubsystem;
endproblem;
```

Abb. 67: OpTiX-II-Problembeschreibung zur Ermittlung eines optimalen Marketing-Mixes für eine Brauerei

### 6.4.2. Anwendungsbeispiel aus dem Chemieanlagenbau

Dieses Anwendungsbeispiel soll den Einsatz externer Funktionen am Beispiel der Maximierung der Amortisationsrate einer Williams-Otto-Anlage verdeutlichen. Es wurde aus Gollmer [60], S. 17ff entnommen. Die in Abb. 68 wiedergegebene Williams-Otto-Anlage besitzt eine Struktur, die typisch für viele Systeme im Chemieanlagenbau ist. Sie besteht aus einem Reaktor, einem Separator, einer Destillationskolonne und einer Trenneinheit. Die Substanzen A und B sowie ein Recyclat werden in den Reaktor eingespeist. Als Output liefert dieser Reste der Eingangssubstanzen A und B, das gewünschte Ausgangsprodukt P, Zwischenprodukte C und E sowie Schweröl G.

Das Ziel des Optimierungsproblems besteht in der Maximierung der Amortisationsrate der Williams-Otto-Anlage. Hierbei sollen 15 Tonnen/Stunde von Substanz B verarbeitet werden. Als freie Parameter des Optimierungsproblems ergeben sich die Outputströme FRP, FRB, FRC und die Reaktionstemperatur T. Die analytische Beschreibung der Optimierungsaufgabe findet sich bei Gollmer [60], S. 17ff. und Richter [125], S.16ff.

Die Zielfunktion wird als externe C-Funktion (vgl. Abb. 70) formuliert und durch die "include"-Anweisung der OpTiX-II-Problembeschreibung eingebunden (vgl. Abb. 69). Das Optimierungsproblem kann mit dem Polytop-Verfahren gelöst werden. Der Zielfunktionswert im Optimum beträgt 121.534 und die Parametereinstellungen lauten:

$$FRP = 9.41697 \text{ t/h},$$
$$FRB = 71.7036 \text{ t/h},$$
$$FRC = 3.78986 \text{ t/h},$$
$$T = 374.691 \text{ K}.$$

Eine Einbindung der ursprünglichen FORTRAN-Funktion wäre auch möglich. Hierzu ist die *include*-Anweisung in *include "../examples/wotto.inc"* zu ändern. Die Datei *wotto.inc* hat dann die Anweisung *external knotto()* zu enthalten. Hierdurch wird der Name *knotto* eingeführt und kann im weiteren verwendet werden. Die Zielfunktion wäre zu ändern in:

*f = max ext(FCALL, "knotto",global import and export RP, global import and export RB, ...)*

Abschließend wäre die ursprüngliche FORTRAN-Funktion in der Phase der Problemübersetzung einzubinden. Hierzu sind der Dateipfad und Dateiname der FORTRAN-Funktion in die Liste *additional sources* der Editierumgebung einzutragen (vgl. Kapitel 5).

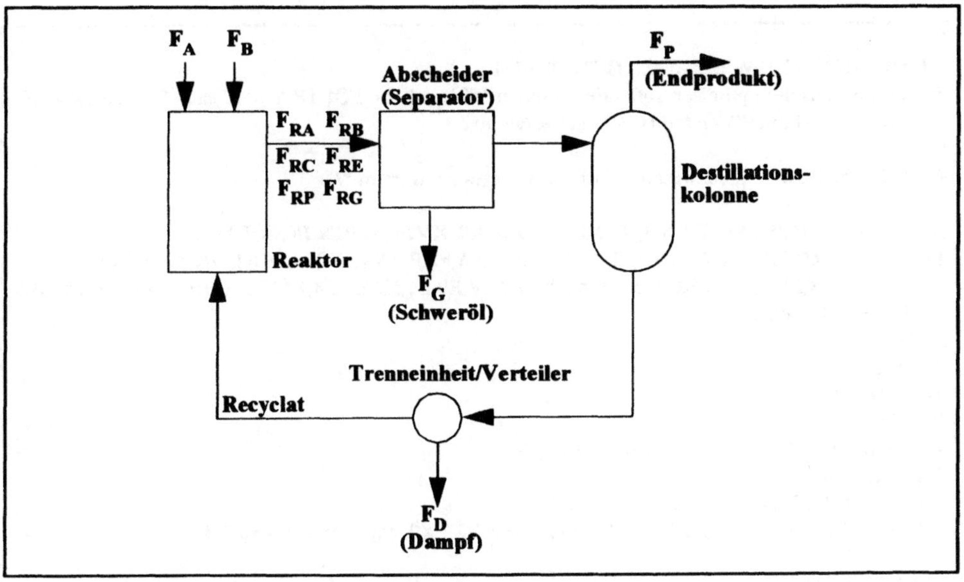


Abb. 68: Struktur der Williams-Otto-Anlage (vgl. [60], S. 17ff.)

```
include "../examples/wotto.c";
/* Williams Otto Plant */

realvar RP,RB,RC,TX,XB,XP,XG,XD,XA,XR,XV,FQSI,IUN,JK,COUNT,f;
init
        XB = 15.0; RP = 2; RB = 30; RC = 1; TX = 300;

problem subsystem "Williams_Otto":

f = max ext(CCALL,"knotto",
  global import and export RP, global import and export RB,
  global import and export RC, global import and export TX,
  global import and export XB, global import and export XP,
  global import and export XG, global import and export XD,
  global import and export XA, global import and export XR,
  global import and export XV, global import and export FQSI,
  global import and export IUN, global import and export JK,
  global import and export COUNT);

decisionvar RP,RB,RC,TX;
bounds
        2   <= RP <= 12;  /* t/h */
        30  <= RB <= 100; /* t/h */
        1   <= RC <= 10;  /* t/h */
        300 <= TX <= 400; /* K */

endsubsystem;
endproblem;
```

Abb. 69: OpTiX-II-Problembeschreibung zur Maximierung der Amortisationsrate der Williams-Otto-Anlage

```
/*
C MODEL OF THE WILLIAMS-OTTO-PLANT
Entnommen aus der optimiser Software (Gollmer [60])und von FORTRAN 1:1 nach C übertragen */
abgelegt unter ~home/Optix/optix2/examples/wotto.c
*/
#include <math.h> /* ganz wichtig, darf nicht vergessen werden */

double knotto(RP,RB,RC,TX,XB,XP,XG,XD,XA,XR,XV,FQSI,IUN,JK,COUNT)
double *RP,*RB,*RC,*TX,*XB,*XP,*XG,*XD,*XA,*XR,*XV,*FQSI,*IUN,*JK,*COUNT;
{ double A,B,T,FRB,FRP,FRC,FB,X1,X2,X3,E7,E8,E9,E1,E2,E3,E4,F1,F2,F3,BE,FP,FRE,FRA,AL;
 double BET,FG,FD,FA,FR,V;
(*COUNT)++ ;
 A=-50.;
 B=2204.225;
 T=*TX * 1.8;
 FRB=*RB * B; FRP=*RP * B; FRC=*RC * B;
 FB=*XB * B;
 X1=-12000./T; X2=-15000./T; X3=-20000./T;
 X1=5.9755E+09*exp(X1); X2=2.5962E+12*exp(X2); X3=9.6283E+15*exp(X3);
 E7=X1*FRB;
 E8=X2*FRB*FRC;
 E9=X3*FRC*FRP;
 E1=E8/E7+E9/2./E7;
 E2=E8*FRC/10./E7;
 E3=0.8*E8-0.5*E9;
 E4=FRB+FRC;
 F1=2.2*E8+1.5*E9+E3-E7*E1;
 F2=FB*E3+E4*E8*0.2-E2*E7+FRP*(E7*E1-E3-1.5*E9-2.2*E8);
 F3=FRP*(E2*E7-0.2*E8*E4);
 BE=sqrt( (F2/2./F1)*(F2/2./F1) -F3/F1)-F2/F1/2.;
 FP=FRP-BE; FRE=10.*BE;
 FRA=FRC/10./E7*(10.*X2*FRB+5.*X3*FRP+E8/BE);
 AL=FRA+FRB+11.*BE+FRC;
 BET=FP/(0.8*E8-0.5*E9);
 FG=1.5*E9*BET;
 FD=0.2*AL*BET*E8/BE;
 FA=E7*FRA*BET+FD*FRA/AL;
 FR=AL+FG+FP;
 V=BET*FR*FR/50.;
 *IUN=0;
 *XP=FP/B;
 *XG=FG/B;
 *XD=FD/B;
 *XA=FA/B;
 *XR=FR/B;
 *XV=V*2.8315E-2;
 *FQSI=(84.*FA-201.96*FD-336.*FG+1955.52*FP-2.22*FR-3000.*V)/V/300.;
 return(*FQSI);
}
```

Abb. 70: Routine zur Berechnung der Amortisationsrate der Williams-Otto-Anlage

### 6.4.3. Anwendungsbeispiel aus der Mechanik

Dieses Anwendungsbeispiel wird in der Arbeit von Weinert [158] vorgestellt. Dieser beschäftigt sich u.a. mit dem Einsatz von parallelen Vorgehensweisen bei der Gestaltsoptimierung einer komplexen Kfz-Radkonstruktion. Weinert ([158], S. 114 ff) beschreibt die Problemstellung wie folgt (vgl. Abb. 71):

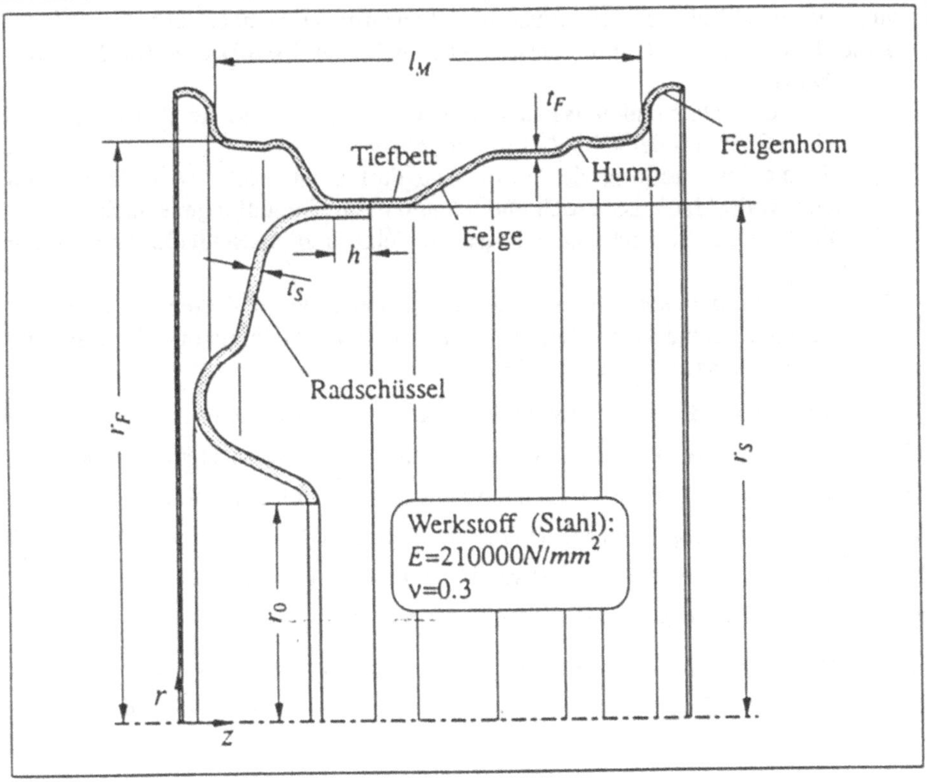


*Bild 6.1: Rotationssymmetrisches Modell eines Kfz-Rades*

| | | | |
|---|---|---|---|
| $t_F$ | $= 2.5\,mm$ | $t_S$ | $= 3.6\,mm$ |
| $r_F$ | $= 190.1\,mm$ | $r_S$ | $= 168\,mm$ |
| $r_0$ | $= 70\,mm$ | $l_M$ | $= 139.7\,mm$ |

*Tab. 6.1: Geometriedaten des untersuchten Kfz-Rades*

Abb. 71: Modell des zu optimierenden Kfz-Rades aus Weinert [158], S. 115

„Für die als verzweigte Rotationsschale modellierte Radkonstruktion (Bild 6.1) ist der gewichtsminimale Entwurf zu finden. Die zugehörigen Geometriedaten sind in Tab. 6.1 zusammengefaßt. Das zu optimierende Rad unterliegt zwei wichtigen Prüflastfällen, der beim Rollprüfstandsversuch auftretenden Radaufstandsbelastung sowie der Belastung aus dem Umlaufbiegeversuch. Die zur Verfügung stehenden Entwurfsfreiheitsgrade sind die Meridianformen der Radschüssel und des inneren Felgenteils (zwischen den Humpen) sowie die Dicken von Felge und Radschüssel. Das Generieren von veränderlichen Dickenverläufen ist für das zu untersuchende Rad aus fertigungstechnischen Gründen nicht erlaubt. Zusammengefaßt lautet die vom Optimalentwurf einzuhaltende Spezifikation für den Optimalentwurf:

I) Die maximale Vergleichsspannung nach v. MISES darf für den Lastfall an keiner Stelle größer sein als 150 N/mm$^2$.
II) Die maximal auftretende Verformung darf nicht größer sein als 1.8 mm beim Rollprüfstandsversuch und 0.5 mm beim Umlaufbiegeversuch.
III) Die Mindestüberdeckung h zwischen Felge und Radschüssel muß 10mm betragen.
IV) Die Verbindungspunkte zwischen Felge und Schüssel dürfen nur in axialer Richtung verändert werden, damit die Tiefe des Tiefbetts und der Bauraum für die Bremsen erhalten bleibt.“

Zur Modellierung und Berechnung der Kfz-Radkonstruktion kommt das Softwarepaket SAPOP [49][50] zum Einsatz. Eine Variante dieses Softwaresystems wurde im Rahmen der Zusammenarbeit am Forschungszentrum für Multidisziplinäre Analysen und Angewandte Strukturoptimierung (FOMAAS) an OpTiX-II gekoppelt. Weinert nutzt die Kombination dieser beiden Softwaresysteme, um zwei parallele Vorgehensweisen zur Lösung der Optimierungsaufgabe einzusetzen:

*(i) Einsatz einer parallel arbeitenden Sensitivitätsanalyse (Weinert [158], S. 128ff):*
Die Sensitivitätsanalyse dient der numerischen, analytischen oder semi-analytischen Ermittlung der Gradienten erster Ordnung von Zielfunktion und Restriktionen. Weinert wählt eine Parallelisierungsstrategie, die auf dem Master-Worker-Konzept basiert. Jeder Worker bestimmt hierbei die Gradienten für einige der 12 Entscheidungsvariablen. Damit erzielt er die in Tabelle 7 wiedergegebenen Werte für den Speed-Up und die Effizienz (vgl. Abb. 12 auf Seite 50).

*(ii) Einsatz des Dekompositionsverfahrens PARDEC (Weinert [158], S. 133ff.)*
Weinert dekomponiert das Kfz-Rad aus Abb. 71 mit der von ihm entwickelten Dekompositionsstrategie PARDEC in die zwei Teile Felge und Schüssel. Die parallele Umsetzung des Dekompositionsverfahrens führt zu einem Master-Prozeß, der die Hauptsystemrechnungen durchführt, und zwei Worker-Prozessen, von denen jeder ein Subsystem berechnet. Tabelle 8 listet die ermittelten Rechenzeiten für die sequentielle

und die parallele Realisierung des Dekompositionsansatzes auf. Unter Echtzeit ist hierbei die tatsächlich vergangene Zeit zwischen Programmstart und Programmende zu verstehen. In den Fällen $PARDEC_3$ und $PARDEC_4$ wurden unterschiedliche Schranken für die maximale Anzahl der Subsystemiterationen bestimmt.

**Tabelle 7: Speed-Up und Effizienz für die Radoptimierung bei parallel arbeitender Sensitivitätsanalyse (vgl. [158], S. 128)**

| Anzahl der | Sun 4/630 | | Workstation-Cluster (4/25) | |
|---|---|---|---|---|
| Prozessoren | Speed-Up | Effizienz | Speed-Up | Effizienz |
| 2 | 1,79 | 0,89 | 1,80 | 0,90 |
| 3 | 2,43 | 0,81 | 2,45 | 0,82 |
| 4 | 2,98 | 0,75 | 3,00 | 0,75 |
| 5 | NV | NV | 3,86 | 0,77 |

**Tabelle 8: Rechenzeiten (in Sekunden) für die Radoptimierung mit dem Dekompositionsverfahren PARDEC auf einer Sun 4/630 (vgl. [158], S. 137)**

| | $PARDEC_3$ | $PARDEC_4$ |
|---|---|---|
| Dauer der sequentiellen Ausführung (Echtzeit) | 11113 | 17893 |
| Dauer der parallelen Ausführung (Echtzeit) | 7058 | 11299 |
| Benötigte CPU-Zeit Master | 515 | 301 |
| Benötigte CPU-Zeit Worker 1 | 5393 | 10992 |
| Benötigte CPU-Zeit Worker 2 | 5272 | 6393 |

# 7. Weitere Einsatzmöglichkeiten des Softwaresystems

Dieses Kapitel zeigt am Beispiel der parallelen Lösung einer Auftragsreihenfolgeplanung für eine Flachheizkörperfertigung, daß OpTiX-II auch als Werkzeug zur Parallelprogrammierung eingesetzt werden kann. Hierdurch wird die Bearbeitung von Problemfeldern möglich, die nicht dem Bereich der nichtlinearen Optimierung entstammen.

Das Unterkapitel 7.1 ordnet hierzu die Auftragsreihenfolgeplanung in den Kontext der betrieblichen Produktionssteuerung ein und gibt einen kurzen Überblick über die Organisation der Beispielfertigung. Daran anschließend beschreibt das Unterkapitel 7.2 einen Algorithmus zur Auftragsreihenfolgeplanung und die darauf angewendete Parallelisierungsstrategie.

## 7.1. Problemstellung: Auftragsreihenfolgeplanung

Die Auftragsreihenfolgeplanung, die manchmal auch als Feinterminierung bezeichnet wird, fällt im Rahmen der Fertigungssteuerung an. Ihr Ziel ist es, den freigegebenen Fertigungsaufträgen eine optimale Bearbeitungsreihenfolge zuzuordnen. Hierzu müssen die ablaufbedingten Kosten, wie etwa Einrichte- oder Rüstkosten, Fertigungs-/Herstellkosten, Leerkosten, Lagerkosten sowie Termineinhaltungs- und Anpassungskosten minimiert werden. Die soeben genannten Kosten sind in der industriellen Praxis schwer quantifizierbar[1]. Aus diesem Grunde wird in praktischen Problemstellungen auf leicht quantifizierbare Ersatzziele, wie *minimale Durchlaufzeit*, *maximale Kapazitätsauslastung* und *Minimierung der Terminabweichungen*, zurückgegriffen. Diese Zeitziele beeinflussen indirekt die Kosten. Eine minimale Durchlaufzeit reduziert z.B. die Kapitalbindung und minimiert die Lagerzeiten. Des weiteren verringert die Maximierung der Kapazitätsauslastung die Leerkosten. Zwischen den obengenannten Zeitzielen können jedoch Zielkonflikte auftreten, wenn z.B. die Ziele minimale Durchlaufzeit und Minimierung der Terminabweichung auf der einen Seite in Opposition zu dem Ziel Maximierung der Kapazitätsauslastung geraten. Der allgemeine Fall der Auftragsreihenfolgeplanung mit zeitbasierten Ersatzzielen stellt ein diskretes Optimierungsproblem dar.

Im weiteren wird die Auftragsreihenfolgeplanung am Beispiel eines Unternehmens der metallverarbeitenden Industrie, das u.a. Heizkörper, Heizkessel und Warmwasserspei-

1. Vgl. Hoitsch [88], S. 190ff.

cher fertigt, untersucht. In der Flachheizkörperfertigung werden Flachheizkörper (kurz FHK) der Sortengruppen FHKalpha und FHKbetta gefertigt. Beide Sortengruppen zerfallen in eine Vielzahl von Varianten, die u.a. nach den folgenden Kriterien gebildet werden:

- Grundaufbau aus 1, 2 oder 3 Schalen (Platten),
- Grundaufbau aus 1 oder 2 Konvektoren (gepreßte Bleche),
- Bauhöhen 300, 400, 500, 600 oder 900 mm,
- Baulängen zwischen 400 und 3000 mm,
- Kundenspezifische Sonderanfertigungen.

Die Fertigung des Beispielbetriebs wurde als Gruppenfertigung mit sieben Funktionsgruppen organisiert. Die Produktionsaufträge durchlaufen typen- und ausführungsspezifische Fertigungsrouten (vgl. Abb. 72), wobei typen- und sortengruppenspezifisch nicht alle sieben Funktionsgruppen zu durchlaufen sind. Die Lackieranlage, die Endmontage und die Verpackungsanlage besitzen keine Zwischenläger sondern lediglich kleine Pufferbereiche, die ablaufbedingte Wartezeiten von ein bis zwei Aufträgen ermöglichen.

Für den Beispielbetrieb sind im Rahmen der Auftragsreihenfolgeplanung die folgenden Vorgaben und Voraussetzungen zu berücksichtigen:

- Die Auftragsreihenfolgeplanung soll für alle freigegebenen Produktionsaufträge erfolgen. Die Menge der einzuplanenden Aufträge ist fest vorgegeben. Neu hinzukommende Produktionsaufträge erfordern eine Neuplanung. Diese sollte pro Tag einmal erfolgen, so daß jeweils ein Tagesprogramm fest bestimmt wird.
- Ziel der Auftragsreihenfolgeplanung soll es sein, die Durchlaufzeiten der Aufträge zu minimieren.
- Eine feste Maschinenfolge ist vorgegeben (Flow-Shop-Konzept).
- Die einzelnen Produktarten durchlaufen eine technologisch fest vorgegebene Bearbeitungsreihenfolge.
- Ein Betriebsmittel kann nicht mehrere Arbeitsgänge gleichzeitig ausführen.
- Die Arbeitsgänge auf den Betriebsmitteln dürfen nicht unterbrochen werden.
- Ein Produktionsauftrag kann einen anderen überholen. Vereinfachend wird angenommen, daß die Kapazitäten der Zwischenlager (vgl. Abb. 72) nicht begrenzt sind.
- Rüstkosten sind reihenfolgeunabhängig und in den Bearbeitungszeiten eingerechnet. Die im Bereich der Schweißstraßen entstehenden Rüstkosten sind

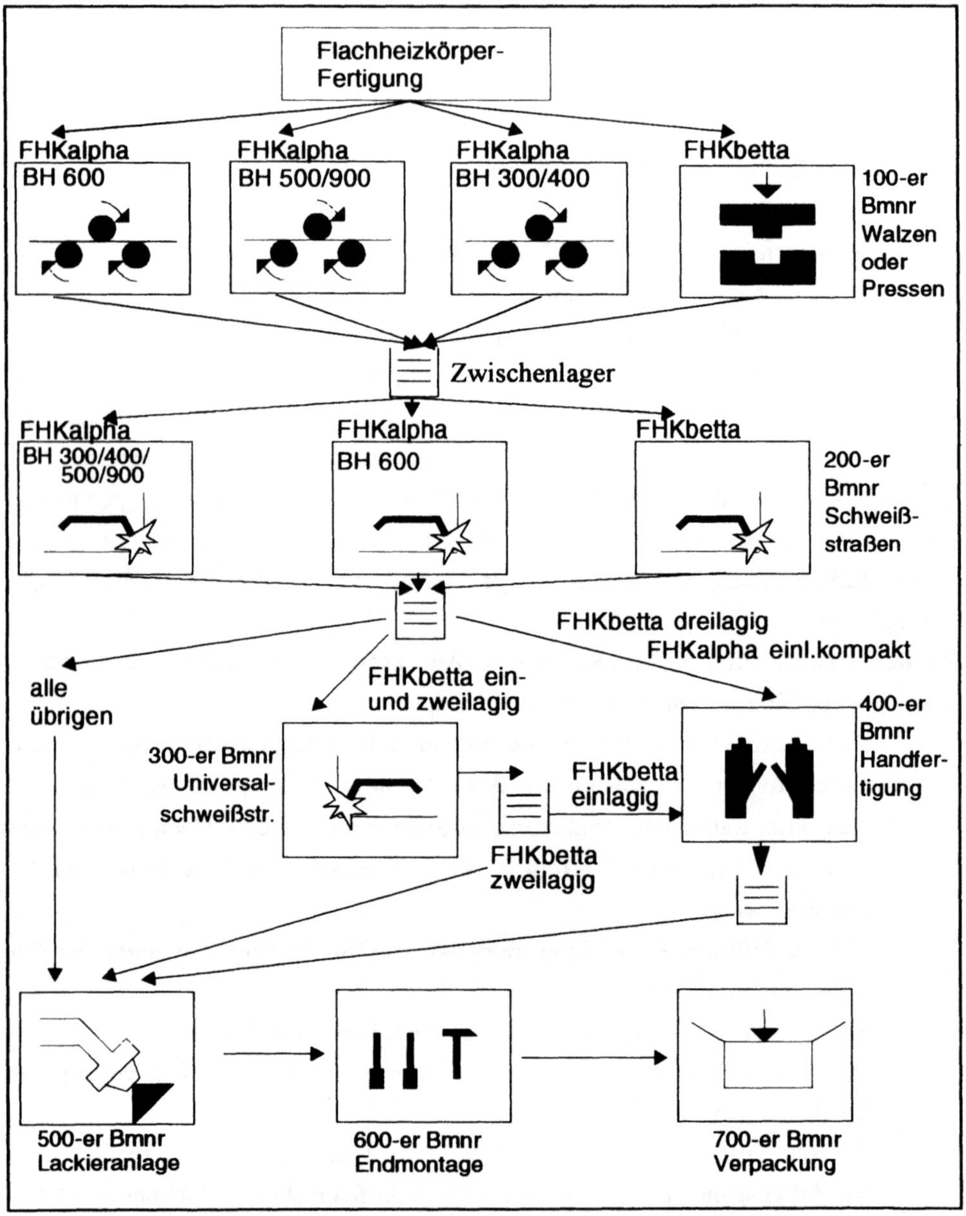


Abb. 72: Fertigungsablauf im Beispielbetrieb (vgl. Zipper [166] und Barten [11])

nicht zu berücksichtigen, da die Schweißstraßen im betrachteten Zeithorizont nicht umgerüstet werden.

- Bearbeitungs- (Produktions-) und Transportzeiten sind bekannt und konstant.

Als Ergebnis der Auftragsreihenfolgeplanung soll für jede Maschine ein Maschinenbelegungsplan entstehen, der die auszuführenden Arbeitsgänge zeitlich festlegt. Durch die Vorgabe des Ersatzziels: "Minimiere die Gesamtdurchlaufzeit aller Aufträge" reduziert sich das Optimierungsproblem zu einem diskreten Optimierungsproblem mit einfacher Zielsetzung.

## 7.2. Lösungsverfahren zur Auftragsreihenfolgeplanung

Eine Übersicht zu Verfahren der Auftragsreihenfolgeplanung gibt Müller-Merbach [117], S. 25ff. Dieses Kapitel beschäftigt sich ausschließlich mit einem speziellen Verfahren von Charlton und Death [29], das auch im weiteren zur Lösung von Reihenfolgeproblemen des Beispielbetriebes verwendet wird. Im folgenden wird zunächst die sequentielle Version des Verfahrens vorgestellt. Darauf aufbauend wird dann in Unterkapitel 7.2.2 eine parallel arbeitende Variante des Algorithmus entwickelt.

### 7.2.1. Sequentieller Algorithmus

Das Verfahren von Charlton und Death [29] wird in die Klasse der Depth-First-Branch-and-Bound[1]-Verfahren eingeordnet. Diese definiert Grama [62], S. 3, wie folgt: "Depth-First Branch-and-Bound (DFBB) is a Depth-First Search algorithm which searches the whole search space exhaustively; i.e., search continues even after finding the solution path. Whenever a new solution path is found, the current best solution path is updated. Whenever an inferior partial solution path (i.e., a partial solution path whose extensions are guaranteed to be worse than the current best solution path) is generated, it is eliminated. Upon termination, the current best solution is the global optimal solution."

Der Netzplan (vgl. Abb. 73) eines Reihenfolgeproblems stellt einen endlichen, gerichteten Graphen $G = (X, Z)$ dar. Die Knotenmenge $X$ besteht hierbei aus den einzelnen Operationen (Arbeitsgängen) der freigegebenen Produktionsaufträge sowie einem Startknoten 0 und einem Endknoten $n$. Die Operationen werden mit den ganzen Zahlen 1 bis $n-1$ durchnumeriert. Ein Element $(i,j)$ aus der gerichteten Kantenmenge $Z$ beschreibt einen technologischen Vorrang zwischen den Operationen $i$ und $j$ (Arbeitsgänge eines Produktionsauftrages) und entspricht somit einem Pfeil im Netzplan. Die Kanten erhalten ein Kantengewicht $d_{ij}$, das die Summe aus Bearbeitungs-, Übergangs- und Transportzeiten vom Beginn der Bearbeitung der Operation $i$ bis zum frühestmöglichen Beginn der Operation $j$ darstellt.

1. Zur Einordnung vgl. auch Shapiro [138], S. 1002.

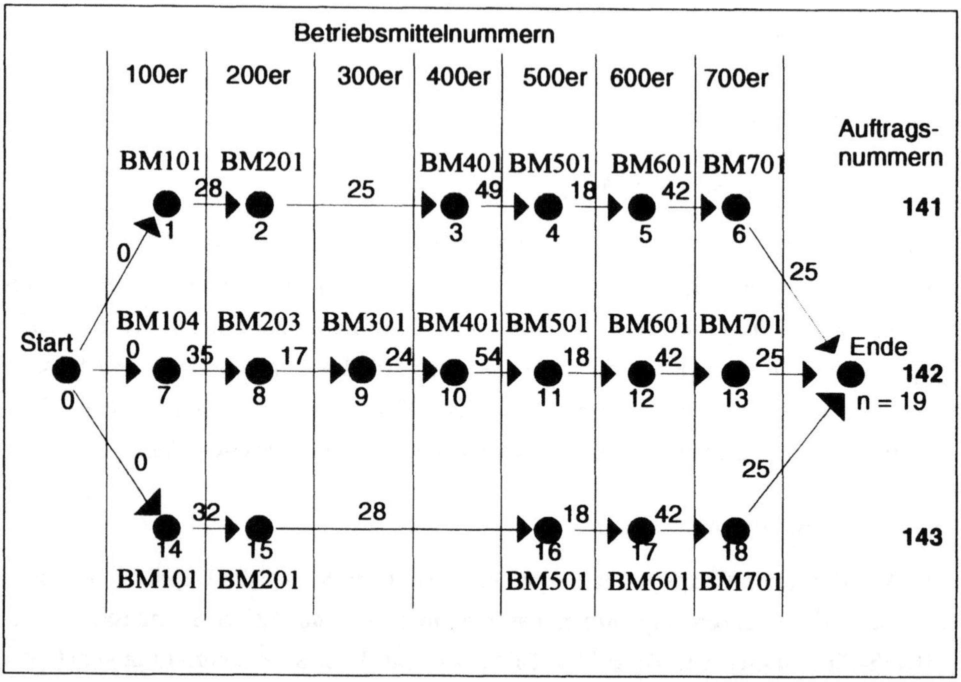


Abb. 73: Netzplan eines aus drei Aufträgen bestehenden Reihenfolgeproblems

Für jede Maschine m definieren Charlton und Death [29] eine Teilmenge $S_m$ von X, welche die Nummern aller Operationen enthält, die auf der Maschine m auszuführen sind. Mit $t_i$ als Startzeit der Operation i ( i = 1, ... , n-1) lautet die Formulierung des Reihenfolgeproblems:

Finde $t_i$ ( i = 1, ... , n-1) mit

(i) $t_j - t_i \geq d_{ij}$ für $(i,j) \in Z$,

(ii) $t_j - t_i \geq d_{ij}$ oder $t_i - t_j \geq d_{ji}$ für $i, j \in S_m$ , für alle m,

(iii) $t_i \geq 0$ für alle i,

so daß max $(t_i + d_{in})$ mit $(i,n) \in Z$ minimal wird.

Die Restriktionen vom Typ (ii) lassen sich in Restriktionen vom Typ (i) überführen. Die Formulierung des Reihenfolgeproblems lautet dann:

Finde $t_i$ ( i = 1, ... , n-1) mit

(i) $t_j - t_i \geq d_{ij}$ für $(i,j) \in Z \cup D$ ,

(ii) für alle m: i und j aus $S_m \Rightarrow (i,j) \in D$ oder $(j,i) \in D$ ,

(iii) $t_i \geq 0$ für alle i,

so daß max $(t_i + d_{in})$ mit $(i,n) \in Z$ minimal wird.

Das Reihenfolgeproblem wird hierbei zurückgeführt auf die Suche einer Menge D, für die der kritische Pfad[1] des Graphen $G = (X, Z \cup D)$ minimal wird. Die Kanten $(i,j) \in D$ werden als disjunktive Kanten bezeichnet, da in jeder zulässigen Lösung mit i und j aus $S_m$ immer entweder $(i,j) \in D$ oder $(j,i) \in D$ gelten muß.

Das Branch-and-Bound-Verfahren von Charlton und Death [29] enumeriert alle zulässigen Lösungen, indem es eine Sequenz von Mengen D erzeugt, die explizit oder implizit eine Kante jedes disjunktiven Paars aus (ii) enthält. Der Algorithmus startet mit einer leeren Menge D. Nach einer Vorwärtsterminierung überprüft der Algorithmus, ob zwei Operationen auf einer Maschine kollidieren. Ist dies der Fall, so wird die Menge D um einen Vorrang (disjunktive Kante) zwischen diesen beiden Operationen erweitert (vgl. Abb. 74). Dieser Vorgang, bestehend aus Vorwärtsterminierung und Kollisionserkennung, wird bis zum Auffinden einer zulässigen Lösung wiederholt. Danach dreht der Algorithmus in umgekehrter Reihenfolge alle disjunktiven Kanten um und versucht neue zulässige Lösungen des Problems zu konstruieren. Hierbei kann eine Menge D ignoriert werden[2], wenn die Vorwärtsterminierung für diese Menge einen kritischen Pfad liefert, dessen Länge über der einer bereits bekannten zulässigen

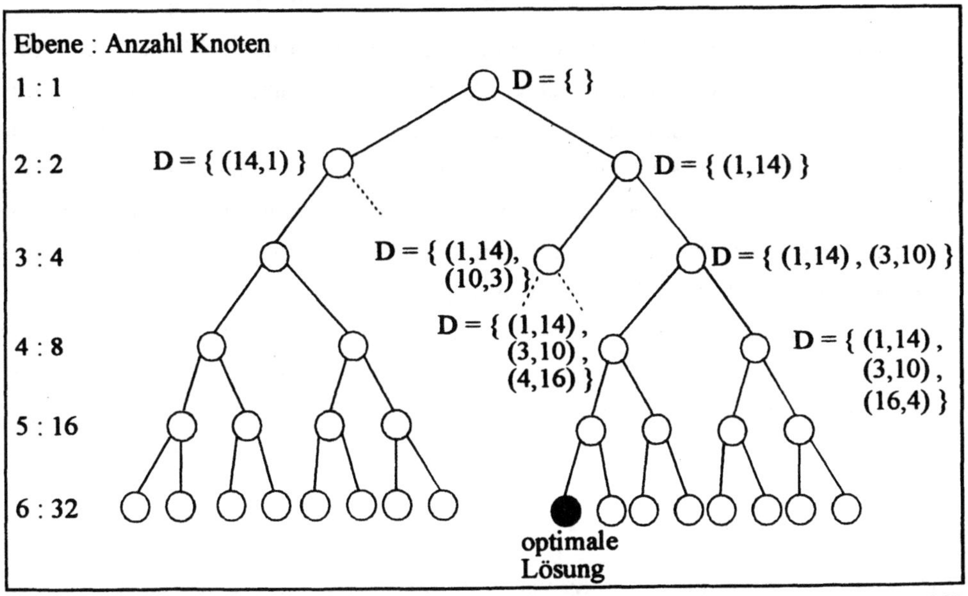


Abb. 74: Suchbaum des Branch-and-Bound-Verfahrens nach Charlton und Death [29]

1. Der kritische Pfad wird definiert als der längste Weg vom Startknoten 0 bis zum Endknoten n. Der Weg ist entlang der gerichteten Kanten zu durchlaufen.
2. Dies führt dazu, daß Teile des Suchbaums in Abb. 74 nicht weiter untersucht werden müssen.

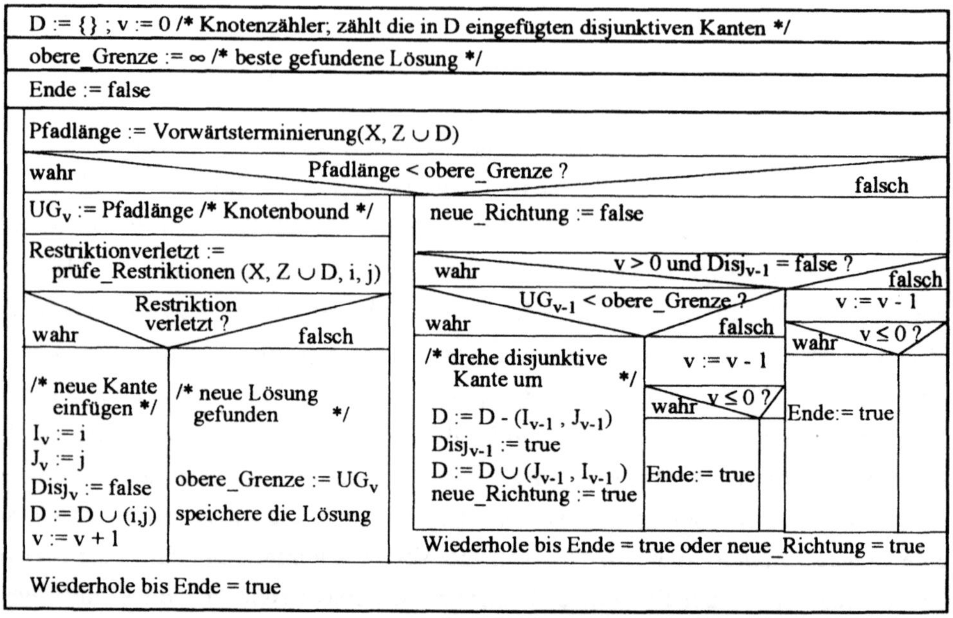


Abb. 75: Prinzipskizze des Algorithmus nach Charlton und Death [29]

Lösung liegt[1]. Die Details des sequentiell arbeitenden Algorithmus können dem Struktogramm in Abb. 75 entnommen werden. Die im Struktogramm verwendete Funktion *Vorwärtsterminierung* führt eine Vorwärtsrechnung durch und ermittelt für alle Operationen (Arbeitsgänge) die frühestmöglichen Anfangs- und Endtermine. Als Rückgabe liefert diese Funktion die Länge des kritischen Pfades vom Knoten 0 bis zum Knoten n. Die Funktion *prüfe_Restriktionen* überprüft, ob Restriktionen der Form (ii) verletzt sind. Ist dies der Fall, so liefert sie den Wert true zurück und die Variablen i und j enthalten die Knotennummern von zwei Operationen (Arbeitsgängen), die auf einer Maschine überlappen. Der Algorithmus fügt daraufhin eine disjunktive Kante (Vorrang) zwischen den beiden Operationen ein und führt eine neue Vorwärtsterminierung durch.

## 7.2.2. Paralleler Algorithmus

Eine Übersicht zur Parallelisierung von Algorithmen zur Lösung von Diskreten Optimierungsproblemen, zu denen auch das Auftragsreihenfolgeproblem gehört, geben

1. Die Aussage trifft zu, da die Länge des kritischen Pfades durch das Einfügen neuer Vorränge stetig ansteigt.

Grama und Kumar in [62] und [63]. Die Grundidee eines parallelisierten Branch-and-Bound-Verfahrens ist die folgende: Der ursprüngliche Suchbaum wird in mehrere unabhängige Teilbäume aufgespalten, die dann parallel durchsucht werden (vgl. Abb. 76). Ein einfaches System zur parallelen Lösung des Reihenfolgeproblems besteht in diesem Fall aus einer Kontrollkomponente, die eine Zerlegung des ursprünglichen Suchbaums vornimmt und aus Rechenkomponenten, die einzelne Teilbäume durchsuchen und ihre (verbesserte) Lösung an die Kontrollkomponente melden (vgl. Abb. 77). Die Kontrollkomponente stellt fest, ob die übermittelte Lösung eine Verbesserung der besten bekannten Lösung darstellt. Ist dies der Fall, so wird die Länge ihres kritischen Pfades allen übrigen Rechenkomponenten mitgeteilt. Diese bauen die Länge des kritischen Pfades der besten bekannten Lösung als neue obere Knotenschranke (Bound) in

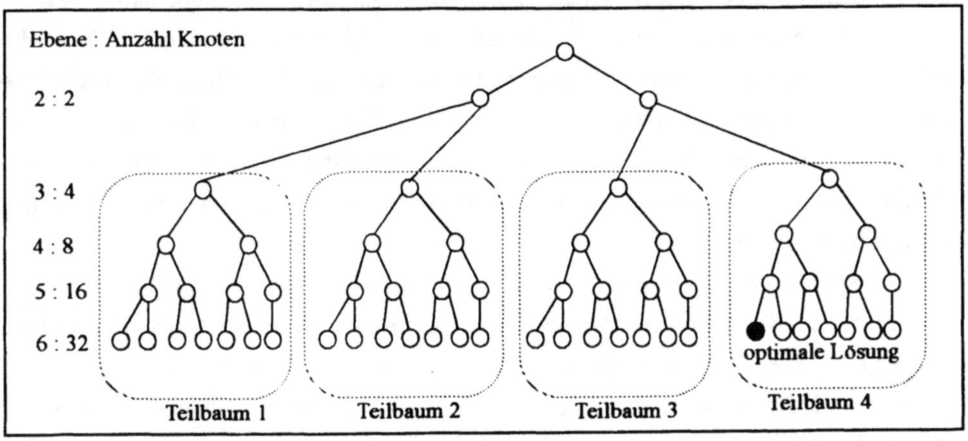


Abb. 76: Aufspaltung des Suchbaums eines Branch-and-Bound-Verfahrens in vier Teilbäume

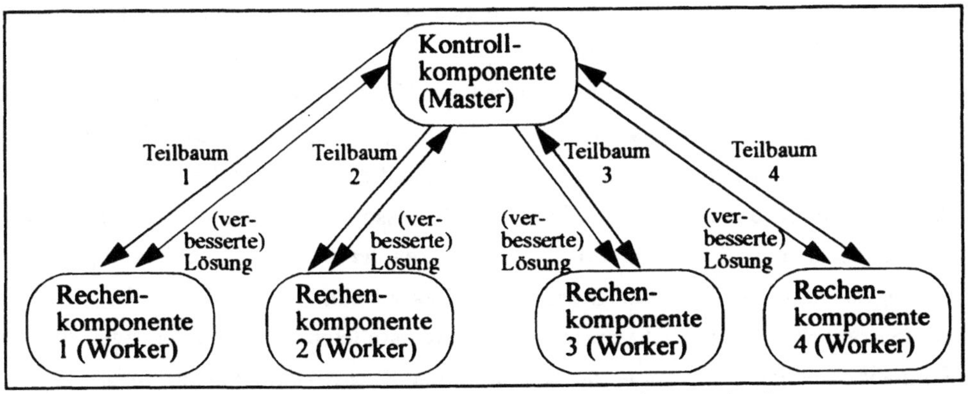


Abb. 77: Einfaches System aus einer Kontroll- und vier Rechenkomponenten zur parallelen Lösung eines Reihenfolgeproblems

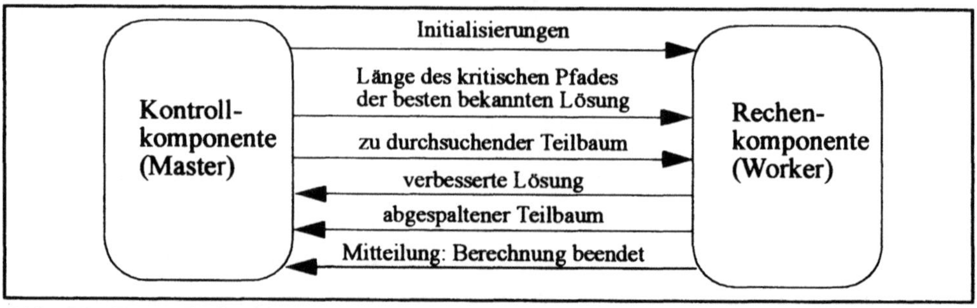


Abb. 78: Datenfluß zwischen Kontroll- und Rechenkomponente bei Lastbalancierung

ihren Suchprozeß ein und können so den tatsächlich zu durchlaufenden Suchraum weiter einschränken.

Ein Problem, das bei dieser Art der Parallelisierung auftritt, besteht darin, daß die Suche in den einzelnen Ästen des Suchbaums unterschiedlich aufwendig ist. Dies führt bei der Umsetzung auf reale Rechner zu einer ungleichen Verteilung der Rechenlast auf die eingesetzten Rechenkomponenten. Der in Abb. 77 beschriebene Ansatz muß deshalb um eine Lastbalancierungsstrategie erweitert werden. Die hier vorgeschlagene Parallelisierung des Algorithmus von Charlton und Death verwendet zwei Strategien zur Lastbalancierung:

(i) Der Suchbaum wird in eine große Anzahl von Teilbäumen aufgespalten, so daß die Anzahl der Teilbäume die Anzahl der zur Verfügung stehenden Rechenkomponenten bei weitem übersteigt. Nach dem Durchrechnen eines Teilbaums erhält die frei werdende Rechenkomponente einen neuen, unbearbeiteten Teilbaum zugeteilt.

(ii) Nach Überschreitung einer Zeitschranke gibt jede Rechenkomponente einen unbearbeiteten Teil des an sie übertragenen Suchbaums an die Kontrollkomponente zurück. Diese speichert die zurückgegebenen Suchbäume und ordnet sie anderen frei werdenden Rechenkomponenten zu.

Diese Vorgehensweise (vgl. Abb. 78) bietet den Vorteil, daß sie sich sehr gut an real existierende Hardware anpassen läßt. In Abhängigkeit von der Anzahl der zur Verfügung stehenden Prozessoren, der Leistungsfähigkeit der einzelnen Prozessoren und der Kommunikationsbandbreite zwischen den Prozessoren, können die Anzahl der zu durchsuchenden Teilbäume und die Zeitschranken der einzelnen Rechenkomponenten so eingestellt werden, daß eine gleichmäßige Lastverteilung erreicht wird. Die zentralisierte Kontrollkomponente kann sich bei massiv parallelen Implementierungen als eine Engpaßkomponente erweisen, da sie mit allen Rechenkomponenten Informationen austauschen muß. Dies hängt jedoch wesentlich von dem Kommunikationsnetzwerk

des verwendeten Rechners ab. Eine detaillierte Diskussion von zentralisierten und dezentralisierten Kontrollstrategien, bezogen auf eine spezielle Rechnerarchitektur, findet sich bei Eckstein [47].
Der im Rahmen dieser Arbeit entwickelte parallele Algorithmus zur Auftragsreihenfolgeplanung realisiert die oben beschriebenen Vorgehensweisen (vgl. Abb. 76 bis 78). Sein Aufbau wird in Anhang E beschrieben.

### 7.2.3. Parallele Auftragsreihenfolgeplanung mit OpTiX-II

Der im vorherigen Unterkapitel entwickelte, parallel arbeitende Algorithmus zur Auftragsreihenfolgeplanung kann mittels des in OpTiX-II integrierten Konzeptes zur Erstellung von grobkörnig parallel arbeitenden Programmen realisiert werden:

- Die Beschreibung der Master- und Worker-Prozesse erfolgt durch Teilsystemdefinitionen in der Problembeschreibungssprache (vgl. Abb. 79). Ein Hinweis auf die Quelltexte der Routinen Kontrollkomponente und Rechenkomponente findet sich in Anhang E.
- Die Erzeugung der nebenläufigen Prozesse erfolgt in der Problemlösungsphase durch die Formulierung eines geeigneten Strategieskriptes (vgl. Abb. 80).
- Die Kommunikation zwischen den nebenläufigen Prozessen erfolgt durch Aufrufe der OpTiX-II-Message-Passing-Bibliothek (vgl. Anhang E) und nutzt Kommunikationskanäle, die in der Problembeschreibung vereinbart werden (vgl. Abb. 79).

Der Einsatz des parallelen Algorithmus zur Auftragsreihenfolgeplanung erfolgt auf der in Kapitel 3 beschriebenen Rechnerumgebung (vgl. Abb. 12 auf Seite 50). Mit dieser wurde das betriebliche Umfeld eines verteilten DV-Systems simuliert. Dieses besteht aus einem zentralen Datenbankrechner zur Verwaltung der im Bereich der Fertigungssteuerung / Auftragsreihenfolgeplanung anfallenden Daten und aus einer größeren Anzahl von einzelnen Workstations, die für dedizierte Aufgaben (z.B. CAD) eingesetzt werden. Die Workstations sollen im weiteren zur Abarbeitung des parallelen Algorithmus eingesetzt werden. Hierzu werden zu Beginn der Optimierungsrechnung die zur Reihenfolgeplanung benötigten Daten vom Datenbankrechner in die einzelnen Workstations geladen. Diese berechnen eine optimale Auftragsreihenfolge als Vorgabe für die Fertigung und speichern diese Lösung in der zentralen Datenbank. Dieses verteilte DV-System zur Reihenfolgeplanung besitzt den Vorteil, daß der Datenbankrechner nur geringfügig belastet wird. Die eigentliche Rechenlast übernehmen die Workstations. Ständen im Beispielunternehmen Workstations zur Verfügung, die in der Nacht nicht genutzt werden, so könnte auf ihnen die optimale Auftragsreihenfolge des nächsten Ta-

```
/* Einbinden der Quelltexte */
include "/home/science/hboden/diss/maschbel.c";

realvar
     x(50), f, anzahl;

init
  /* Anzahl der einzuplanenden Fertigungsaufträge */
     anzahl = 6;
  /* Fertigungsauftragsnr. der einzupl. Fertigungsaufträge */
     x[0] = 120;    x[1] = 121;    x[2] = 122;
     x[3] = 123;    x[4] = 124;    x[5] = 125;
problem

subsystem "Kontrollkomponente":
communicating with "Rechenkomponente";
   f = compute ext (CCALL,"Kontrollkomponente",
       global import and local anzahl,
       global import and local x );
endsubsystem;

subsystem "Rechenkomponente":
communicating with "Kontrollkomponente";
   f = compute ext(CCALL,"Rechenkomponente");
endsubsystem;

endproblem;
```

Abb. 79: **OpTiX-II-Problembeschreibung zur Realisierung des parallelisierten Algorithmus**

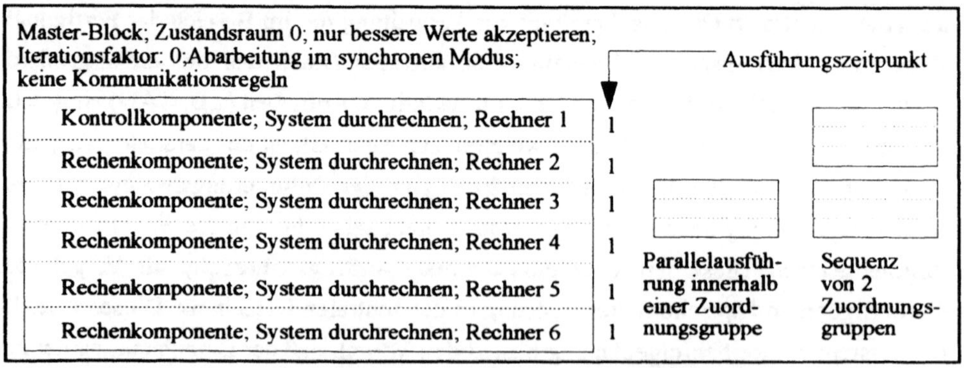


Abb. 80: **OpTiX-II-Strategieskript zur parallelen Reihenfolgeplanung**

ges bestimmt werden. Auf diese Art und Weise kann ein bestehendes betriebliches Informationssystem, ohne zusätzliche Hardwareinvestitionen, um eine Komponente erweitert werden. Besitzt der Datenbankrechner ausreichend ungenutzte Kapazitäten, so kann der rechenintensive Algorithmus selbstverständlich auch auf dem Datenbankrechner ablaufen. Der Vorteil der hier beschriebenen verteilten DV-Lösung besteht darin, daß bei Bedarf ein Teil der Rechenlast auf andere Maschinen ausgelagert werden kann. Zur Realisierung dieses Client-Server basierten Ansatzes kam das relationale Datenbankmanagementsystem Sybase SQL-Server zum Einsatz. Eine auf den Beispielbetrieb zugeschnittene Datenbank wurde hierbei von Menges [110] erstellt. Die Kommunikation mit dem Datenbankserver erfolgt aus der Kontrollkomponente unter Verwendung der Sybase DB-Library. Diese erlaubt es, SQL-Kommandos an den Datenbankserver abzusenden. Die selektierten Tupel können dann über Kommandos der DB-Library zeilenweise in die Workstation geladen werden. In der realisierten Beispielapplikation werden die Auftragsnummern der einzuplanenden Fertigungsaufträge in der OpTiX-II-Problembeschreibung vorgegeben (vgl. Abb. 79).

Mit dem parallelen Programm wurden für 9 bzw. 11 Fertigungsaufträge die in Tabelle 9 wiedergegebenen.Ergebnisse erzielt. Es zeigt sich, daß die Gesamtrechenzeit im parallelen Fall von 41296 auf 7852 bzw. von 190852 auf 34645 Sekunden sinkt. Dies entspricht einer Geschwindigkeitssteigerung um den Faktor 5.26 bzw. 5.51 und überrascht auf den ersten Blick, da im parallelen Fall lediglich vier Prozessoren zum Einsatz kamen. Hier liegt ein Phänomen vor, das in der Literatur als Speedup-Anomalie, Akzelerations-Anomalie oder superlinearer relativer Speedup bezeichnet wird ([90], [99], [121]). Diese Geschwindigkeitssteigerung ergibt sich, weil der Lösungsbaum im parallelen Fall (vgl. Abb. 76) gleichzeitig an verschiedenen Stellen durchsucht wird. Hierdurch kann in einem Teilbaum, der im sequentiellen Fall erst relativ spät untersucht werden würde,schon frühzeitig eine gute Lösung gefunden werden. Diese Lösung wird

**Tabelle 9: Problemlösungszeiten für die sequentielle und parallele Auftragsreihenfolgeplanung auf einer Sun 4/630 mit 4 Prozessoren**

| Anzahl Aufträge | Lösungsart | Echtzeit (Sek.) | CPU Zeit (Sekunden) | | | | | |
|---|---|---|---|---|---|---|---|---|
| | | | insgesamt | Master | Worker 1 | Worker 2 | Worker 3 | Worker 4 |
| 9 | sequentiell | 41917 | 41296 | 41296 | - | - | - | - |
| | parallel | 2093 | 7852 | 30 | 1946 | 1921 | 2040 | 1915 |
| 11 | sequentiell | 193804 | 190852 | 190852 | - | - | - | - |
| | parallel | 8800 | 34645 | 90 | 8651 | 8641 | 8611 | 8652 |

an alle parallel arbeitenden Worker-Komponenten übermittelt, so daß diese ganze Teilbäume von der weiteren Untersuchung ausschließen können.

Die parallele Realisierung des Branch-and-Bound-Verfahrens führt somit zu einem neuen Algorithmus, der die Eigenschaft besitzt, daß die Größe und die Gestalt des tatsächlich durchsuchten Lösungsbaumes von der Anzahl der zur Lösung eingesetzten Prozessoren abhängt. Prinzipiell wäre auch eine sequentiell arbeitende Realisierung dieser Vorgehensweise möglich.

# 8. Zusammenfassung und Ausblick

Die nichtlineare Optimierung liefert wertvolle Beiträge in der betrieblichen Planung und im ingenieurtechnischen Bereich. Ihr Einsatz muß in der Praxis aber unter Beachtung des Wirtschaftlichkeitsprinzips beherrscht werden. Hierbei muß beachtet werden, daß nicht jeder betriebliche Fachexperte auch ein Spezialist in den Gebieten der mathematischen Optimierung und der Programmierung von Computern ist. Der betriebliche Einsatz der nichtlinearen Optimierung macht deswegen vielfach nur Sinn, wenn dem betrieblichen Fachexperten Softwarewerkzeuge an die Hand gegeben werden, die eine effiziente Behandlung der anfallenden Aufgabenstellungen erlauben. Die in der Einleitung angestellten Kostenüberlegungen zeigen ferner, daß Workstations und Workstation-Netzwerke die Rechnerplattformen mit dem besten Preis-/Leistungsverhältnis bilden. Aus diesem Grunde widmet sich diese Arbeit der Entwicklung eines Softwarewerkzeuges, das die parallele und verteilte Lösung nichtlinearer Optimierungsprobleme auf diesen kostengünstigen Hardwareplattformen unterstützt.

Kapitel 2 dieser Arbeit gibt eine Übersicht zur nichtlinearen Optimierung und untersucht Parallelverarbeitungsansätze bei der Lösung nichtlinearer Optimierungsprobleme. Diese werden in zwei Unterklassen unterteilt: Die Ansätze der ersten Klasse nutzen Parallelität in den Optimierungsverfahren. Hierbei kommen parallel arbeitende Implementierungen sequentieller Algorithmen, neu entwickelte parallel arbeitende Algorithmen und parallel arbeitende Algorithmenkombinationen zum Einsatz. Die Ansätze der zweiten Klasse nutzen Parallelität, die in der Struktur des Optimierungsproblems gegeben ist. Hierzu zählen Dekompositionsverfahren und Vorgehensweisen zur Parallelisierung der Zielfunktionswertberechnungen.

Das 3. Kapitel liefert eine Klassifikation von Parallelrechnern und von Softwarewerkzeugen zur Parallelprogrammierung. Als Hardwarebasis für die spätere Implementierung des Softwaresystems wurden die am Institut zur Verfügung stehenden Rechner, also Workstations, Multiprozessor-Workstations und Transputer ausgewählt. Da in den Jahren 1989/90, zu Beginn dieser Arbeiten, am Institut keine geeigneten Softwarewerkzeuge zur Parallelprogrammierung zur Verfügung standen, erfolgte die Entwicklung eines eigenen Parallelverarbeitungsmodells. Dieses basiert auf dem Konzept der kommunizierenden sequentiellen Prozesse und ermöglicht die Realisierung von parallelen Programmen mit grober Granularität.

Das 4. Kapitel beschreibt den konzeptuellen Entwurf eines integrierten Softwaresystems zur parallelen Lösung von nichtlinearen Optimierungsproblemen (OpTiX-II).

OpTiX-II unterstützt die im 2. Kapitel vorgestellten Parallelverarbeitungsansätze für nichtlineare Optimierungsprobleme. In Anlehnung an die übliche Vorgehensweise bei der Lösung nichtlinearer Optimierungsprobleme unterstützt dieses Softwaresystem die drei Phasen Problemformulierung, Problemübersetzung und Problemlösung. In der Problemformulierungsphase beschreibt der Anwender das Ergebnis der Modellbildungsphase in einer Problembeschreibungssprache. Diese basiert auf der üblichen algebraischen Notation und besitzt Erweiterungen, die auf die Anforderungen der Parallelverarbeitung zugeschnitten sind. Spezielle Sprachkonstrukte erlauben die Zerlegung einer Optimierungsaufgabe in Teilaufgaben, die im Zuge der Problemlösung parallel gelöst werden können. Die Sprache besitzt des weiteren Konstrukte zur Einbindung externer Funktionen der Programmiersprachen C und FORTRAN, so daß komplexere Zusammenhänge, die sich in mathematischer Notation nicht oder nur mit größtem Aufwand beschreiben lassen, in Form von Funktionen einer Programmiersprache realisiert und eingebunden werden können. In der Problemübersetzungsphase übersetzt ein Compiler die Problembeschreibung in Unterprogramme der Programmiersprache C. Hierbei werden für alle Zielfunktionen und Restriktionen automatisch analytische Ableitungen erster und zweiter Ordnung bestimmt. Ein C-Compiler übersetzt diese Routinen und bindet sie mit einer umfangreichen Algorithmenbibliothek zu ausführbaren Programmen zusammen. Diese Programme werden im Zuge der rechnergestützten Lösung der Optimierungsprobleme auf die im Netzwerk vorhandenen Rechner verteilt. Die Problemlösungsphase wird durch einen Optimierungsleitstand unterstützt. Der Anwender nutzt ihn zur Erstellung eines Strategieskripts, das seine Lösungsstrategie im Detail beschreibt. Hierzu trifft er eine Auswahl der einzusetzenden Rechnerressourcen, der Optimierungsalgorithmen und ihrer Parametrisierung. Im Rahmen des Strategieskripts können die einzelnen in der Problemformulierungsphase definierten Teilaufgaben auf dem Rechnernetz verteilt und die zeitliche Reihenfolge ihrer Abarbeitung kann festgelegt werden. Nach der Formulierung des Strategieskripts dient der Optimierungsleitstand zur interaktiven Steuerung der Berechnungen. Die errechneten Problemlösungen werden auf dem Leitstand angezeigt. Der Anwender kann interaktiv in die laufende Optimierungsrechnung eingreifen und sein Strategieskript modifizieren oder die Optimierungsrechnung stoppen, um zur Problemformulierungsphase zurückzukehren und die Problembeschreibung zu überarbeiten.

Das 5. Kapitel beschreibt die Implementierung des Softwaresystems auf UNIX-basierten Workstations. Sie besteht i.w. aus den Komponenten Editierumgebung (Eingabe der Problembeschreibung), OpTiX-II-Compiler (Übersetzung der Problembeschrei-

bung) und Ausführungsumgebung (Steuerung der Optimierungsrechnung).
Im darauf folgenden 6. Kapitel werden einige Anwendungen des Systems vorgestellt. Die durchgeführten Testrechnungen belegen, daß der Einsatz von Parallelverarbeitungstechniken zur Lösung von nichtlinearen Optimierungsproblemen zu einer Reduzierung der Rechenzeiten führt. Als besonders vielversprechend erweist sich in diesem Zusammenhang der Einsatz von Dekompositionsverfahren.
Das abschließende 7. Kapitel zeigt am Beispiel der parallelen Lösung einer Auftragsreihenfolgeplanung, daß die in OpTiX-II realisierten Konzepte so mächtig sind, daß OpTiX-II auch als Werkzeug zur Parallelprogrammierung eingesetzt werden kann.
Die ersten Anwendungserfahrungen mit OpTiX-II belegen, daß es von einem Fachexperten zur parallelen Lösung nichtlinearer Optimierungsprobleme eingesetzt werden kann. Weinert [158] nutzt OpTiX-II z.B. um moderat-parallele Vorgehensweisen bei der Gestaltsoptimierung einer komplexen Kfz-Radkonstruktion zu realisieren. Die Konstruktionsaufgabe entstammt einem mittelständischen Unternehmen und zeigt, daß OpTiX-II gerade für diese Unternehmen, die über einige wenige Workstations in ihrer CAD-Abteilung verfügen und keinen Zugang zu einem Supercomputer besitzen, besonders gut geeignet ist.
Während der Arbeiten zu dieser Dissertation entstanden einige Publikationen ([16]-[21] und [68]-[72]), die inzwischen auch Beachtung gefunden haben: In einer vom Ministerium für Wirtschaft, Mittelstand und Technologie des Landes Nordrhein-Westfalen herausgegebenen Studie zum Thema Workstation-Cluster-Computing [115] wird OpTiX-II als eines von sieben nationalen Referenzprojekten geführt.
OpTiX-II wurde als Werkzeug für den betrieblichen Fachexperten konzipiert und sollte in Zukunft auch genutzt werden. Die Software steht deswegen auf dem ftp-Server des Fachbereichs Wirtschaftswissenschaften der Universität-Gesamthochschule Siegen (ftp.fb5.uni-siegen.de) im Verzeichnis „/pub/optimization" zur Verfügung und kann, unter Einhaltung der im wissenschaftlichen Austausch üblichen Konventionen, genutzt werden.
Die OpTiX-II-Software ist modular aufgebaut, so daß sie an zukünftige Entwicklungen angepaßt und erweitert werden kann.
Die *Anpassungen* sollten technische Neuerungen berücksichtigen. So wäre es denkbar, die OpTiX-II-Kommunikationsschicht mit dem gerade verabschiedeten Standard für Message-Passing-Bibliotheken (MPI) zu realisieren. Ferner bedarf die Graphikschnittstelle in der Zukunft einer Überarbeitung, da sich das verwendete XVIEW-Toolkit am Markt nicht behaupten kann und nach einer Übergangszeit von ca. 3-5 Jahren

vom Markt verschwinden wird.

Als *Weiterentwicklungen* der Software wären denkbar:

- die Integration von Algorithmen zur (gemischt) ganzzahligen Optimierung,
- die Kopplung an ein Softwarepaket zur linearen Optimierung,
- die Integration von wissensbasierten Ansätzen zur Auswahl und Parametrisierung der Optimierungsalgorithmen, zur Auswahl der Lösungsressourcen sowie zur Steuerung der Optimierungsrechnung,
- die Integration von weiteren parallel arbeitenden Algorithmen, um die immer stärker aufkommenden Multiprozessor-Workstations besser zu unterstützen.

# Literaturverzeichnis


[1] J. Abadie und J. Carpentier: *The Generalization of the Wolfe Reduced Gradient Method to the Case of Nonlinear Constraints*, in: R. Fletcher (Hrsg.): Optimization. Academic Press, 1969.

[2] A.V. Aho, R. Sethi und J.D. Ullman: *Compilers - Principles, Techniques, and Tools*. Addison-Wesley, Readung, MA, USA, 1986.

[3] S. Ahuja, N. Carriero und D. Gelernter: *Linda and Friends*. IEEE Computer, Vol. 19, No. 8, S. 26-34, 1986.

[4] Anon.: *A New Era in Computation*. Proceedings of the American Academy of Arts and Sciences, Vol. 121, Nr. 1 (Daedalus ISSN 0011-5266).

[5] Applied Parallel Research (Hrsg.): *FORGE 90 Version 8.0 Baseline System User's Guide*. 1992.

[6] M. Avriel und D.J. Wilde: *Optimal Search for Maximum with Sequences of Simultaneous Function Evaluations*. Management Science, 12, 1966, S. 722-731.

[7] S. Azarm, W.-C. Li: *Optimality and Constrained Derivatives in Two-Level Design Optimization*. Journal of Mechanical Design, Vol. 112, Dezember 1990, S. 563-568.

[8] J. Bailey: *First We Reshape Our Computers, Then Our Computers Reshape Us: The Broader Intellectual Impact of Parallelism*, in [4], S. 67-86.

[9] H. Bal: *Programming Distributed Systems*. Prentice Hall, New York, 1990.

[10] V. Balachandran und D. Gensch: *Solving the Marketing-Mix Problem Using Geometric Programming*. Discussion Paper No. 61, The Center for Mathematical Studies in Economics and Mamagement Science, Northwestern University, Evanston, Ill. Siehe auch: Management Science, Vol. 21, S. 160-171, 1974.

[11] J. Barten: *Implementierung eines Branch und Bound Verfahrens zur Lösung von Reihenfolgeproblemen als Komponente in einer Client-Server Architektur*. Studienarbeit, Forschungszentrum für Multidisziplinäre Analysen und Angewandte Strukturoptimierung (FOMAAS), Universität GH Siegen, April 1993.

[12] J. Behrens: *Parallele Algorithmen zur nichtlinearen Optimierung. Mathematische und algorithmische Beschreibung einiger Verfahren und ihre Implementation auf CRAY-Rechnern*. Berichte des Forschungszentrum Jülich: Jül-2705, 1992.

[13] D.P. Bertsekas: *Multiplier Methods: A Survey*. Automatica, Vol. 12, S. 133-145, Pergamon Press, 1976.

[14] D.P. Bertsekas und J. Tsitsiklis: *Parallel and Distributed Computation*. Prentice-Hall, Englewood Cliffs, NJ, 1988. Lecture Notes in Control and Optimization Sciences, 144, 1990, S. 423-431.

[15] K.-U. Bletzinger, R. Reitinger, St. Kimmich und E. Ramm: *Shape Optimization with System CARAT*, in [89], S. 97-124.

[16] H. Boden, R. Gehne und M. Grauer: *Parallel Nonlinear Optimization on a Multiprocessor System with Distributed Memory*, S. 65-78 in Grauer [67].

[17] H. Boden und M. Grauer: *Ein paralleler Lösungsansatz für nichtlineare Optimierungsprobleme*, S. 254-261, in R. Grebe und C. Ziemann (Hrsg.): Parallele Datenverarbeitung mit dem Transputer, Springer-Verlag 1991 (Informatik Fach-

berichte 272).

[18] H. Boden und M. Grauer: *Funktional parallele Lösung von Dekompositionsproblemen der mathematischen Optimierung*, S.139-146 in R. Grebe und M. Baumann (Hrsg.): Parallele Datenverarbeitung mit dem Transputer, Springer-Verlag 1992 (Informatik aktuell).

[19] H. Boden und M. Grauer: *A Software Environment for the Parallel and Distributed Solution of Nonlinear Optimization Problems on Networks of Heterogeneous Computers*. Arbeitspapier, vorgestellt beim 2nd Workshop on Parallel Numerical Analysis, Edinburgh, June 25-26, 1992.

[20] H. Boden und M. Grauer: *A Software System for the Parallel and Distributed Solution of Nonlinear Optimization Problems*. DGOR-Proceedings '92, Springer-Verlag, 1993. S. 216.

[21] H. Boden und M. Grauer: *A Decision Support System for the Solution of Nonlinear Optimization Problems on Parallel Computers*, in: Proceedings of the Symposium on Applied Mathematical Programming and Modeling (APMOD93), Budapest, 1993.

[22] L. Bomans, R. Hempel und D. Roose: *The Argonne/GMD Macros in Fortran for Portable Parallel Programming and their Implementation on the Intel iPSC/2*, S. 119-132 in Parallel Computing, Vol. 15, 1990.

[23] J. Bracken und G. McCormick: *Ausgewählte Beispiele für Nichtlineares Programmieren*. Verlag W. Kohlhammer, 1970.

[24] P. Brinch Hansen: *Distributed Processes: A Concurrent Programming Concept*. Commun. ACM, Vol. 21, No. 11, S. 934-941, 1978.

[25] A. Brooke, D: Kendrick und A. Meeraus: *GAMS: A User's Guide*. The Scientific Press, Redwood City, Kalifornien, USA, 1988.

[26] O. Burdakov und C. Richter: *Parallel Hybrid Optimization Methods*, in A. Kurzhanski, K. Neumann und D. Pallaschke (Hrsg.): Optimization, Parallel Processing and Applications. Springer-Verlag, Berlin, 1988, S. 16-23.

[27] R. Butler und E. Lusk: *Users's Guide to the p4 Parallel Programming System*. Technical Report ANL-92/17, Argonne National Laboratory, Mathematics and Computer Science Division, 1992.

[28] R.H. Byrd, R.B. Schnabel und G.A. Schultz: *Parallel Quasi-Newton Methods for Unconstrained Optimization*. Mathematical Programming B, 42, Nr. 2, 1988, S. 273-206.

[29] J.M. Charlton und C.C. Death: *A Generalized Machine-schelduling Algorithm*. Operational Reserach Quarterly, Vol. 21, No. 1, 1970, S. 127-134.

[30] D.Y. Cheng: *A Survey of Parallel Programming Languages and Tools*. Report RND-93-005, NAS Systems Development Branch, NAS Systems Devision, NASA Ames Research Center, Moffett Field, CA, USA, 1993.

[31] A. Colville: *A Comparative Study of Nonlinear Programming Codes*. Report #320-2949, IBM New York, Scientific Center, 1968.

[32] D. Comer: *Internetworking with TCP/IP*. Prentice-Hall, 1988.

[33] A.R. Conn, N.I.M. Gould und P.L. Toint: *A Globally Convergent Augmented Lagrangian Algorithm for Optimization with General Gonstraints and Simple Bounds*. SIAM Journal on Numerical Analysis, 28, 1991, S. 545-572.

[34] E.J. Cramer, J.E. Dennis, P.D. Frank, R.M. Lewis und G.R. Shubin: *Problem*

*Formulation for Multidisciplinary Optimization*, S. 754-776 in SIAM J. Optimization, Vol. 4, No. 4, 1994.

[35] G.B. Dantzig und P. Wolfe: *Decomposition Principle for Linear Programs*. Operations Research 8, 1960, S. 101-111.

[36] A.L. DeCegama: *The Technology of Parallel Processing*. Prentice-Hall, Englewood Cliffs, 1989.

[37] J. Demmel: *LAPACK: A Portable Linear Algebra Library for High Performance Computers*, S. 654-666 in Dongarra [43].

[38] Y. Deng, J. Glimm und D.H. Sharp: *Perspectives on Parallel Computing*, in [4], S. 31-52.

[39] J.E. Dennis Jr. und V. Torczon: *Direct Search Methods on Parallel Machines*, S. 448-474 in SIAM J. Optimization, Vol. 1, No. 4, 1991.

[40] L.C.W. Dixon: *Nonlinear Optimisation*. The English Universities Press Limited, 1972.

[41] L.C.W. Dixon und G.P. Szegö (Hrsg.): *Towards Global Optimization*. North-Holland, Amsterdam, 1975.

[42] L.C.W. Dixon und G.P. Szegö (Hrsg.): *Towards Global Optimization* 2. North-Holland, Amsterdam, 1978.

[43] J. Dongarra, I. Duff, P. Gaffney und S. McKee: *Vector and Parallel Computing*. John Wiley & Sons, New York, 1989.

[44] J.J. Dongarra, G.A. Geist, R. Manchek und V.S. Sunderam: *A Users' Guide to PVM*. Technical Report No. ORNL/TM-11826, Oak Ridge National Laboratory, Oak Ridge, Tennessee 37831-6367. 1991.

[45] J.J. Dongarra, G.A. Geist, R. Manchek, K. Moore, R. Wade und V.S. Sunderam: *HeNCE: A Users' Guide Version 1.2*. Technical Report, Computer Science Department, CS-92-157. 1992.

[46] J. Dongarra, G.A. Geist, R. Manchek, K. Moore, R. Wade und V.S. Sunderam: *HeNCE: Graphical Development Tools for Network-Based Concurrent Computers*, S. 129-136 in Anon. (Hrsg.): Proceedings of the Scalable High Performance Computing Conference. IEEE Computer Society Press, Williamsburg, 1992.

[47] J. Eckstein: *Parallel Branch-and-Bound Algorithm for General Mixed Integer Programming on the CM-5*. Thinking Machines Corporation, Technical Report TMC-257, Revised Version, September 3, 1993. Proc. 1987 Int. Conf. Parallel Processing, S. 377-380. St. Charles, Il, USA, 1987.

[48] H.A. Eiselt, G. Pederzoli und C.L. Sandblom: *Continous Optimization Models*. Walter de Gruyter, Berlin, 1987.

[49] H.A. Eschenauer, P.U. Post und M. Bremicker: *Einsatz der Optimierungsprozedur SAPOP zur Auslegung von Bauteilkomponenten*. Bauingenieur, 63, 1988, S. 515-526.

[50] H.A. Eschenauer, J. Geilen und H.J. Wahl: *SAPOP: An Optimization Procedure for Multicriteria Structural Design*, in [89], S. 207-228.

[51] A.V. Fiacco und G.P. McCormick: *Nonlinear Sequential Unconstrained Minimization Technique*. John Wiley, New York, 1968.

[52] R. Fletcher: *Practical Methods of Optimization*. Wiley, 1987.

[53] M.J. Flynn: *Very High-Speed Computing Systems*, S. 1901-1909 in Proc. IEEE,

Vol. 54, Dec. 1966.

[54] R. Fourer, D.M. Gay und B.W. Kerninghan: *AMPL: A Modeling Language for Mathematical Programming*. The Scientific Press, San Francisco, Kalifornien, 1993.

[55] P.E. Gill, W. Murray und M.H. Wright: *Practical Optimization*. Academic Press, New York, 1981.

[56] I. Glendinning, S. Hellberg und P. Shallow: *Tools for Parallel High Performance Systems - Comparative Evaluation*. Department of Electronics and Computer Science, University of Southampton, Report SNARC 92-01, 1992.

[57] B.L. Golden und E.A. Wasil: *Nonlinear Programming on a Microcomputer*. Comput. & Ops. Res., 13, 1986, S. 149-166.

[58] D. Goldfarb und A. Idnani: *A Numerically Stable Dual Method for Solving Strictly Convex Quadratic Programs*. Mathematical Programming, 27, 1983, S. 1-33.

[59] J. Golinski: *Optimal Synthesis Problem Solved by Means of Nonlinear Programming and Random Methods*. Journal of Mechanisms, Vol. 5, 1970, S. 287-309.

[60] R. Gollmer und M. Grauer: *Optimiser Manual, Version 1.0*. Akademie der Wissenschaften der DDR, Institut für Informatik, Berlin, 1985.

[61] A. Göpfert, L. Bittner u.a.: *Lexikon der Optimierung*. Akademie-Verlag, Berlin, 1986.

[62] A.Y. Grama und V. Kumar: *Parallel Processing of Discrete Optimization Problems: A Survey*. Working Paper, Department of Computer Science, University of Minnesota; 1992.

[63] A.Y. Grama, V. Kumar und P. Pardalos: *Parallel Processing of discrete optimization problems*. Encyclopaedia of Microcomputers, Marcel Dekker Inc., New York, 1992.

[64] M. Grauer: *Über eine Erweiterung der Mehrebenenoptimierung*. msr 23, Nr. 3, 1980.

[65] M. Grauer: Optimierung verfahrenstechnischer Systeme, in [159], S. 110-151.

[66] M. Grauer, S. Albers und M. Frommberger: *Concept and First Experiences with an Object-Oriented Interface for Mathematical Programming*, in [139], S. 474-483.

[67] M. Grauer und D.B. Pressmar (Hrsg.): *Parallel Computing and Mathematical Optimization*. Springer-Verlag, Berlin, 1991.

[68] M. Grauer, F. Brüggemann, H. Boden, S. Albers und M. Frommberger: *About the Development of the Integrated System "OpTiX" for Nonlinear Optimization*, in [67], S. 103-114.

[69] M. Grauer und H. Boden: *About Parallel and Distributed Computation for Optimization and Decision Support*, in: Abstracts of the Workshop on Advances in Methodology and Software in Decision Support Systems, 22-24 June, 1992, International Institute for Applied Systems Analysis, Laxenburg, Austria.

[70] M. Grauer und H. Boden. *Opportunities on Parallel and Distributed Computation for Optimization and Decision Support*, S. 197-207 in: Proceedings of the Tenth International Conference on Multiple Criteria Decision Making, Vol. 1, Taipei, July 19-24, 1992.

[71] M. Grauer, H. Boden und F. Brüggemann. *Solving Nonlinear Optimization Problems by a Coarse-Grained Parallel Approach*, S. 698, in W. Gaul u.a. (Hrsg.): Operations Research Proceedings, Vorträge der 20. DGOR Jahrestagung, Springer 1992.

[72] M. Grauer and H. Boden: *On the Solution of Nonlinear Engineering Optimization Problems on Parallel Computers*, in B.J. Gilmore, D.A. Hoeltzel, S. Azarm and H.A. Eschenauer (Hrsg.): Advances in Design Automation 1993, Volume 2, American Society of Mechanical Engineering, DE-Vol. 65-2, 1993

[73] T.P. Green und J. Snyder: *DQS, A Distributed Queuing Systems*. DQS Documents, 1992. Elektronischer Zugang: Rechner ftp.scri.fsu.edu, Verzeichnis pub/DQS.

[74] H.J. Greenberg (Hrsg.): *Design and Implementation of Optimization Software*. Sijthoff and Noordhoff, Alphen am Rhein, NL, 1978.

[75] J.P. Hayes: *Computer Architecture and Organization*. McGraw-Hill, New York, 1988.

[76] D. Heller: *XVIEW Programming Manual*. O'Reilly & Associates, 1990.

[77] R. Hempel: *The ANL/GMD Macros (PARMACS) in Fortran for Portable Parallel Programming Using the Message Passing Programming Model*. User's Guide and Reference Manual, Version 5.1, 1991.

[78] R. Hempel und H. Ritzdorf: *The GMD Communications Library for Grid-oriented Problems*. GMD Arbeitspapier No. 589.

[79] R.G. Herrtwich und G. Hommel: *Kooperation und Konkurrenz - Nebenläufige, verteilte und echtzeitabhängige Programmsysteme*. Springer-Verlag, Berlin, 1989.

[80] B. Heslop und D. Angell: *Mastering SunOS*. Sybex, 1990.

[81] B. Heslop und D. Angell: *Mastering Solaris 2*. Sybex, 1992.

[82] High Performance Fortran Forum: *High Performance Fortran Language Specification*. Version 1.0 Draft, 25. Jan 1993.

[83] D.M. Himmelblau: *Applied Nonlinear Programming*. McGraw-Hill, 1972.

[84] C.A.R. Hoare: *Communicating Sequential Processes*. Commun. ACM, Vol. 21, No. 8, S. 666-677, 1978.

[85] C.A.R. Hoare: Communicating Sequential Processes. Prentice-Hall, Englewood Cliffs, NJ, USA, 1985.

[86] W. Hock und K. Schittkowski: *Nonlinear programming testexamples*. Springer-Verlag, Berlin, 1980.

[87] F. Hoffmeister: *Scalable Parallelism by Evolutionary Algorithms*, S. 177-198 in Grauer [67].

[88] H. J. Hoitsch: *Produktionswirtschaft*. Verlag Franz Vahlen, München, 1985.

[89] H.R.E.M. Hörnlein und K. Schittkowski: *Software Systems for Structural Optimization*. Birkhäuser Verlag, Basel, 1993.

[90] M. Imai, T. Fukumura und Y. Yoshida: *A parallelized branch-and-bound algorithm: implementation and efficiency*, S. 62-70 in: Sys. Comput. Controls, 10 (1979).

[91] Inmos Ltd. (Hrsg.): *Occam Programming Manual*. Prentice-Hall, Englewood Cliffs, NJ, USA, 1984.

[92] ISO/IDE: *Information technology -- Programming languages -- Fortran*. International Standard, Reference number ISO/IEC 1539:1991(E), 1991.

[93] B. Kagström und P. Ling: *Level 2 and 3 BLAS Routines for IBM 3090 VF: Implementations and Experiences*, S.215-228 in Dongarra [43].

[94] R.M. Karp und W.L. Miranker: *Parallel Minimax Search for a Maximum*. J. Combin. Theory, 4, 1968, S. 19-35.

[95] T. Kidder: *Die Seele einer neuen Maschine*. Birkhäuser Verlag, Basel, 1982.

[96] U. Kirsch: *Multilevel Approach to Optimum Structural Design.*, S. 957-974 in Journal of the Structural Division, Proceedings of the American Society of Civil Engineers, Vol. 101, No. ST4, 1975.

[97] H. Kleinmichel, C. Richter und K. Schönefeld: *On a Class of Hybrid Methods for Smooth Constrained Optimization*. Journal of Optimization Theory and Applications. Vol. 73, No. 3, June 1992, S. 465-499.

[98] H.W. Kuhn und A.W. Tucker: *Nonlinear Programming*, in Proc. 2d Berkley Symp. on Mathematical Statistics and Programming. University of California Press, Berkeley, 1951, S. 482-493.

[99] T.-H- Lai und S. Sahni: *Anomalies in parallel branch-and-bound algorithms*, S. 594-602 in: Comm. Ass. Comput. Mach, 27 (1984).

[100] L.S. Lasdon: *Duality and Decomposition in Mathematical Programming*. IEEE Transactions on Systems Science and Cybernetics, No. 2, 1968, S.88-100.

[101] L.S. Lasdon, A.D. Waren, A. Jain und M. Ratner: *Design and Testing of a Generalized Reduced Gradient Code for Nonlinear Programming*. ACM Transactions on Mathematical Software, 4, 1978, S. 34-50.

[102] P. Lee: *A Review of MP - Mathematical Programming Package*. OR/MS Today, Vol. 12, No. 6, 1986, S. 22.

[103] D. Leibfritz: *A Users' Guide for Distributed Fortran Programming with P4*. Argonne National Laboratory, 1990.

[104] Lektorat des B.-I.-Wissenschaftsverlag (Hrsg.): *DUDEN Informatik*. Dudenverlag, Mannheim, 1988.

[105] J. Liebman, L. Lasdon, L. Schrage und A. Waren: *Modeling and Optimization with GINO*. The Scientific Press, Redwood City, Kalifornien, USA, 1986.

[106] Wei-Chu Li: *Monotonicity and Sensitivity Analysis in Multi-Level Decomposition-Based Design Optimization*. Dissertation, University of Maryland, 1989.

[107] F.A. Lootsma: *State-of-the-art in Parallel Nonlinear Optimization*. Parallel Computing 6, 1988, S. 133-155.

[108] F.A: Lootsma: *Parallel non-linear optimization*. Reports of the Faculty of Technical Mathematics and Informatics no. 89-45, Delft University of Technology, 1989.

[109] M. Luptacik: *Nichtlineare Programmierung mit ökonomischen Anwendungen*. Athenäum Verlag, 1981.

[110] E. Menges: *Möglichkeiten der Auftragsreihenfolge-Planung auf der Basis eines Datenbanksystems*. Diplomarbeit, Fachbereich Wirtschaftswissenschaften, Universität GH Siegen, April 1992.

[111] M.D. Mesarovic, D. Macko und Y. Takahara: *Theory of Hierarchical, Multilevel Systems*. Academic Press, New York, 1970.

[112] P. Messina: *Parallel computing in the 1980s - one person's view*. Concurrency: Practice and Experience, 3 (6), 1991, S. 501-524. Nachdruck in [113].

[113] P. Messina und A. Murli (Hrsg.): *Practical Parallel Computing; Status and Prospects*. John Wiley & Sons, Chichester, 1991.

[114] G. Mills: *Optimisation in Economic Analysis*. George Allen & Unwin, London, 1984.

[115] Ministerium für Wirtschaft, Mittelstand und Technologie des Landes Nordrhein-Westfalen (Hrsg.): *Workstation-Cluster: Einstieg oder Alternative zur massiv parallelen Datenverarbeitung?* Eine Studie der PALLAS GmbH, Bonn unter Mitarbeit der ZIAM GmbH, Herzogenrath. Band 3 der Veröffentlichungen im Rahmen der Landesinitiative SOFTECH NRW. Düsseldorf, 1993.

[116] J.J. Moré und S.J. Wright: *Optimization Software Guide*. SIAM, Philadelphia, 1993. Anhang-A

[117] H. Müller-Merbach: *Optimale Reihenfolgen*. Springer-Verlag, Berlin, 1970.

[118] B.A. Murtagh und M.A. Saunders: *MINOS 5.1 Users's Guide*. Tech. Report SOL 83-20R, Systems Optimization Laboratory, Stanford University, Stanford, Kalifornien, USA, 1987.

[119] G.L. Nemhauser, A.H.G. Rinnooy Kan und M.J. Todd: *Optimization*. Elsevier Science Publishers, Amsterdam, 1989.

[120] M.J.D. Powell: *A Fast Algorithm for Nonlinearly Constrained Optimization Calculations*, in: Proceedings of the 1977 Dundee Conference on Numerical Analysis, Lecture Notes in Mathematics, Springer-Verlag, Berlin, 1978.

[121] E.A. Pruul, G.L. Nemhauser und R.A. Rushmeier: *Branch-and-Bound and Parallel Computation: a Historical Note*, S. 65-69 in: Oper. Res. Let., 7 (1988).

[122] A. Reuter: *Grenzen der Parallelität*, S. 72-74 in Informationstechnik it 34 (1992).

[123] L.S. Revor: *DQS Users Guide*. DQS Documents, 1992. Elektronischer Zugang: Rechner ftp.scri.fsu.edu, Verzeichnis pub/DQS.

[124] C. Richter: *Optimierungsverfahren und BASIC-Programme*. Akademie-Verlag, Berlin, 1988.

[125] C. Richter: *Optimierungsverfahren und PASCAL-Programme*. Akademie-Verlag, Berlin, 1990.

[126] W. Rosenberry, D. Kenney und G. Fisher: *Understanding DCE*. O'Reilly & Associates, Sebastopol, CA, USA, 1992.

[127] H.H. Rosenbrock: *An Automatic Method for Finding the Greatest or Least Value of a Function*, S. 175-184 in: The Computer Journal 3, 1960.

[128] G. Rudolph: *Globale Optimierung mit parallelen Evolutionsstrategien*. Diplomarbeit, Universität Dortmund, Fachbereich Informatik, 1990.

[129] G. Rudolph: *Parallel Approaches to Stochastic Global Optimization*, S. 256-267 in W. Joosen und E. Milgrom (Hrsg.): Parallel Computing: From Theory to Sound Practice. IOS Press, 1992.

[130] R. Saigal: *The Fixed Point Approach to Nonlinear Programming*. Mathematical Programming Study, 10, 1979, S. 142-157.

[131] K. Schittkowski: *Nonlinear Programming Codes*. Springer-Verlag, New York, 1980.

[132] K. Schittkowski: *The Nonlinear Programming Method of Wilson, Han, and Powell with an Augmented Lagrangian Type Line Search Function*. Numer. Math. 38, 1981, S. 83-114 (Teil I) und S. 115-127 (Teil II).

[133] K. Schittkowski (Hrsg.): *Computational Mathematical Programming*. Springer-Verlag, Berlin, 1985.

[134] R. Schlafly: *Variable Metric Methods on Microcomputers*. Presented at SIAM Conference on Numerical Optimization, Boulder, Colorado, 1984.

[135] R.B. Schnabel: *Parallel Computing in Optimization*, in [133], S. 357-381.

[136] H.-P. Schwefel: *Numerische Optimierung von Computer-Modellen mittels der Evolutionsstrategie*. Birkhäuser, Basel, 1977.

[137] E. Shapiro: *Concurrent Prolog: Collected papers*. MIT Press, Cambridge, MA, USA, 1987.

[138] S.C. Shapiro (Hrsg.): *Encyclopedia of Artificial Intelligence*. John Wiley & Sons, 1990.

[139] R. Sharda, B. Golden, E. Wasil, O. Balci und W. Stewart (Hrsg.): *Impacts of Recent Computer Advances on Operations Research*. Elsevier Science Publishers, Amsterdam, 1989.

[140] R. Sobel: *IBM und die globale Herausforderung*. Orell Füssli, Zürich, 1986.

[141] R.E. Strom und S. Yemini: *The NIL Distributed Systems Programming Language: A Status Report*, S. 512-523 in Anonym. (Hrsg.): Proc. NSF/SRC Seminar Semantics of Concurrency (Lecture Notes in Computer Science 197). Springer-Verlag, Berlin, 1984.

[142] S. Sugimoto, K. Agusa, K. Tabata und Y. Ohno: *A Multi-processor System for Concurrent Lisp*. Proc. 1983 Int. Conf. Parallel Processing, S. 135-143. Bellaire, MI, USA, 1983.

[143] SunSoft (Hrsg.): *OpenWindows Developer's Guide 3.0*, Rev. A. SunSoft., USA, November 1991.

[144] SunSoft (Hrsg.): *OpenWindows Developer's Guide: Programmer's Guide to the XVIEW Toolkit Code Generator*, Rev. A. SunSoft., USA, November 1991.

[145] SunSoft (Hrsg.): *OpenWindows DeskSet Reference(Openwindows Version 3.1)*. SunSoft., USA, 1993.

[146] Sun Microsystems Inc. (Hrsg.): *Programming Utilities and Libraries, Rev. A*. Sun Microsystems Inc., USA, März 1990.

[147] Sun Microsystems Inc. (Hrsg.): *Network Interfaces Programmers Guide, Rev. A*. Sun Microsystems Inc., USA, März 1990

[148] Sun Microsystems Inc. (Hrsg.): *System and Network Administration, Rev. A*. Sun Microsystems Inc., USA, März 1990.

[149] Sun Microsystems Inc. (Hrsg.): *Open LOOK - Graphical User Interface Application Style Guidelines*. Sun Microsystems Inc., USA, Juni 1991.

[150] Sun Microsystems Inc. (Hrsg.): *Network Programming Guide*, Rev. A. Sun Microsystems Inc., USA, März 1993

[151] V.S. Sunderam: *PVM: A Framework for Parallel Distributed Computing*. Concurrency, Practice and Experience, Vol. 2, No. 4, S. 315-339, 1990.

[152] A. S. Tanenbaum: *Computer-Netzwerke*. Wolfram's Fachverlag,1990.

[153] A. Törn und A. Zilinskas: *Global Optimization*. Springer-Verlag, Berlin, 1989.

[154] US Department of Defense: *Reference Manual for the Ada Programming Language*. ANSI/MIL-STD-1851A, 1983.

[155] A. Waren und L. Lasdon: *The Status of Nonlinear Programming Software*. Operations Research 27, 1979, S. 431-456.

[156] E. Wasil, B. Golden und R. Sharda: *Mathematical Programming Software for the Microcomputer: Recent Advances, Comparisons and Trends*, in [139], S. 263-272.

[157] E. Wasil: *State-of-the-Art in Nonlinear Optimization Software for the Microcomputer*. Computers & Operations Research, 16, 1989, S. 497-512.

[158] M. Weinert: *Sequentielle und parallele Strategien zur optimalen Auslegung komplexer Rotationsschalen*. Disseration, Fachbereich Maschinentechnik, Universität GH Siegen, 1994.

[159] S. Weiß, W. Berghoff u.a.: *Verfahrenstechnische Berechnungsmethoden*. VEB Deutscher Verlag für die Grundstoffindustrie, Leipzig, 1984.

[160] H.P. Williams: *Model Building in Mathematical Programming*. John Wiley & Sons. Chichester, 1978.

[161] R.B. Wilson: *A Simplicial Algorithm for Concave Programming*. Ph. D. Dissertation, Graduate School of Business Administration, Harward University, Boston, 1963.

[162] X/Open Company (Hrsg.): *x/Open Portability Guide - XSI System Interface and Headers*. Prentice Hall, 1989.

[163] Y. Yokote und M. Tokoro: *Concurrent Programming in ConcurrentSmalltalk*, S. 129-158 in A. Yonezawa und M. Tokoro (Hrsg.): Object-Oriented Concurrent Programming. MIT Press, Cambridge, MA, USA, 1987.

[164] S.A. Zenios: *Parallel Numerical Optimization: Current Status and Annotated Bibliography*. ORSA Journal of Computing, 1, 1989, S. 20ff.

[165] G. Zielke: *Test matrices with maximal condition number*. Computing, Vol. 13, S. 33-54, 1974.

[166] O. Zipper: *Betriebswirtschaftliche Probleme der rechnergestützten Auftragsreihenfolgeplanung am Beispiel der metallverarbeitenden Industrie*. Diplomarbeit, Fachbereich Wirtschaftswissenschaften, Universität GH Siegen, April 1991.

[167] R. Zotemantel: MBB-Lagrange: *A Computer Aided Structural Design System*, in [89], S. 143-158.

# Anhang A: Übersicht zu Implementierungen einzelner nichtlinearer Optimierungsverfahren

Im Rahmen der Literaturrecherche wurden zahlreiche Arbeiten gefunden, die sich mit der Implementierung einzelner Optimierungsverfahren auseinandersetzen. Auf ihre detaillierte Besprechung wird in dieser Arbeit verzichtet. Stattdessen gibt Tabelle 10, die anhand von Golden [A-37], Moré [A-50], Peters [A-61], Schittkowski [A-66] und Wasil [A-80] zusammengetragen wurde, eine Auflistung der gefundenen Arbeiten. Jede Implementierung wird in der Literatur durch ein Namenskürzel gekennzeichnet, welches i.d.R. dem Funktionsnamen des implementierten Unterprogramms entspricht. Neben diesem Namenskürzel sind in Tabelle 10 Angaben zur lösbaren Problemklasse, zur Implementierungssprache und Referenzen auf Literaturstellen enthalten. In der letzten Spalte findet sich ein kurzer Hinweis auf die Optimierungsverfahren, die den Implementierungen zu Grunde liegen.

**Tabelle 10: Implementierungen einzelner nichtlinearer Optimierungsverfahren**

| Namens-kürzel der Software | Lösbare Problem-klasse | Entwickelt in; ggf. Anmer-kungen zur Verfügbarkeit | Literatur-referenzen | Anmerkungen |
|---|---|---|---|---|
| ACDPAC | NLP | FORTRAN IV | [A-8], [A-66] | Ansatz basiert auf der Minimierung einer erweiterten Lagrange- Funktion. |
| ADO/SDS | SO | FORTRAN 77 | [A-24], [A-61] | |
| BIAS | NLP | FORTRAN IV | [A-65], [A-66] | Ansatz basiert auf der Minimierung einer erweiterten Lagrange- Funktion. |
| BQPD | QP | FORTRAN 77 | [A-29], [A-50] | |
| CNM | UO | TURBO PASCAL | [A-50], [A-56] | Algorithmenbibliothek: u.a. Hooke-Jeves, Nelder-Mead, Konj. Richt., Variable Metrik. |

**Tabelle 10: Implementierungen einzelner nichtlinearer Optimierungsverfahren**

| Namens-kürzel der Software | Lösbare Problem-klasse | Entwickelt in; ggf. Anmer-kungen zur Verfügbarkeit | Literatur-referenzen | Anmerkungen |
|---|---|---|---|---|
| CONOPT | NLP | FORTRAN 77, als Subsystem zu GAMS verfügbar | [A-21], [A-22], [A-23], [A-50] | GRG Algorithmus mit Techniken für schwach besetzte Matrizen. |
| DFP | NLP | FORTRAN 77 | [A-42], [A-66] | Ansatz basiert auf einer äußeren Straffunktion und einem Quasi-Newton-Verfahren mit DFP Aufdatierungsformel. |
| DOC/DOT | NLP | FORTRAN 77 | [A-50], [A-78], [A-79] | Algorithmenbibliothek: Quasi-Newton, Zul. Richtungen, SLP, SQP. |
| FCDPAK | NLP | FORTRAN IV | [A-6], [A-7], [A-66] | Verfahren der konjugierten Richtungen bei linearen Restriktionen. |
| FMIN | NLP | ALGOL 60 | [A-47], [A-48], [A-66] | Ansatz basiert auf Straffunktionen. |
| FSQP | NLP | FORTRAN 77 | [A-14], [A-50], [A-60], [A-77], [A-81] | SQP-Verfahren, das im zulässigen Bereich arbeitet. |
| GAPFPR/ GAPFQL | NLP | FORTRAN | [A-58], [A-66] | Ansatz basiert auf der Minimierung einer erweiterten Lagrange- Funktion. |
| GAUSS / OPTIMUM | UO | Routinen in der GAUSS Programmiersprache | [A-50] | Algorithmenbibliothek: u.a. Newton, Quasi-Newton, Konj. Grad., Steilster Abstieg. |
| GRGA | NLP | FORTRAN | [A-1], [A-2], [A-66] | Verfahren der Verallgemeinerten Reduzierten Gradienten (GRG). |
| GRG2 | NLP | FORTRAN 77 | [A-45], [A-50] | Häufig genutzte Implementierung des GRG Algorithmus. |

**Tabelle 10: Implementierungen einzelner nichtlinearer Optimierungsverfahren**

| Namens-kürzel der Software | Lösbare Problem-klasse | Entwickelt in; ggf. Anmer-kungen zur Verfügbarkeit | Literatur-referenzen | Anmerkungen |
|---|---|---|---|---|
| IMSL | UO, NLP | C oder FOR-TRAN 77 | [A-50] | Umfangreiche Algorithmenbibliothek. |
| LANCE-LOT | UO, NLP | FORTRAN 77 | [A-17], [A-18], [A-50] | Ansatz basiert auf einer erweiterten Lagrange-Funktion; in Hinblick auf große (large-scale) Probleme entworfen. |
| LBFGS | UO | FORTRAN 77 | [A-46], [A-50], [A-59] | Quasi-Newton-Verfahren für große (large-scale) Probleme, basiert auf BFGS Update-Formel. |
| LPNLP | NLP | FORTRAN | [A-62], [A-66] | Basiert auf einer Multipli-katoren- Methode. |
| LSGRG2 | NLP | FORTRAN 77 | [A-50], [A-75] | Implementierung des GRG2 Paketes für Large-Scale-Probleme. |
| LSSOL | QP | FORTRAN 77 | [A-34], [A-50] | Weitgehend identisch mit der Routine E04NCF in der NAG- FORTRAN-Bibliothek. |
| MATHPAK | UO | BASIC | [A-15], [A-37] | Box-Verfahren. |
| MATLAB Optimization Toolbox | UO, NLP | MATLAB | [A-39], [A-50] | Algorithmenbibliothek, die zur Ergänzung der MATLAB-Programmier-sprache dient: (UO) Nel-der-Mead, Quasi-Newton, (NLP) SQP-Verfahren. |
| MAXMIN | NLP | APL, PASCAL, FORTRAN 77 | [A-37], [A-43] | Verwendet u.a. den Algo-rithmus von Jacobson und Oksman. |
| M1QN2 und M1QN3 | UO | FORTRAN 77 | [A-32], [A-50] | Quasi-Newton-Verfahren für Large-Scale-Probleme. |

**Tabelle 10: Implementierungen einzelner nichtlinearer Optimierungsverfahren**

| Namens-kürzel der Software | Lösbare Problem-klasse | Entwickelt in; ggf. Anmer-kungen zur Verfügbarkeit | Literatur-referenzen | Anmerkungen |
|---|---|---|---|---|
| MINOS | UO, NLP | FORTRAN 77 | [A-50], [A-51] | Quasi-Newton-Verfahren in Verbindung mit Techniken, die auf reduzierten Gradienten bzw. einer erweiterten Lagrange-Funktion basieren. |
| NAG C/FORTRAN | UO, QP, NLP | C/FORTRAN, nur in compilierter Form verfügbar | [A-50], [A-53], [A-55] | Algorithmenbibliothek: u.a. Quasi-Newton, Konj. Grad., Nelder-Mead, SQP. |
| NLPQL | NLP | FORTRAN 77 | [A-50], [A-67] | Basiert auf einem SQP Verfahren. Die Variante NLPQLB (vgl. [A-5]) dient zur Lösung von Problemen mit zahlreichen Nebenbedingungen. |
| NLP-SOLVER | NLP | FORTRAN 77 | [A-37], [A-63] | Basiert auf einem Algorithmus von Powell. |
| NLSPR | NLP | FORTRAN 77 | [A-9], [A-50] | Basiert auf einem SQP Verfahren und ist besonders für große Optimierungsprobleme mit schwach besetzten Hesse- und Jacobi- Matrizen geeignet. |
| NPSOL | NLP | FORTRAN 77 | [A-35], [A-36], [A-50] | Basiert auf einem SQP-Verfahren und nutzt das LSSOL-Paket. |
| OASIS | UO, NLP | FORTRAN | [A-74] | Wird in Zusammenhang mit der DAIMOS-Simulationsumgebung eingesetzt. Zahlreiche ableitungsfreie Algorithmen implementiert. |
| OPRQP/ XROP | NLP | FORTRAN | [A-10], [A-11], [A-50] | Basiert auf einem SQP-Verfahren. Effiziente Implementierung. |

**Tabelle 10: Implementierungen einzelner nichtlinearer Optimierungsverfahren**

| Namenskürzel der Software | Lösbare Problemklasse | Entwickelt in; ggf. Anmerkungen zur Verfügbarkeit | Literaturreferenzen | Anmerkungen |
|---|---|---|---|---|
| OPSYC | NLP | FORTRAN 77 | [A-12], [A-13], [A-66] | Basiert auf einem SQP-Verfahren. |
| OPT, OPT2 | NLP | FORTRAN IV | [A-30], [A-66] [A-31] | Basiert auf einem GRG-Verfahren. Ähnelt GRGA. |
| OptiA | UO, QP, NLP, GO | FORTRAN 77, nur in compilierter Form | [A-5], [A-20], [A-50] | Algorithmenbibliothek: u.a. (UO): Newton, Quasi-Newton, Nelder-Mead, Konj. Grad. (QP): Goldfarb-Idnani, Verfahren nach Schittkowski. (NLP): SQP und Techniken, die auf einer erweiterten Lagrange- Funktion basieren. (GO) Cluster Analysis und Monte-Carlo Techniken. |
| OPTIMA | UO, NLP | FORTRAN 77 | [A-4], [A-50] | Algorithmenbibliothek: u.a. (UO): Konj. Grad, Newton. (NLP): diverse Implementierungen von SQP-Verfahren, SUMT-Techniken und Verfahren die auf einer erweiterten Lagrange-Funktion basieren. |
| Optimiser | UO, NLP | FORTRAN | [A-38] | Programmpaket, in das der Anwender sein Problem integrieren kann. Algorithmen: Adapt. Zufallssuche, Complex Verfahren, Konj. Grad., GRG. |

**Tabelle 10: Implementierungen einzelner nichtlinearer Optimierungsverfahren**

| Namens-kürzel der Software | Lösbare Problem-klasse | Entwickelt in; ggf. Anmer-kungen zur Verfügbarkeit | Literatur-referenzen | Anmerkungen |
|---|---|---|---|---|
| OPTPACK | UO, NLP | FORTRAN 77 | [A-41], [A-50] | (UO): Konj. Grad. (NLP): Dualer Algorith-mus. |
| SALQDR/ SALQDF/ SALMNF | NLP | FORTRAN | [A-33], [A-66] | Algorithmus basiert auf der Minimierung einer erweiterten Lagrange-Funktion. |
| Schwefel 80/81 | UO | FORTRAN | [A-61], [A-72], [A-73] | Evolutionsstrategien und direkte Methoden. |
| SPEAK-EASY | UO, QP, NLP | FORTRAN | [A-50] | Toolbox, mit Zugriff auf verschiedene Bibliothe-ken, u.a. NAG. |
| SUMT | NLP | FORTRAN | [A-26], [A-52], [A-44], [A-66] | Ansatz basiert auf einer inneren Straffunktion. |
| SYSOPT | UO, NLP | BASIC | [A-37] | Algorithmenbibliothek: (NLP) basiert auf Straff-funktionen bzw. einer erweiterten Lagrange-Fkt. |
| SQP (Lasdon) | NLP | FORTRAN 77 | [A-25], [A-49], [A-50] | Modifikation von Powells Implementierung des SQP-Verfahrens (VF02AD) für Probleme mit schwach besetzten Matrizen. |
| TENMIN | UO | FORTRAN 77 | [A-16], [A-50], [A-71] | Verwendet Tensor-Verfah-ren zur Lösung des Opti-mierungsproblems. |
| TN/TNBC | UO/B | FORTRAN 77 | [A-3], [A-50], [A-57] | Basiert auf einem Trunca-ted- Newton-Verfahren; besonders für Probleme mit großer Variablenzahl geeignet. |

**Tabelle 10: Implementierungen einzelner nichtlinearer Optimierungsverfahren**

| Namens-kürzel der Software | Lösbare Problem-klasse | Entwickelt in; ggf. Anmer-kungen zur Verfügbarkeit | Literatur-referenzen | Anmerkungen |
|---|---|---|---|---|
| TNPACK | UO | FORTRAN 77 | [A-50], [A-68], [A-69] | Truncated-Newton-Ver-fahren für separable Large-Scale-Probleme. |
| UNCMIN | UO | FORTRAN 77 | [A-19], [A-50], [A-70] | Basiert auf Newton- bzw. Quasi-Newton-Ansätzen. |
| VE08 | UO/B | FORTRAN 77 | [A-40], [A-50], [A-76] | Basiert auf einem Verfah-ren der Konj. Grad. und nutzt die teilweise Sepa-rierbarkeit vieler Large-Scale-Probleme. |
| VF01A | NLP | FORTRAN | [A-27], [A-28], [A-66] | Realisiert Fletchers Mul-tiplikatoren-Verfahren. |
| VF02AD | NLP | FORTRAN | [A-63], [A-64], [A-66] | Basiert auf dem SQP-Ver-fahren von Wilson, Han und Powell. |

# Literaturverzeichnis zu Anhang A


[A-1] J. Abadie und J. Carpentier: *The Generalization of the Wolfe Reduced Gradient Method to the Case of Nonlinear Constraints*, in: R. Fletcher (Hrsg.): Optimization. Academic Press, 1969.

[A-2] J. Abadie: *The GRG Method for Non-Linear Programming*, in [74], S. 335-362.

[A-3] Anon.: *Users's Guide for TN/TNBC*. Report 397, Departement of Mathematical Sciences, The John Hopkins University, Baltimore, USA, 1984.

[A-4] Anon.: *OPTIMA Manual*. Numerical Optimisatzion Centre, University of Hertfordshire, GB, 1989.

[A-5] Anon.: *Dialog System OptiA for Minimization of Fuctions of Several Variables*. Institute of Information Theory and Automation, Czechoslovak Academy of Sciences, Prag, Tchechien, 1992.

[A-6] M.J. Best: *FCDPACK: A Fortran IV Subroutine to Solve Differentiable Mathematical Programms - Users's Guide - Level 3.1*. Research Report CORR 75-24, Department of Combinatorics and Optimization, University of Waterloo, Waterloo, Ontario, Canada, 1975.

[A-7] M.J. Best: *A Feasible Conjugate Direction Method to Solve Linearly Constrained Optimization Problems*. Journal of Optimization Theory and Applications, 16, 1975, S. 25-38.

[A-8] M.J. Best und A.T. Bowler: *ACDPAC: A Fortran IV Subroutine to Solve Differentiable Mathematical Programms - Users's Guide - Level 2.0*. Research Report CORR 75-26, Department of Combinatorics and Optimization, University of Waterloo, Waterloo, Ontario, Canada, 1978.

[A-9] J.T. Betts und P.D. Frank: *A Sparse Nonlinear Optimization Algorithm*. Tech. Report AMS-TRS-173, Applied Mathematics and Statistics Group, Boeing Computer Services, Seattle, Washington, USA, 1991.

[A-10] M.C. Biggs: On the *Convergence of some Constrained Minimization Algorithms based on Recursive Quadratic Programming*. Journal of the Institute of Mathematics and its Applications, 21, 1978, S. 67-82.

[A-11] M.C. Biggs: *An Improved Implementation of the Recursive Quadratic Programming Method for Constrained Minimization*. Technical Report No. 105, Numerical Optimisation Centre, The Hatfield Polytechnic, Hatfield, GB, 1979.

[A-12] G. Blanchon, J.F. Bonnans und J.C. Dodu: *Optimisation des résaux électriques de grande taille*. Lecture Notes in Control and Optimization Sciences, 144, 1990, S. 423-431.

[A-13] J.F. Bonnans: *Asymptotic admissibility of the unit stepsize in exact penalty methods*. SIAM Journal on Control and Optimization, 27, 1989, S. 631-641.

[A-14] J.F. Bonnans, E.R. Panier, A.L. Tits und J.L. Zhou: *Avoiding the Maratos Effect by Means of a Nonmonotone Line Search. II: Inequality Constrained Problems - Feasible Iterates*. SIAM Journal on Numerical Analysis, 29, 1992, S. 1187-1202.

[A-15] M. Box: *A New Method of Unconstrained Optimization and a Comparison with other Methods*. The Computer Journal, 8, 1965, S. 42-52.

[A-16] T. Chow, E. Eskow und R.B. Schnabel: *A Software Package for Unconstrained Optimization Using Tensor Methods*. Tech. Report CU-CS-492-90, Department of Computer Science, University of Colorado, Boulder, Colorado, USA, 1990.

[A-17] A.R. Conn, N.I.M. Gould und P.L. Toint: *A Globally Convergent Augmented Lagrangian Algorithm for Optimization with General Gonstraints and Simple Bounds*. SIAM Journal on Numerical Analysis, 28, 1991, S. 545-572.

[A-18] Conn (Hrsg.): *A Fortran Package for Large-Scale Nonlinear Optimization (Release A)*. Springer Series in Computational Mathematics, 17, Springer-Verlag, New York, 1992.

[A-19] J.E. Dennis Jr. und R.B. Schnabel: *Numerical Methods for Unconstrained Optimization and Nonlinear Equations*. Prentice Hall, Englewood Cliffs, 1983.

[A-20] J. Dolezal and J. Fidler: *Dialog System OptiA for Minimization of Functions of Several Variables. Version 3.0 - Examples*. Institute of Information Theory and Automation, Czechoslovak Academy of Sciences, Prag, Tchechien, 1992.

[A-21] A.S. Drud: *A GRG Code for Large Sparse Dynamic Nonlinear Optimization Problems*. Mathematical Programming, 31, S. 153-191, 1985.

[A-22] A.S. Drud: *Finding an Initial Feasible Point in the Large Scale GRG Code CONOPT*. Symposium on Applied Mathematical Programming and Modeling (APMOD93), Volume of Extended Abstracts, Budapest, Ungarn, 1993.

[A-23] A.S. Drud: *CONOPT - A Large Scale GRG Code*. ORSA Journal on Computing, in Vorbereitung.

[A-24] J. Edwards: *Documentation for the ADO and SDS Collection of Stochastic Programming Codes*. Working Paper WP-85-02, IIASA, Laxenburg, Österreich, 1985.

[A-25] Y. Fan, S. Sarkar und L. Lasdon: *Experiments with Successive Quadratic Programming Algorithms*. J. Optim. Theory Appl., 56, 1988, S. 359-383.

[A-26] A.V. Fiacco und G.P. McCormick: *Nonlinear Sequential Unconstrained Minimization Technique*. John Wiley, New York, 1968.

[A-27] R. Fletcher: *A New Approach to Variable Metric Algorithms*. Computer Journal, 13, 1970, S. 317-322.

[A-28] R. Fletcher: *A General Quadratic Programming Algorithm*. Journal of the Institute of Mathematics and its Applications, 7, 1971, S. 76-91.

[A-29] R. Fletcher: *Resolving Degeneracy in Quadratic Programming*. Numerical Analysis Report NA/135, Department of Mathematics and Computer Science, University of Dundee, Dundee, GB, 1991.

[A-30] G.A. Gabriele und K.M. Ragsdell: *OPT: A Nonlinear Programming Code in Fortran IV - Users's Manual*. Modern Design Series, Vol. 1, Purdue Research Foundation, Purdue University, West Lafayette, USA, 1976.

[A-31] G.A. Gabriele und K.M. Ragsdell: *OPT2, A Nonlinear Programming Code in Fortran 77 Implementing an Advanced Version of the Generalized Reduced Gradient Method*. Design Optimization Laboratory, University of Missouri, Columbia, MO 65211, 1984.

[A-32] J. Ch. Gilbert und C. Lemaréchal: *Some Numerical Experiments with Variable-Storage Quasi-Newton Algorithms*. Mathematical Programming, 45, 1989, S. 407-435.

[A-33] P.E. Gill: *The Design and Implementation of Software for Unconstrained Optimization*, in [74].

[A-34] P.E. Gill, S.J. Hammarling, W. Murray, M.A. Saunders und M.H. Wright:

*User's Guide for LSSOL (Version 1.0): A Fortran Package for Constrained Linear Least-Squares and Convex Quadratic Programming*. Tech. Report SOL 86-1, Department of Operations Research, Stanford University, Stanford, Kalifornien, USA, 1986.

[A-35] P.E. Gill, S.J. Hammarling, W. Murray, M.A. Saunders und M.H. Wright: *Users's Guide for NPSOL (Version 4.0): A Fortran Package for Nonlinear Programming*. Tech. Report SOL 86-2, Department of Operations Research, Stanford University, Stanford, Kalifornien, USA, 1986.

[A-36] P.E. Gill, W. Murray, M.A. Saunders und M.H. Wright: *Some Theoretical Properties of an Augmented Lagrangian Merit Function*, in: P.M. Pardalos (Hrsg.): Advances in Optimization and Parallel Computing, North-Holland, Amsterdam, 1992, S. 101-128.

[A-37] B.L. Golden und E.A. Wasil: *Nonlinear Programming on a Microcomputer*. Comput. & Ops. Res., 13, 1986, S. 149-166.

[A-38] R. Gollmer und M. Grauer: *Optimiser Manual, Version 1.0*. Akademie der Wissenschaften der DDR, Institut für Informatik, Berlin, 1985.

[A-39] A. Grace: *Optimization Toolbox User's Guide*. The Mathworks Inc., Natick, MA, USA, 1990.

[A-40] A. Griewank und P.L. Toint: *Numerical Experiments with Partially Separable Optimization Problems*, in: F. Griffiths (Hrsg.): Proceedings Dundee 1983, Lecture Notes in Mathematics 1066, Springer-Verlag, Berlin, 1984, S. 203-220.

[A-41] W.W. Hager: *Analysis and Implementation of a Dual Algorithm for Constrained Optimization*. Research Report, Department of Mathematics, University of Florida, Gainesville, Folrida, USA, 1990. Publikation geplant in J. Optim. Theory Appl., 79, 1993.

[A-42] J.P. Indusi: *A Computer Algorithm for Constrained Minimization*, in: G.P. Szegö (Hrsg.): Minimization Algorithms. Academic Press, New York, 1972.

[A-43] D. Jacobson und W. Oksman: *An Algorithm that Minimzes Homogeneous Functions of N Variables in N+2 iterations and Rapidly Minimizes General Functions*. J. Mathematical Analysis and Applications, 38, 1972, S. 535-552.

[A-44] J.L Kuester und J.H. Mize: *Optimization Technique with Fortran*. McGraw-Hill, New York, 1973.

[A-45] L.S. Lasdon, A.D. Waren, A. Jain und M. Ratner: *Design and Testing of a Generalized Reduced Gradient Code for Nonlinear Programming*. ACM Transactions on Mathematical Software, 4, 1978, S. 34-50.

[A-46] D.C. Liu und J. Nocedal: *On the Limited Memory BFGS Method for Large-Scale Optimization*. Mathematical Programming, 45, 1989, S. 503-528.

[A-47] F.A. Lootsma: *Convergence Rates of Quadratic Exterior Penalty-Function Methods for Solving Constrained Minimization Problems*. Philips Research Report No. 29, 1974.

[A-48] F.A. Lootsma: *The Algol 60 Procedure MINFUN for Solving Nonlinear Optimization Problems*, in [74].

[A-49] D. Mahidhara und L. Lasdon: *A SQP Algorithm for Large Sparse Nonlinear Programms*. Working Paper, Management and Information Systems Department, College of Business Administration, University of Texas, Austin, USA, 1991.

[A-50] J.J. Moré und S.J. Wright: *Optimization Software Guide*. SIAM, Philadelphia, 1993.

[A-51] B.A. Murtagh und M.A. Saunders: *MINOS 5.1 Users´s Guide*. Tech. Report SOL 83-20R, Systems Optimization Laboratory, Stanford University, Stanford, Kalifornien, USA, 1987.

[A-52] W.C: Mylander, R.L. Holmes und G.P. McCormick: *A Guide to SUMT-Version 4: The Computer Program Implementing the Sequential Unconstrained Minimization Technique for Nonlinear Programming*. Research Analysis Corporation, Mc Lean, Virginia, USA, 1971.

[A-53] NAG (Hrsg.): *NAG C Library Manual, Mark 2*. NAG Ltd., Oxford, GB, 1992.

[A-54] NAG (Hrsg.): *NAG FORTRAN Library Manual, Mark 16*. NAG Ltd., Oxford, GB, 1993.

[A-55] NAG (Hrsg.): *NAG FORTRAN Library Manual, Mark 16*. NAG Ltd., Oxford, GB, 1993.

[A-56] J.C. Nash: *Compact Numerical Methods for Computers: Linear Algebra and Function Minimisation*. 2. Auflage, Adam Hilger Ltd. (Institute of Physics Publications), Bristol, GB, 1990.

[A-57] S.G. Nash: *Newton-like minimization via the Lanczos Method*. SIAM J. Numer. Anal., 21, 1984, S- 770-788.

[A-58] J.S. Newell und D:M. Himmelblau: *A New Method for Nonlinearly Constrained Optimization*. AIChE Journal, 21, 1975, S. 479-468.

[A-59] J. Nocedal: *Updating Quasi-Newton Matrices with Limited Storage*. Math. Comp., 24, 1980, S. 773-782.

[A-60] E.R. Panier und A.L. Tits: *On Combinig Feasibility, Descent and Superlinear Convergence in Equality Constrained Optimization*. Mathematical Programming, 59, 1993, S. 261-276.

[A-61] E. Peters: *Ein Beitrag zur wissensbasierten Auswahl und Steuerung von Optimierverfahren*. Dissertation, Universität Dortmund, Fachbereich Informatik, 1991.

[A-62] D.A. Pierre und M.J. Lowe: *Mathematical Programming via Augmented Lagrangians. An introduction with computer programs*. Addison-Wesley, Reading, Massachusetts, USA, 1975.

[A-63] M.J.D. Powell: *A Fast Algorithm for Nonlinearly Constrained Optimization Calculations*, in: Proceedings of the 1977 Dundee Conference on Numerical Analysis, Lecture Notes in Mathematics, Springer-Verlag, Berlin, 1978.

[A-64] M.J.D. Powell: *The Convergence of Variable Metric Methods for Nonlinearly Constrained Optimization Calculations*, in: O.L. Mangasarian, R.R. Meyer und S.M. Robinson (Hrsg.): Nonlinear programming 3. Academic Press, New York, 1978.

[A-65] R.R. Root und K.M. Ragsdell: *BIAS: A Nonlinear Programming Code in Fortran-IV: User's Manual*. Report, School of Mechanical Engineering, Purdue University, West Lafayette, Indiana, USA, 1978.

[A-66] K. Schittkowski: *Nonlinear Programming Codes*. Springer-Verlag, New York, 1980.

[A-67] K. Schittkowski: NLPQL: *A Fortran Subroutine for Solving Constrained Nonlinear Programming Problems*. Ann. Oper. Res., 5, 1985/86, S. 485-500.

[A-68] T. Schlick und A. Fogelson: *TNPACK-A Truncated Newton Minimization Package for Large-Scale Problems. I: Algorithm and usage*. ACM. Trans. Math. Software, 18, 1992, S. 46-70.

[A-69] T. Schlick und A. Fogelson: *TNPACK-A Truncated Newton Minimization Package for Large-Scale Problems. I: Implementation Examples*. ACM. Trans. Math. Software, 18, 1992, S. 71-111.

[A-70] R.B. Schnabel, J.E. Koontz und B.E. Weiss: *A Modular System of Algorithms for Unconstrained Minimization*. ACM Trans. Math. Software, 11, 1985, S. 419-440.

[A-71] R. B. Schnabel und T. Chow: *Tensor Methods for Unconstrained Optimization Using Second Derivatives*. SIAM J. Optim., 1, 1991, S. 293-315.

[A-72] H.-P. Schwefel: *Unterprogramme EVOL, GRUP, KORR - Programme und Benutzeranleitungen*. Technical Report 3, KFA- Kernforschungsanlage Jülich, Programmgruppe Systemforschung und Technologische Entwicklung KFA-ST-IB, Jülich, 1980.

[A-73] H.-P. Schwefel: *Optimumsuchverfahren - Unterprogramme zur Minimierung nichtlinearer Funktionen mehrerer Variablen mittels direkter Methoden*. Technical Report 1, KFA- Kernforschungsanlage Jülich, Programmgruppe Systemforschung und Technologische Entwicklung KFA-ST-IB, Jülich, 1981.

[A-74] H.-P. Schwefel, R. Heckler und F. Drepper: *Combining estimation, simulation and optimization in computer-aided energy planning*. Angewandte Systemanalyse, 2, 1981, S. 67-79.

[A-75] S. Smith und L. Lasdon: *Solving Large Sparse Nonlinear Programs Using GRG*. ORSA Journal on Computing, 4, 1992, S. 1-15.

[A-76] P.L. Toint: *User's Guide to the Routine VE08 for Solving Partially Separable Bounded Optimization problems*. Tech Report 83/1, FUNDP, Namur, Belgien, 1983.

[A-77] University of Maryland (Hrsg.): *User's Guide to FSQP Version 2.4 - A Fortran Code for Solving Optimization Problems, Possibly Minmax, with General Inequality Constraints and Linear Equality Constraints, Generating Feasible Iterates*. SRC TR-90-60r1c, Systems Research Center, University of Maryland, College Park, USA, 1991.

[A-78] G.N. Vanderplaats: *Numerical Optimization Techniques for Engineering Design, with Applications*. McGraw-Hill, New York, 1984.

[A-79] VMA Engineering (Hrsg.): *DOC/DOT Users's Manual*. VMA Engineering, Goleta, Kalifornien, USA, 1992.

[A-80] E. Wasil, B. Golden und R. Sharda: *Mathematical Programming Software for the Microcomputer: Recent Advances, Comparisons and Trends*, in [139], S. 263-272.

[A-81] J.L. Zhou und A.L. Tits: *Nonmonotone Line Search for Minmax Problems*. Journal on Optimization Theory and Applications, 76, 1993, S: 455-476.

# Anhang B: Verfahren der nichtlinearen Optimierung in Struktogrammform

Dieser Anhang ergänzt das Unterkapitel 2.2. Er enthält Struktogramme, die einzelne Verfahren der nichtlinearen Optimierung beschreiben. Abb. 90 gibt darüber hinausgehend eine Übersicht zu Verfahren der nichtlinearen Optimierung, die in die OpTiX-II Softwareumgebung integriert wurden.

| | |
|---|---|
| 1. | wähle $x_0$ beliebig |
| 2. | k = 0 |
| 3. | wiederhole bis $\nabla f(x_k) = 0$ |
| 4. | $s_k = -\nabla f(x_k)$ |
| 4.1 | Finde mittels einer eindimensionalen Suche $\lambda_k > 0$ welches $f(x_k + \lambda_k s_k)$ minimiert |
| 4.2 | $x_{k+1} = x_k + \lambda_k s_k$ |
| 4.3 | k = k + 1 |

Abb. 81: Verfahren des Steilsten Abstiegs

| | |
|---|---|
| 1. | wähle $x_0$ beliebig |
| 2. | $s_0 = -\nabla f(x_0)$ |
| 3. | k = 0 |
| 4. | wiederhole bis $\nabla f(x_k) = 0$ |
| 4.1 | Finde mittels einer eindimensionalen Suche $\lambda_k > 0$ welches $f(x_k + \lambda_k s_k)$ minimiert |
| 4.2 | $x_{k+1} = x_k + \lambda_k s_k$ |
| 4.3 | $s_{k+1} = -\nabla f(x_{k+1}) + s_k \frac{\lVert \nabla f(x_{k+1}) \rVert^2}{\lVert \nabla f(x_k) \rVert^2}$ |
| 4.4 | k = k + 1 |

Abb. 82: Verfahren nach Fletcher-Reeves

| | |
|---|---|
| 1. | Wähle $x_0$ beliebig |
| 2. | k = 0 |
| 3. | wiederhole bis $\nabla f(x_k) = 0$ |
| 3.1 | $s_k = -(\nabla^2 f(x_k))^{-1} \nabla f(x_k)$ |
| 3.2 | $x_{k+1} = x_k + s_k$ |
| 3.3 | k = k + 1 |

Abb. 83: Newton Verfahren

| | |
|---|---|
| 1. | Wähle $x_0$ beliebig |
| 2. | k = 0 |
| 3. | wiederhole bis Optimalitätsbedingungen erfüllt |
| 3.1 | *min* $f(y_k)$ mit $f(y_k) = (\nabla f(x_k))^T y_k$ unter Einhaltung von $Ay_k \le b$. |
| 3.2 | Finde mittels einer eindimensionalen Suche $\lambda_k > 0$ welches $f(\lambda_k x_k + (1-\lambda_k) y_k)$ minimiert |
| 3.3 | $x_{k+1} = \lambda_k x_k + (1-\lambda_k) y_k$ |
| 3.4 | k = k + 1 |

Abb. 84: Verfahren von Frank-Wolfe

| |
|---|
| k=0. Wähle $x_k$ beliebig, aber zulässig. |
| $r = 10^{1-k}$ |
| Minimiere $B(x,r) = f(x) - r \sum_{i=1}^{m} \log(g_i(x))$ mit einem Verfahren der unbeschränkten Optimierung. Verwende hierbei $x_k$ als Ausgangspunkt und bezeichne die Lösung mit $x_{k+1}$. |
| k = k + 1 |
| Wiederhole, bis Konvergenzkriterium erfüllt. |

Abb. 85: Verfahren der Sequentiellen unbeschränkten Minimierung (SUMT)

| | | | |
|---|---|---|---|
| 1 | Annahme: es liegen nur lineare Restriktionen der Form $a_j^T x - b_j \leq 0$ vor. k=0. Wähle $x_k$ beliebig, aber zulässig. | | |
| 2.1 | Bestimme die Matrix $A_k = (\nabla g_i(x_k)) = (a_i)$ $,mit\ i \in I_k(x_k)$. $I_k(x_k)$ ist die Indexmenge der in $x_k$ aktiven Restriktionen. Es wird vorausgesetzt, daß in jedem Iterationspunkt $x_k$ die Vektoren $a_i$ linear unabhängig sind. Im weiteren bezeichnet $m_k$ die Anzahl der Spalten von $A_k$. | | |
| 2.2 | $I_k = \varnothing$ ? — falsch | | wahr |
| 2.3 | $n > m_k$ ? — wahr | falsch | |
| 2.4 | Wähle eine $n \times (n - m_k)$ Matrix $B_k$ derart, daß $T_k^T = (A_k, B_k)$ eine reguläre $n \times n$ Matrix ist. | $T_k^T = A_k$ | $T_k^T = I$ |
| 2.5 | Bestimme $y_k \in R^{m_k}$ und $z_k \in R^{n - m_k}$ unter Ausnutzung der Richtung des steilsten Anstiegs ( $(y_k, z_k)^T = (T_k^{-1})^T \nabla f(x_k)$ ) als Lösung des linearen Gleichungssystem $A_k y_k + B_k z_k = \nabla f(x_k)$. | | |
| 2.6 | Setze $r_k = (y_k^+, z_k)^T$ mit $(y_k^+)_p = \begin{cases} (y_k^+)_p \text{, wenn } (y_k^+)_p \geq 0 \\ 0 \text{, wenn } (y_k^+)_p < 0 \end{cases}$ | | |
| 2.7 | Setze $\sigma_k = -\lVert r_k \rVert$. | | |
| 2.8 | $\sigma_k \neq 0$ ? — wahr | | falsch |
| 2.9 | $s_k = (-T_k^{-1} r_k)\,(\lVert r_k \rVert)^{-1}$ | | |
| 2.10 | Finde mittels einer eindimensionalen Suche $\lambda_k > 0$ welches $f(x_k + \lambda_k s_k)$ unter Einhaltung von $a_j^T x - b_j \leq 0$ minimiert. | | |
| 2.11 | k = k +1 | | |
| 2.12 | Wiederhole bis $\sigma_{k-1} = 0$. | | |

Abb. 86: Verfahren der reduzierten Gradienten (vgl. [61], S. 184f.)

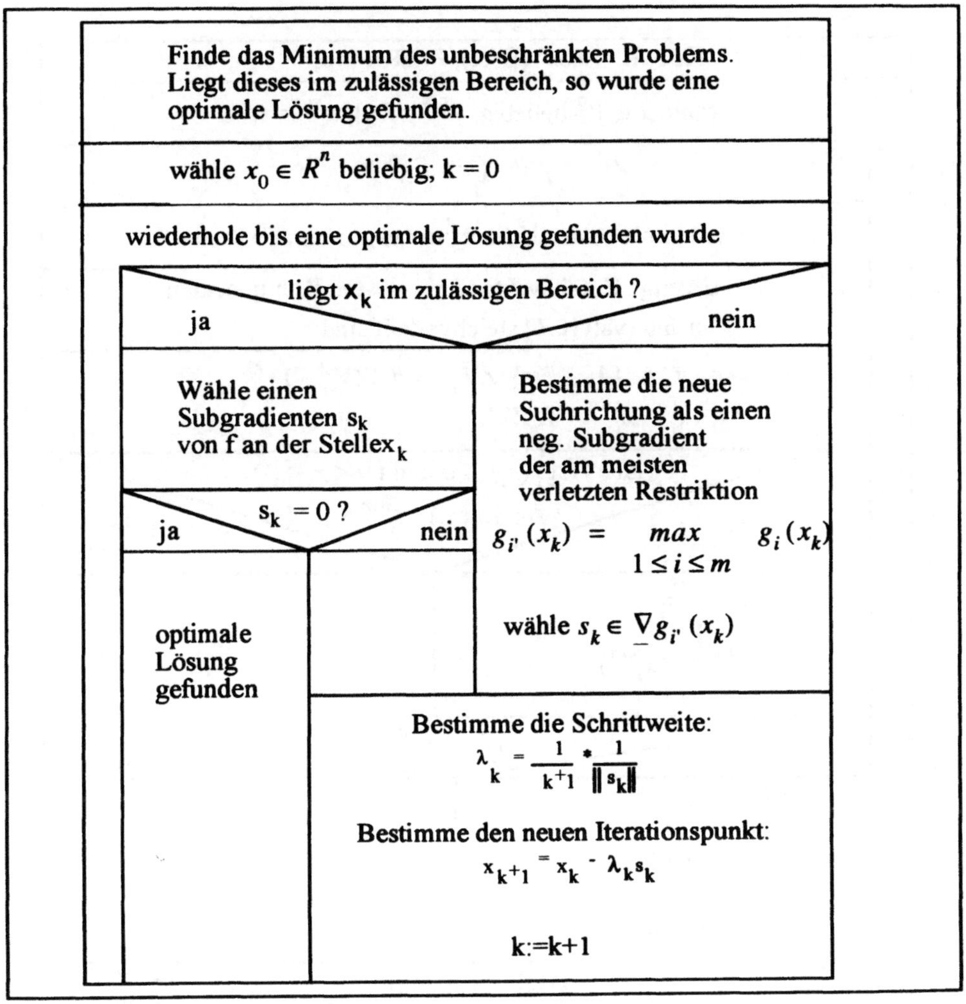


Abb. 87: Subgradientenverfahren nach Shor-Polyak

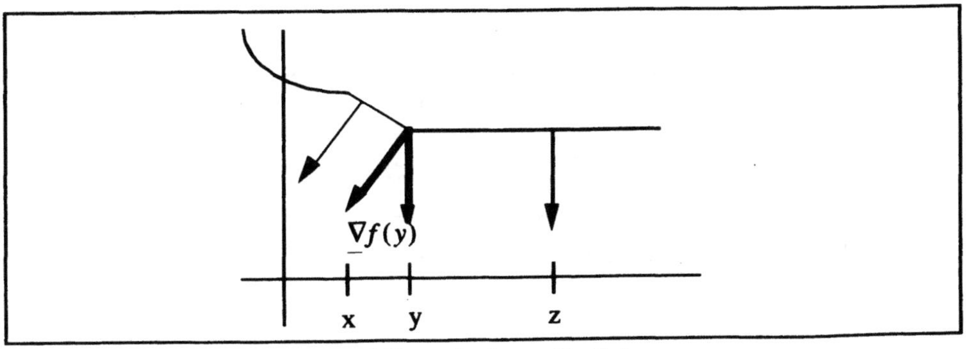


Abb. 88: Subgradient einer nichtdifferenzierbaren Funktion

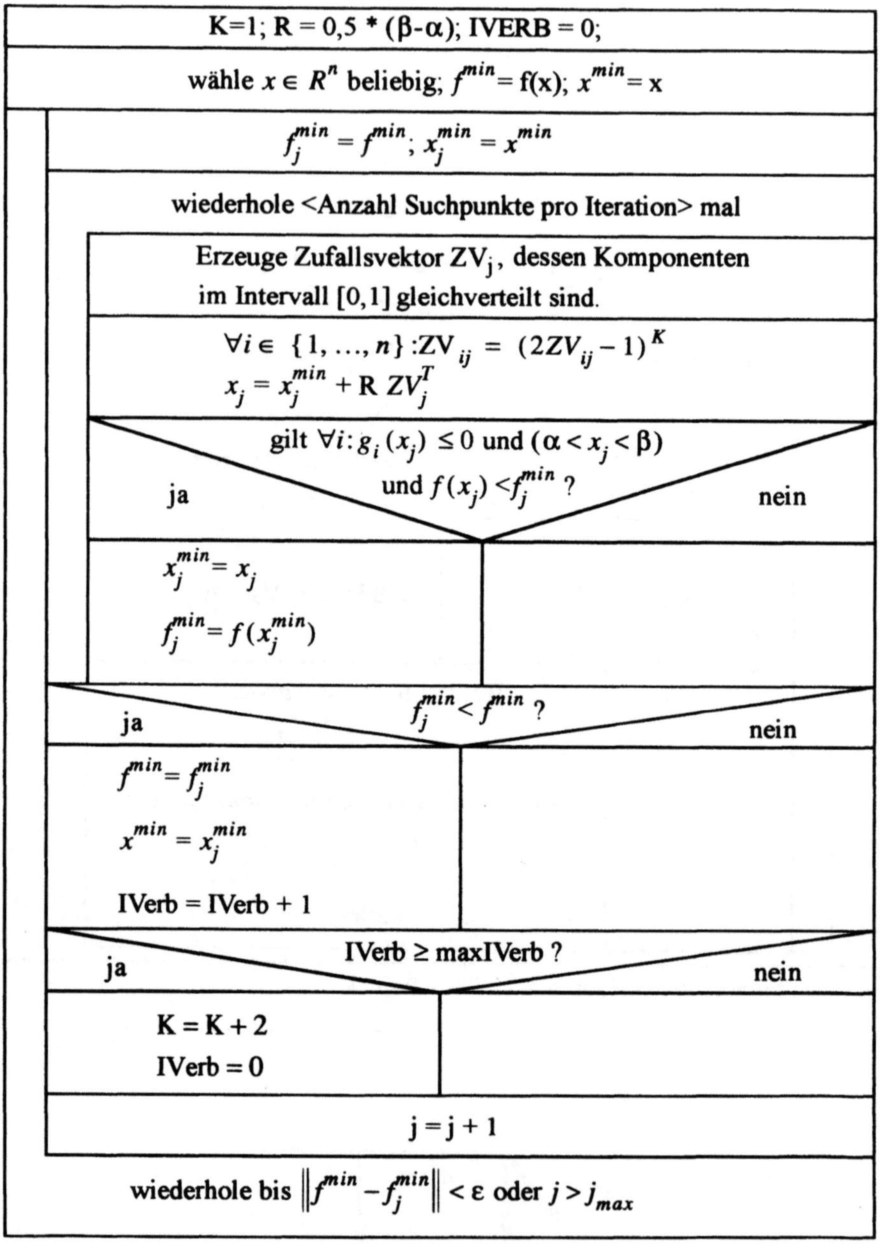


Abb. 89: Verfahren der adaptiven Zufallssuche

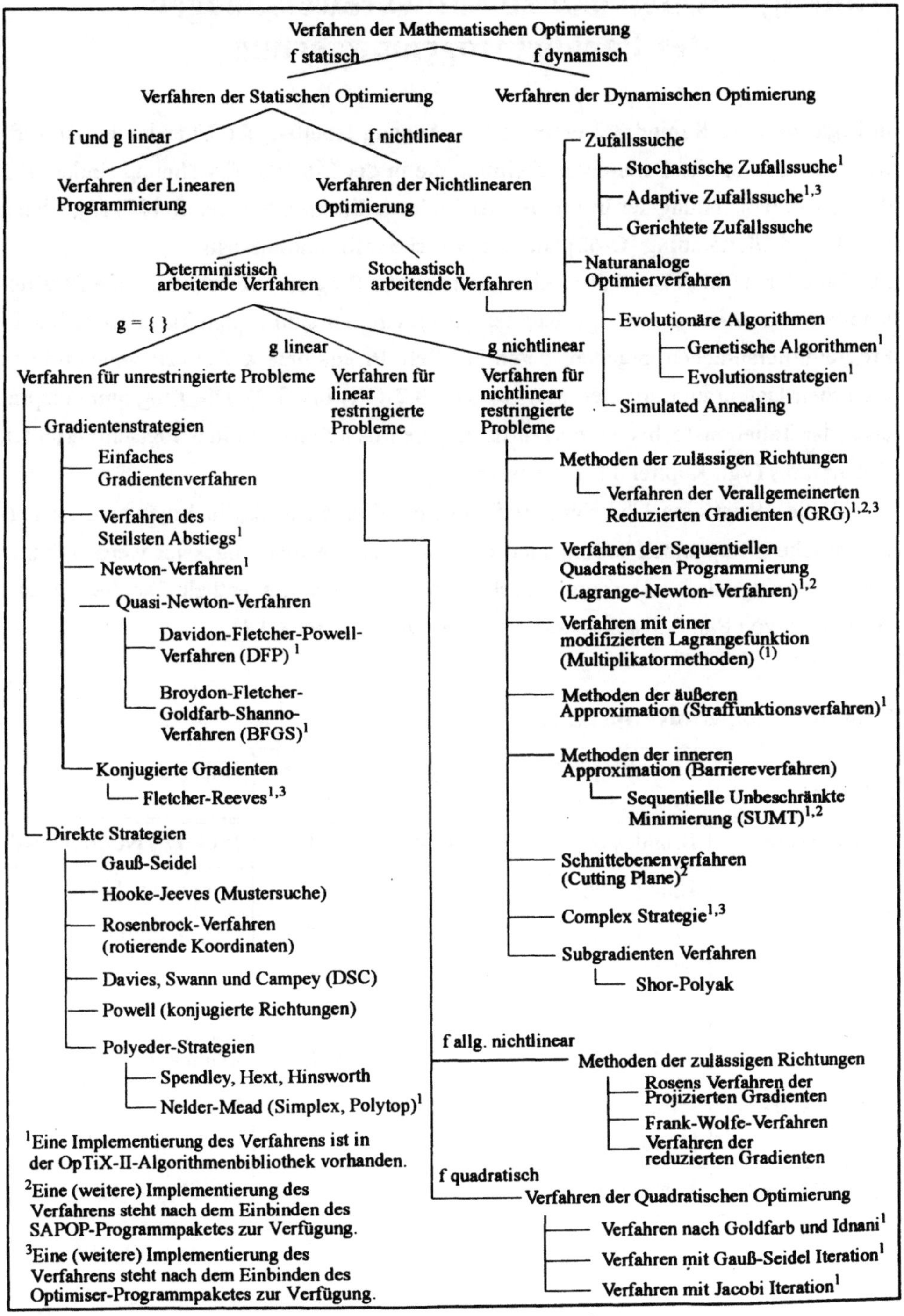


Abb. 90: Übersicht zu Verfahren der nichtlinearen Optimierung

# Anhang C: Übersicht zu Softwarewerkzeugen der Parallelprogrammierung

In Ergänzung zu Kapitel 3.2 liefert dieser Anhang tabellarische Übersichten zu Softwarewerkzeugen der Parallelverarbeitung, die in der Literatur Erwähnung finden. Bei der Zusammenstellung der Informationen bildeten die Arbeiten von Bal [C-15], Cheng [C-34] und Glendinning [C-62] eine wesentliche Informationsbasis.

Die Tabellen 11 bis 17 enthalten eine Übersicht zu Programmiersprachen, die Parallelverarbeitung unterstützen (vgl. Kapitel 3.2.1). Hierbei sind in den Tabellen 11 bis 14 Programmiersprachen gegeben, deren parallele Programme auf einem gemeinsamen logischen Datenraum arbeiten (vgl. Kapitel 3.2.1 (i) bis (iv)). Die Programmiersprachen der Tabellen 15 bis 18 nutzen dahingegen das Konzept eines logisch verteilten Datenraums (vgl. Kapitel 3.2.1 (a) bis (d)).

In Tabelle 19 ist eine Übersicht zu Softwarebibliotheken, die in Ergänzung zu herkömmlichen, sequentiell arbeitenden Programmiersprachen eingesetzt werden, gegeben (vgl. Kapitel 3.2.2). Zum Abschluß dieses Anhanges enthält Tabelle 20 eine Auflistung von Parallelisierungswerkzeugen (vgl. Kapitel 3.2.3).

**Tabelle 11: Imperative Sprachen**

| Sprache (Name) | Literaturquelle | Sprache (Name) | Literaturquelle |
|---|---|---|---|
| ADAPTOR | Brandes [C-24] | FORTRAN90 | ISO/IDE Norm [C-80] |
| CHARM | Kale [C-86] | GRIDS | Reuter u.a. [C-121] |
| DINO | Rosing u.a. [C-43], [C-130] | HIGH PERFOR-MANCE FOR-TRAN (HPF) | HPF Forum [C-71] |
| FORCE | Jordan [C-83] | HYPERTOOL | Wu u.a. [C-151] |
| FORTRAN D | Hiranandani u.a. [C-72], [C-55] | JADE | Rinard u.a. [C-92] , [C-124], [C-125] |
| FORTRAN M | Foster u.a. [C-54] | X3H5 | ANSI [C-7][C-8] |

**Tabelle 12: Applikative Sprachen**

| Sprache (Name) | Literaturquelle | Sprache (Name) | Literaturquelle |
|---|---|---|---|
| BLAZE | Mehrotra u.a. [C-103] | ParAlfl | Hudak [C-74] |
| CONCURRENT LISP | Sugimoto u.a. [C-141] | PML | Reppy [C-120] |
| FX-87 | Jouvelot u.a. [C-84] | QLISP | Gabriel u.a. [C-56], [C-63] |
| LISPTALK | Li [C-97] | SISAL | Feo u.a. [C-51], [C-93], [C-102] |
| MULTILISP | Halstead [C-67] | SYMMETRIC LISP | Gelernter u.a. [C-60], [C-61] |

**Tabelle 13: Prädikative Sprachen**

| Sprache (Name) | Literaturquelle | Sprache (Name) | Literaturquelle |
|---|---|---|---|
| BRAVE | Reynolds u.a. [C-122] | PARLOG | Clark [C-36] |
| CONCURRENT PROLOG | Shapiro [C-136] | P-PROLOG | Yang u.a. [C-152] |
| DELTA PROLOG | Pereira u.a. [C-116] | QUTY | Sato [C-131] |
| GUARDED HORN CLAUSES | Ueda [C-148] | RELATIONAL LANGUAGE | Clark u.a. [C-35] |
| MANDALA | Ohki u.a. [C-111] | STRAND88 | Foster u.a. [C-53] |
| OC | Takeuchi u.a. [C-145] | VULCAN | Kahn u.a. [C-85] |

**Tabelle 14: Sprachen, die auf verteilten Datenstrukturen basieren**

| Sprache (Name) | Literaturquelle | Sprache (Name) | Literaturquelle |
|---|---|---|---|
| LINDA | Ahuja u.a. [C-3] | TUPLE SPACE SMALLTALK | Matsuoka u.a. [C-101] |
| SDL | Roman [C-128] | | |

**Tabelle 15: Sprachen, die auf dem Konzept der Kommunizierenden Sequentiellen Prozesse basieren**

| synchrones Message-Passing | | asynchrones Message-Passing | |
|---|---|---|---|
| Sprache (Name) | Literaturquelle | Sprache (Name) | Literaturquelle |
| CCSP | Hull u.a. [C-75] | AMPL | Dannenberg u.a. [C-40], Milewski [C-105] |
| CSM | Zhongxiu u.a. [C-156] | CMAY | Bagrodia u.a. [C-13] |
| CSP | Hoare [C-73] | CONCURRENT C | Tsujino u.a. [C-147] |
| CSP-S | Patniak u.a. [C-115] | CONIC | Kramer u.a. [C-91], Sloman u.a. [C-137] |
| CSPS | Roman u.a. [C-127] | DPL-82 | Ericson [C-48] |
| CSP/80 | Jazayeri u.a. [C-82] | FRANK | Graham [C-64] |
| ECSP | Baiardi u.a. [C-14] | GYPSY | Ambler u.a. [C-5] |
| GDPL | Ng u.a. [C-109] | LADY | Nehmer u.a. [C-107] |
| JOYCE | Brinch Hansen [C-27] | MENYMA/S | Koch u.a. [C-90] |
| LIMP | Hunt [C-76] | NIL | Strom u.a. [C-140] |
| OCCAM | Inmos Ltd. [C-78] | PARMOD | Eichholz [C-47] |
| PASCAL-M | Abramsky u.a. [C-1] | PCL | Lesser u.a. [C-96] |
| PASCAL+CSP | Adamo [C-2] | PLATON | Staunstrup [C-139] |
| PLANET | Crookes u.a. [C-39] | PLITS | Feldman [C-50] |
| RBCSP | Roper u.a. [C-129] | PORT LANGUAGE | Kerridge u.a. [C-89] |
| | | PRONET | LeBlanc u.a. [C-94] |
| | | ZENO | Ball u.a. [C-16] |

**Tabelle 16: Objektorientierte, Objektbasierte und Actor-Sprachen**

| Sprache (Name) | Literaturquelle | Sprache (Name) | Literaturquelle |
|---|---|---|---|
| ABCL/1 | Yonezawa u.a. [C-155] | MENTAT | Grimshaw u.a. [C-65] [C-66] |
| ACT 1 | Lieberman [C-98] | MODULA-2* | Tichy u.a. [C-117], [C-146] |
| ALPS | Vishnubhotia [C-150] | OBJECT-ORIENTED FORTRAN | Reese [C-119] |
| CANTOR | Athas u.a. [C-12] | OIL | Davis u.a. [C-42] |
| CLIX | Hur u.a. [C-77] | ONDINE | Ogihara u.a. [C-110] |
| CLUSTER 86 | Lujun u.a. [C-100] | ORIENT84/K | Ishikawa u.a. [C-79] |
| CONCURRENT SMALLTALK | Yokote u.a. [C-153], [C-154] | PARALLAXIS | Braunl [C-25] |
| COOL | Chandra u.a. [C-31] | PC++ | Bodin u.a. [C-22] |
| CSSA | Nehmer u.a. [C-107] | POOL | America [C-6] |
| DISTRIBUTED SMALLTALK | Bennett [C-18] | RADDLE | Forman [C-52] |
| EMERALD | Black u.a. [C-20] | SINA | Aksit u.a. [C-4] |
| EPL | Black u.a. [C-19] | SLOOP | Lucco [C-99] |
| HYBRID | Nierstrasz [C-108] | | |

**Tabelle 17: Sprachen, die das Remote-Procedure-Call-Konzept nutzen**

| Sprache (Name) | Literaturquelle | Sprache (Name) | Literaturquelle |
|---|---|---|---|
| Cedar | Swinehart u.a. [C-144] | LYNX | Scott u.a. [C-132], [C-133], [C-134], [C-135] |
| Concurrent CLU | Hamilton u.a. [C-68], [C-37] | $P^+$ | Carpenter u.a. [C-32] |
| Distributed Processes | Brinch Hansen [C-26] | | |

**Tabelle 18: Sprachen, die das Rendezvous-Konzept nutzen**

| Sprache (Name) | Literaturquelle | Sprache (Name) | Literaturquelle |
|---|---|---|---|
| ADA | US DoD [C-149] | CONCURRENT C | Gehani u.a. [C-58] |
| BNR PASCAL | Gammage u.a. [C-57] | MC | Rizk u.a. [C-126] |

**Tabelle 19: Softwarebibliotheken**

| Bibliothek (Name) | Literaturquelle | Bibliothek (Name) | Literaturquelle |
|---|---|---|---|
| APPL | Quealy [C-118] | PARMACS | Hempel u.a. [C-23], [C-69], [C-70] |
| CM | Kanan u.a. [C-81], [C-87], [C-106] | PARTI | Chase [C-33], Das [C-41], Sussman [C-143] |
| COMLIB | Pallas [C-112] | PICL | Geist u.a. [C-59] |
| CPS | Rinaldo [C-123], Fausey [C-49] | PVM / HeNCE | Dongarra u.a. [C-44], [C-45], [C-46], Sunderam [C-142] |
| CSTools | Meiko [C-104] | P4 | Butler u.a. [C-28], Leibfritz [C-95] |
| Express | Parasoft Co. [C-113] | TOPSYS | Bode u.a. [C-17], [C-21] |

**Tabelle 20: Parallelisierungswerkzeuge**

| Werkzeug (Name) | Literaturquelle | Werkzeug (Name) | Literaturquelle |
|---|---|---|---|
| CRAY/fpp | Cray Research Inc. [C-38], Pase [C-114] | PARASCOPE | Callahan [C-29], Carle [C-30], Kennedy [C-88] |
| KAP/CRAY | Pase [C-114] | PAT | Applebe [C-9], [C-10], Smith [C-138] |
| FORGE90 | Applied Parallel Research [C-11] | | |

# Literaturverzeichnis zu Anhang C


[C-1] S. Abramsky und R. Bornat: *Pascal-m: a Language for Loosely Coupled Distributed Systems*, in Y. Paker und J.-P. Verjus (Hrsg.): Distributed Computing Systems, S. 163-189. Academic Press, London, 1983.

[C-2] J.M. Adamo: *Pascal+CSP, Merging Pascal and CSP in a Parallel Processing Oriented Language*. Proc. 3rd Int. Conf. on Distributed Computing Systems, S. 542-547. Miami/Ft. Lauderdale, Fl, USA, 1982.

[C-3] S. Ahuja, N. Carriero und D. Gelernter: *Linda and Friends*. IEEE Computer, Vol. 19, No. 8, S. 26-34, 1986.

[C-4] M. Aksit und A. Tripathi: *Data Abstraction Mechanisms in SINA/st*. SIGPLAN Notices (Proc. Object-Oriented Programming Systems, Languages and Applications), Vol. 23, No. 11, S. 267-275. San Diego, CA, USA, 1988.

[C-5] A.L. Ambler u.a.: *GYPSY: A Language for Specification and Implementation of Verifiable Programs*. SIGPLAN Notoces, Vol. 12, No. 3, S. 1-10, 1977.

[C-6] P. America: *POOL-T: A Parallel Object-Oriented Language*, in A. Yonezawa und M. Tokoro (Hrsg.): Object-Oriented Concurrent Programming. MIT Press, Cambridge, MA, USA, 1987.

[C-7] ANSI Technical Committee X3H5 (Hrsg.): *Parallel Processing Model for High Level Programming Languages*. 1992.

[C-8] ANSI Technical Committee X3H5 (Hrsg.): *Parallel Fortran Standard*. 1992.

[C-9] B. Applebe und K. Smith: *Start/Pat: A Parallel-Programming Toolkit*, S. 29-38 in IEEE Software, Juli 1989.

[C-10] B. Applebe, K. Smith und K. Stirewalt: *PATCH - A New Algorithm for Rapid Incremental Dependence Analysis*, S. 424-432 in ICS, Juni 1992.

[C-11] Applied Parallel Research (Hrsg.): *FORGE 90 Version 8.0 Baseline System User's Guide*. 1992.

[C-12] W.C. Athas und C.L. Seitz: *Multicomputers: Message-Passing Concurrent Computers*. IEEE Computer, Vol. 21, No. 8, S. 9-24, 1988.

[C-13] R. Bagrodia und K. Chandy: *A Micro-kernel for Distributed Applications*. Proc. 5th Int. Conf. on Distributed Computing Systems, S. 140-149. Denver, CO, USA, 1985.

[C-14] F. Baiardi, L. Ricci und M. Vanneschi: *Static Type Checking of Interprocess Communication in ECSP*. SIGPLAN Notices (Proc. SIGPLAN 84 Symp. on Compiler Construction), Vol. 19, N0. 6, S. 290-299, 1984.

[C-15] H. Bal: *Programming Distributed Systems*. Prentice Hall, New York, 1990.

[C-16] J.E. Ball, G.J. Williams und J.R. Low: *Preliminary ZENO Language Description*. SIGPLAN Notices, Vol. 14, No. 9, S. 17-34, 1979.

[C-17] T. Bemmerl und A. Bode: *An Integrated Tool Environment for Programming Distributed Memory Multiprocessors*, S. 130-142 in A. Bode (Hrsg.): Distributed Memory Computing, Springer-Verlag, 1991.

[C-18] J.K. Bennet: *The Design and Implementation of Distributed Smalltalk*. SIGPLAN Notices (Proc. Object-Oriented Programming Systems, Languages and Applications 1987), Vol. 22, No. 12, S. 318-330. Orlando, Fl, USA, 1987.

[C-19] A. Black, N. Hutchinson, B.C. McCord und R.K. Raj: *EPL Programmers's*

*Guide*. University of Washington, Seattle, WA, 1984.

[C-20] A. Black, N. Hutchinson, E. Jul und H. Levy: *Object Structure in the Emerald System*. SIGPLAN Notices (Proc. Object-Oriented Programming Systems, Languages and Applications 1986), Vol. 21, No. 11, S. 78-86, Portland, OR, USA, 1986.

[C-21] A. Bode (Hrsg.): *Manuals on MMK, TOPSYS, DETOP, PATOP, VISTOP*. Technische Berichte, Universität München, 1991.

[C-22] F. Bodin, P. Beckman, D: Gannon, S. Narayana und S. Yang: *Distributed pC++: Basic Ideas for an Object Parallel Language*, S. 273-282 in IEEE Computer Society und ACM SIGARCH (Hrsg.): Proceedings of Supercomputing 91, Albuquerque, 1991.

[C-23] L. Bomans, R. Hempel und D. Roose: *The Argonne/GMD Macros in Fortran for Portable Parallel Programming and their Implementation on the Intel iPSC/2*, S. 119-132 in Parallel Computing, Vol. 15, 1990.

[C-24] T. Brandes: *Efficient Data Parallel Program without Explicit Message Passing for Distributed Memory Multiprocessors*. GMD Technischer Report TR 92-4, 1992.

[C-25] T. Braunl: *Structured SIMD Programming in Parallaxis*. Structured Programming Journal, Vol. 10, No. 3, 1988.

[C-26] P. Brinch Hansen: *Distributed Processes: A Concurrent Programming Concept*. Commun. ACM, Vol. 21, No. 11, S. 934-941, 1978.

[C-27] P. Brinch Hansen: *Joyce - A Programming Language for Distributed Systems*. Softw. Prac. Exper., Vol. 17, No. 1, S. 29-50, 1987.

[C-28] R. Butler und E. Lusk: *Users's Guide to the p4 Parallel Programming System*. Technical Report ANL-92/17, Argonne National Laboratory, Mathematics and Computer Science Division, 1992.

[C-29] D. Callahan, K.D. Cooper, K. Kennedy und L. Torczon: *Interprocedural Constant Propagation*, S. 152-161 in ACM SIGPLAN Notices, Vol. 21, No. 7, 1986.

[C-30] A. Carle, K.D. Cooper, R.T. Hood, K. Kennedy, L. Torczon und S.K. Warren: *A Practical Environment for Scientific Programming*. IEEE Computer, Nov. 1987.

[C-31] R. Chandra, A. Gupta und J.L. Hennesy: *Integrating Concurrency and Data Abstraction in the COOL Programming Language*. Technical Report CSL-TR-92-511, Computer Science Lab, Stanford University, 1992.

[C-32] B.E. Carpenter und R. Cailliau: *Experience with Remote Procedure Calls in a Real-time Control System*. Softw. Prac. Exper., Vol. 14, No. 9, S. 901-907, 1984.

[C-33] C. Chase, K. Crowley, J. Saltz und A. Reeves: *Parallelization of Irregularly Coupled Regular Meshes*. Proceedings of the Sixth International Conference on Supercomputing, Washington DC, 1992.

[C-34] D.Y. Cheng: *A Survey of Parallel Programming Languages and Tools*. Report RND-93-005, NAS Systems Development Branch, NAS Systems Devision, NASA Ames Research Center, Moffett Field, CA, USA, 1993.

[C-35] K.L. Clark und S. Gregory: *A Relational Language for Parallel Programming*. Proc. 1981 ACM Conf. on Funct. Progr. Lang. and Comp. Arch., S. 171-178, Portsmouth, NH, USA, 1981.

[C-36] K.L. Clark und S. Gregory: *PARLOG: Parallel Programming in Logic*. ACM Trans. Program. Lang. Syst., Vol. 8, No. 1, S. 1-49, 1986.

[C-37] R.C.B. Cooper und K.G. Hamilton: *Preserving Abstraction in Concurrent Programming*. IEEE Trans. Softw. Eng., Vol. SE-14, No. 2, S. 258-263, 1988.

[C-38] Cray Research Inc. (Hrsg.): *CF77 Compiling System Volume 4: Parallel Processing Guide*.

[C-39] D. Crookes und J.W.G. Elder: *An Experiment in Language Design for Distributed Systems*. Softw. Prac. Exper., Vol. 14, No. 10, S. 957-971, 1984.

[C-40] R.B. Dannenberg: *AMPL: Design, Implementation and Evaluation of a Multiprocessing Language*. Carnegie-Mellon University, Pittsburgh, PA, USA, 1981.

[C-41] R. Das, D.J. Mavriplis, J. Saltz, S. Gupta und R.P. Ponnusamy: *The Design and Implementation of a Parallel Unstructured Euler Solver Using Software Primitives*. Proceedings of the 30th Aerospace Sciences Meeting (AIAA-92-0562), Reno NV, 1992.

[C-42] A.L. Davis und S.V. Robinson: *The Architecture of the FAIM-1 Symbolic Multiprocessing System*. Proc. 9th Int. Joint Conf. on Artificial Intelligence, S. 32-38. Los Angeles, CA, USA.

[C-43] T.M. Derby, E. Eskow, R. Neves, M. Rosing, R.B. Schnabel und R.P. Weaver: *DINO 1.0 User's Manual*. Tech Report CU-CS-501-90, Computer Science Dept., Univ. of Colortado at Boulder, 1990.

[C-44] J.J. Dongarra, G.A. Geist, R. Manchek und V.S. Sunderam: *A Users' Guide to PVM*. Technical Report No. ORNL/TM-11826, Oak Ridge National Laboratory, Oak Ridge, Tennessee 37831-6367. 1991.

[C-45] J.J. Dongarra, G.A. Geist, R. Manchek, K. Moore, R. Wade und V.S. Sunderam: *HeNCE: A Users' Guide Version 1.2*. Technical Report, Computer Science Department, CS-92-157. 1992.

[C-46] J. Dongarra, G.A. Geist, R. Manchek, K. Moore, R. Wade und V.S. Sunderam: *HeNCE: Graphical Development Tools for Network-Based Concurrent Computers*, S. 129-136 in Anon. (Hrsg.):Proceedings of the Scalable High Performance Computing Conference. IEEE Computer Society Press, Williamsburg, 1992.

[C-47] S. Eichholz: *Parallel Programming with ParMod*. Proc. 1987 Int. Conf. Parallel Processing, S. 377-380. St. Charles, Il, USA, 1987.

[C-48] L.W. Ericson: *DPL-82: A Language for Distributed Processing*. Proc. 3rd Int. Conf. on Distributed Computing Systems, S. 526-531. Miami/Ft. Lauderdale, Fl, USA, 1982.

[C-49] M.R. Fausey: *CPS and the Fermilab Farms*. FERMILAB-Conf-92/163, 1992.

[C-50] J.A. Feldmann: *High Level Programming for Distributed Computing*. Commun. ACM, Vol. 22, No. 6, S. 353-368, 1979.

[C-51] J.T. Feo, D.C. Cann und R.R. Oldehoeft: *A Report on the SISAL Language Project*. Journal of Parallel and Distributed Computing, Vol. 12, No. 10, S. 349-366, 1990.

[C-52] I.R. Forman: *On the Design of Large Distributed Systems*. Proc. IEEE CS 1986 Int. Conf. on Computer Languages, S. 84-95. Miami, Fl, USA, 1986.

[C-53] I. Foster und S. Taylor: *Strand New Concepts in Parallel Programming*. Prentice Hall, 1988.

[C-54] I. Foster und K.M. Chandy: *Fortran M: A Language for Modular Parallel Programming*. Preprint MCS-P327-0992, Argonne National Laboratory, Argonne, IL, USA, 1992.

[C-55] G. Fox, S. Hiranandani, K. Kennedy, C. Koelbel, U. Kremer, C.-W. Tseng und M.-Y. Wu: *Fortran D Language Specification*. Dept. of Computer Science Technical Report TR90-141, Rice University, 1990.

[C-56] R.P. Gabriel und J. McCarthy: *Queue-based Multi-processing Lisp*. 1984 ACM Symp. Lisp and funct. Progr., S. 25-43. Austin, TX, USA, 1984.

[C-57] N.D. Gammage, R.F. Kamel und L.M. Casey: *Remote Rendezvous*. Softw. Prac. Exper., Vol. 17, No. 10, S. 741-755, 1987.

[C-58] N. Gehani und W.D. Roome: *The Concurrent C Programming Language*. Silicon Press, Summit, NJ, USA, 1989.

[C-59] G.A. Geist, M.T. Heath, B.W. Peyton und P.H. Worley: *PICL, A Portable Instrumented Communication Library, C Reference Manual*. Technical Report No. ORNL/TM-11130, Oak Ridge National Laboratory, Oak Ridge, Tennessee, 1990.

[C-60] D. Gelernter, S. Jagannathan und T. London: *Environments as First Class Objects*. Proc. 14th ACM Symp. Princ. Progr. Lang., München, 1987.

[C-61] D. Gelernter, S. Jagannathan und T. London: *Parallelism, Persistence and Meta-Cleanliness in the Symmetric Lisp Interpreter*. SIGPLAN Notices (Proc. Symp. Interpreters and Interpretive Techniques), Vol. 22, No. 7, S. 274-282, 1987.

[C-62] I. Glendinning, S. Hellberg und P. Shallow: *Tools for Parallel High Performance Systems - Comparative Evaluation*. Department of Electronics and Computer Science, University of Southampton, Report SNARC 92-01, 1992.

[C-63] R. Goldman und R.P. Gabriel: *Qlisp: Parallel Processing in Lisp*. IEEE Software, Vol. 6, No. 4, S. 51-59, 1989.

[C-64] P.C.J. Graham: *Using BINS for Inter-Process Communication*. SIGPLAN Notices, Vol. 20, No. 2, S. 32-41, 1985.

[C-65] A.S. Grimshaw und J.W.S. Liu: *Mentat: An Object-Oriented Macro Data Flow System*. SIGPLAN Notices (Proc. Object-Oriented Programming Systems, Languages and Applications 1987), Vol. 22, No. 12, S. 35-47. Orlando, Fl, USA, 1987.

[C-66] A.S. Grimshaw, W. T. Strayer und P. Narayan: *The Good News About Dynamic Object-Oriented Parallel Processing*. University of Virginia, Computer Science Report TR-92-41, 1992.

[C-67] R.H. Halstead (Jr.): *Multilisp: A Language for Concurrent Symbolic Computation*. ACM Trans. Program. Lang. Syst., Vol. 7, No. 4, S. 501-538, 1985.

[C-68] K.G. Hamilton: *A Remote Procedure Call System*. Report TR 70 (Ph.D. dissertation), University of Cambridge, Cambridge, UK, 1984.

[C-69] R. Hempel: *The ANL/GMD Macros (PARMACS) in Fortran for Portable Parallel Programming Using the Message Passing Programming Model*. User's Guide and Reference Manual, Version 5.1, 1991.

[C-70] R. Hempel und H. Ritzdorf: *The GMD Communications Library for Grid-ori-*

*ented Problems*. GMD Arbeitspapier No. 589.

[C-71] High Performance Fortran Forum: *High Performance Fortran Language Specification*. Version 1.0 Draft, 25. Jan 1993.

[C-72] S. Hiranandani, K. Kennedy, C.-W. Tseng: *Compiling Fortran D for MIMD Distributed-Memory Machines*. Communications of the ACM, Vol. 35, No. 8, S. 66-80, 1992.

[C-73] C.A.R. Hoare: *Communicating Sequential Processes*. Commun. ACM, Vol. 21, No. 8, S. 666-677, 1978.

[C-74] P. Hudak: *Para-Functional Programming*. IEEE computer, Vol. 19, No. 8, S. 66-70, 1986.

[C-75] M.E.C. Hull und G. Donnan: *Contextually Communicating Sequential Processes - a Software Engineering Approach*. Softw. Prac. Exper., Vol. 16, No. 9, S. 845-864, 1986.

[C-76] J.G. Hunt: *Messages in Typed Languages*. SIGPLAN Notices, Vol. 14, No. 1, S. 27-45, 1979.

[C-77] J.H. Hur und K. Chon: *Overview of a Parallel Object-Oriented Language CLIX*, S. 265-273 in Anon. (Hrsg.): Proc. European Conference on Object-Oriented Programming, Lecture Notes in Computer Science 276, Springer-Verlag, Berlin, 1987.

[C-78] Inmos Ltd. (Hrsg.): *Occam Programming Manual*. Prentice-Hall, Englewood Cliffs, NJ, USA, 1984.

[C-79] Y. Ishikawa und M. Tokoro: *Orient84/K: An Object-Oriented Concurrent Programming Language for Knowlege Representation*, S. 159-198 in A. Yonezawa und M. Tokoro (Hrsg.): Object-Oriented Concurrent Programming, MIT Press, Cambridge, MA, USA, 1987.

[C-80] ISO/IDE: *Information technology – Programming languages – Fortran*. International Standard, Reference number ISO/IEC 1539:1991(E), 1991.

[C-81] V. Jagannathan, K.J. Cleetus, R. Kannan, J. Toth und V. Saks: *Application Message Interface*. IEEE International Phoenix Conference on Computers and Communications, Phoenix, Arizona, 1992.

[C-82] M. Jazayeri, C. Ghezzi, D. Hoffmann, D. Middleton und M. Smotherman: *CSP/80: A Language for Communicating Sequential Processes*. IEEE COMPCON Fall 1980, S. 736-740, New York, USA, 1980.

[C-83] H. Jordan: *The Force*. ECE Tech. Report 87-1-1, 1987.

[C-84] P. Jouvelot und D.K. Gifford: *The FX-87 Interpreter*. Proc. IEEE CS 1988 Int. Conf. on Computer Languages, S. 65-72. Miami, Fl, USA, 1988.

[C-85] K. Kahn, E.D. Tribble, M.S. Miller und D.G. Bobrow: *Objects in Concurrent Logic Programming Languages*. SIGPLAN Notices (Proc. Object-Oriented Programming Systems, Languages and Applications 1986), Vol. 21, No. 11, S. 242-257, Portland, OR, USA, 1986).

[C-86] L.V. Kale: *The Chare Kernel Parallel Programming Language and System*, in Anon. (Hrsg.): Proceedings of the International Conference on Parallel Processing, 1990.

[C-87] R. Kannan u.a.: *Software Environment for Network Computing*. IEEE Technical Committe on Operating Systems and Application Environments Newsletter, Vol. 6, No. 1, 1992.

[C-88] K. Kennedy, K.S. McKinley und C. Tseng: *Interactive Parallel Programming Using the ParaScope Editor*, S. 329-341 in TOPDS, Vol. 2, No. 3, 1991.

[C-89] J. Kerridge und D. Simpson: *Communicating Parallel Processes*. Softw. Prac. Exper., Vol. 16, No. 1, S. 63-68.

[C-90] A. Koch und T.S.E. Maibaum: *A Message Oriented Language for System Applications*. Proc. 3rd Int. Conf. on Distributed Computing Systems, S.824-832, Ft. Lauderdale, Fl, USA, 1982.

[C-91] J. Kramer und J. Magee: *Dynamic Configuration for Distributed Systems*. IEEE Trans. Softw. Eng., Vol. SE-11, No. 4, S. 424-436, 1985.

[C-92] M.S. Lam und M.C. Rinard: *Coarse-Grain Parallel Programming in Jade*, S. 94-105 in Anon. (Hrsg.): Proceedings of the Third ACM SIGPLAN Symposium on Principles and Practice of Parallel Programming, 1991.

[C-93] Lawrence Livermore National Laboratory (Hrsg.): *Proceedings of the Second Annual SISAL Users Conference*. Lawrence Livermore National Laboratory Technical Report UCRL JC112593, 1992.

[C-94] R.J. LeBlanc und A.B. Maccabe: *The Design of a Programming Language Based on Connectivity Networks*. Proc. 3rd Int. Conf. on Distributed Computing Systems, S. 523-541. Ft. Lauderdale, Fl, USA, 1982.

[C-95] D. Leibfritz: *A Users' Guide for Distributed Fortran Programming with P4*. Argonne National Laboratory, 1990.

[C-96] V. Lesser, D. Serrain und J. Bonar: *PCL - A Process Oriented Job Control Language*. Proc. 1st Int. Conf. on Distributed Computing Systems, S. 132-139. Denver, CO, USA, 1979.

[C-97] C. Li: *Concurrent Programming Language Lisptalk*. SIGPLAN Notices, Vol. 23, No. 4, S. 71-80, 1988.

[C-98] H. Lieberman: *Concurrent Object-Oriented Programming in Act 1*, S. 9-36 in A. Yonezawa und M. Tokoro (Hrsg.): Object-Oriented Concurrent Programming. MIT Press, Cambridge, MA, USA, 1987.

[C-99] S.E. Lucco: *Parallel Programming in a Virtual Object Space*. SIGPLAN Notices (Proc. Object-Oriented Programming Systems, Languages and Applications 1987), Vol. 22, No. 12, S. 26-34. Orlando, Fl, USA, 1987.

[C-100] S. Lujun und S. Zhongxiu: *An Object-Oriented Programming Language for Developing Distributed Software*. SIGPLAN Notices, Vol. 22, No. 8, S. 51-56, 1987.

[C-101] S. Matsuoka und S. Kawai: *Using Tuple Space Communication in Distributed Object Oriented Languages*. SIGPLAN Notices (Proc. Object-Oriented Programming Systems, Languages and Applications 1988), Vol. 23, No. 11, S. 276-284. San Diego, CA, USA, 1988.

[C-102] J.R. McGraw u.a.: *Sisal: Streams and Iterations in a Single-Assignment Language*. Language Reference Manual, Version 1.2, Lawrence Livermore National Laboratory Manual M-146 (Rev. 1), 1985.

[C-103] P. Mehrotra und J. Van Rosendale: *The Blaze Language: A Parallel Language for Scientific Programming*. Parallel Computing, Vol. 5, No. 3, S. 339-361, 1987.

[C-104] Meiko Lmtd. (Hrsg.): *CSTools for SunOS*, 2 Bände, 1989.

[C-105] J. Milewski: *Loglan Implementation of the AMPL Message-passing System*.

SIGPLAN Notices, Vol. 19, No. 9, S. 21-29, 1984.

[C-106] V.R. Narender und R. Kannan: *Dynamic RPC for Extensibility*. IEEE International Phoenix Conference on Computers and Communications-92, Phoenix, Arizona, 1992.

[C-107] J. Nehmer, D. Haban, F. Mattern, D. Wybranietz und H.D. Rombach: *Key Concepts in the INCAS Multicomputer Project*. IEEE Trans. Softw. Eng., Vol. SE-13, No. 8, S. 913-923, 1987.

[C-108] O.M. Nierstrasz: *Active Objects in Hybrid*. SIGPLAN Notices (Proc. Object-Oriented Programming Systems, Languages and Applications 1987), Vol. 22, No. 12, S. 243-253. Orlando, Fl, USA, 1987.

[C-109] K.-W. Ng und W. Li: *GDPL: A Generalized Distributed Programming Language*. Proc. 4th Int. Conf. on Distributed Computing Systems, S. 69-78, San Francisco, CA, USA, 1984.

[C-110] T. Ogihara, Y. Kajihara, S. Nagano und M. Arisawa: *Concurrency Introduction to an Object-Oriented Language System Ondine*. 3rd National Conference Record A-5-1, Japan Society for Softw. Science and Technology, 1986.

[C-111] M. Ohki, A. Takeuchi und K. Furukawa: *An Object-oriented Programming Language Based on the Parallel Logic Programming Language KL1*. Proc. 4th Int. Conf. on Logic Programming, S. 894-909, Melbourne, Australien, 1987.

[C-112] Pallas GmbH (Hrsg.): *COMLIB - The GMD Communication Library for Grid Oriented Problems*. Users' Reference Manual, 1991.

[C-113] Parasoft Co. (Hrsg.): *Express C User's Guide*. Version 3.0. 1990.

[C-114] D.M. Pase und K.E. Fletcher: *Automatic Parallelization: A Comparison of CRAY fpp and KAI KAP/CRAY*. NASA Ames NAS Technical Report. RND-90-010, 1990.

[C-115] L.M. Patniak und B.R. Badrinath: *Implementation of CSP-S for Description of Distributed Algorithms*. Computer Languages, Vol. 9, No. 3, S. 193-202, 1984.

[C-116] L.M. Pereira, L. Monteiro, J. Cunha und J.N. Aparicio: *Delta Prolog: a Distributed Backtrackin Extension with Events*. Proc. 3rd Int. Conf. on Logic Programming, S. 69-83. London, 1986.

[C-117] M. Philippsen und W.F. Tichy: *Modula-2* and its Compilation*, S. 169-183 in Anon. (Hrsg.): Proceedings of the First International Conference of the Austrian Center for Parallel Computation, Springer-Verlag, 1991.

[C-118] A. Quealy, G.L. Gole und R.A. Blech: *Portable Programming on Parallel/ Networked Computers Using the Application Portable Parallel Library (APPL)*. NASA Technical Memorandum (TM), in Vorbereitung.

[C-119] D. Reese: *Object-Oriented Fortran for Portable, Parallel Programs*, S. 608-615 in Proceedings of The Third IEEE Symposium on Parallel and Distributed Processing, 1991.

[C-120] J.H. Reppy: *Synchronous Operations as First-class Values*. Proc. of the SIGPLAN 88 Conf. on Progr. Lang. Design and Impl., S. 250-259, 1988.

[C-121] A. Reuter, U. Geuder, M. Haerdtner, B. Woerner und R. Zink: *The GRIDS Project*. Technischer Bericht, Universität Stuttgart, 1992.

[C-122] T.J. Reynolds, A.J. Beaumont, A.S.K. Cheng, S.A. Delgado-Rannauro und

L.A. Spacek: *BRAVE - A Parallel Logic Language for Artificial Intelligence*. Future Generations Computer Systems, Vol. 4, No. 1, S. 69-75, 1988.

[C-123] F. Rinaldo und S. Wolbers: *Loosely-Coupled Parallel Processing at Fermilab*. Computers in Physics, März-April 1993.

[C-124] M.C. Rinard, D. Scales und M.S. Lam: *Heterogeneous Parallel Programming in Jade*, S. 245-256 in Proceedings of Supercomputing 92, 1992.

[C-125] M. Rinard und M.S. Lam: *Semantic Foundations of Jade*, S. 105-118 in Anon. (Hrsg): Record of the Nineteenth Annual ACM Symposium on Principles of Programming Languages, 1992.

[C-126] A. Rizk und F. Halsall: *Design and Implementation of a C-based Language for Distributed Real-Time Systems*. SIGPLAN Notices, Vol. 22, No. 6, S. 83-96, 1987.

[C-127] G.C. Roman, H.C. Cunningham und R.H. Lykins: *Towards Comprehensive Specification of Distributed Systems*. Proc. 7th Int. Conf. on Distributed Computing Systems, S. 282-289, Berlin, 1987.

[C-128] G.C. Roman, H.C. Cunningham und M.E. Ehlers: *A Shared Dataspace Language Supporting Large-scale Concurrency*. Proc. 8th Int. Conf. on Distributed Computing Systems, S. 265-272. San Jose, CA, USA, 1988.

[C-129] T.J. Roper und J. Barter: A *Communicating Sequential Process Language and implementation*. Softw. Prac. Exper., Vol. 11, No. 11, S. 1215-1234, 1981.

[C-130] M. Rosing, R.B. Schnabel und R.P. Weaver: *The DINO Parallel Programming Language*. Tech. Report CU-CS-457-90, Computer Science Dept., Univ. of Coloraod at Boulder, 1990.

[C-131] M. Sato: *Quty: A Concurrent Language Based on Logic and Function*. Proc. 4th Int. Conf. on Logic Programming, S. 1034-1056. Melbourne, Australien, 1987.

[C-132] M.L. Scott: *Design and Implementation of a Distributed Systems Language*. Report TR-596 (Ph. D. dissertation), University of Wisconsin at Madison, USA, 1985.

[C-133] M.L. Scott: *The Interface between Distributed Operating Systems and High-Level Programming Languages*. Proc. 1986 Int. Conf. Parallel Processing, S. 242-249. St. Charles, Il, USA, 1986.

[C-134] M.L. Scott: *Language Support for Loosely-Coupled Distributed Programs*. IEEE Trans. Softw. Eng., Vol. SE-13, No. 1, S. 88-103, 1987.

[C-135] M.L. Scott und A.L. Cox: *An Emperical Study of Message-Passing Overhead*. Proc. 7th Int. Conf. on Distributed Computing Systems, S. 536-543, Berlin, 1987.

[C-136] E. Shapiro: *Concurrent Prolog: Collected papers*. MIT Press, Cambridge, MA, USA, 1987.

[C-137] M. Sloman und J. Kramer: *Distributed Systems and Computer Networks*. Prentice-Hall, Englewodd Cliffs, NJ, USA, 1987.

[C-138] K. Smith, B. Applebe und K. Stirewalt: *Incremental Dependence Analysis for Interactive Parallelization*, S. 330-341 in ICS, Juni 1990.

[C-139] J. Staunstrup: *Message Passing Communication Versus Procedure Call Communication*. Softw. Prac. Exper., Vol. 12, No. 3, S. 223-234.

[C-140] R.E. Strom und S. Yemini: *NIL: An Integrated Language and System for Distributed Programming*. SIGPLAN Notices, Vol. 18, No. 6, S. 73-82, 1983.

[C-141] S. Sugimoto, K. Agusa, K. Tabata und Y. Ohno: *A Multi-processor System for Concurrent LISP*. Proc. 1983 Int. Conf. Parallel Processing, S. 135-143. Bellaire, MI, USA.

[C-142] V.S. Sunderam: *PVM: A Framework for Parallel Distributed Computing*. Concurrency, Practice and Experience, Vol. 2, No. 4, S. 315-339, 1990.

[C-143] A. Sussman, J. Saltz, R. Das, S. Gupta, D. Mavriplis und R. Ponnusamy: *PARTI Primitives for Unstructured and Block Structured Problems*, S. 73-86 in Computing Systems in Engineering, Vol. 3, No. 1, 1992.

[C-144] D.C. Swinehart, P.T. Zellweger und R.B. Hangmann: *The Structure of Cedar*. SIGPLAN Notices (Proc. ACM SIGPLAN 85 Symp. Language Issues in Programming Environments), Vol. 20, No. 7, S. 230-244. Seattle, WA, USA, 1985.

[C-145] A. Takeuchi und K. Furukawa: *Bounden Buffer Communication in Concurrent Prolog*. J. of New Generation Computing, Vol. 3, No. 2, S. 145-155, 1985.

[C-146] W.F. Tichy und C.G. Herter: *Modula-2*: An Extension of Modula-2 for Highly Parallel, Portable Programs*. Technical Report KA-INF, Nr. 4/90, 1990.

[C-147] Y. Tsujino, M. Ando, T. Araki und N. Tokura: *Concurrent C: A Programming Language for Distributed Systems*. Softw. Prac. Exper., Vol. 14, No. 11, S. 1061-1078, 1984.

[C-148] K. Ueda: *Guarded Horn Clauses*. ICOT Report TR-103 , Institute for New Generation Computer Technology, Tokyo, 1985.

[C-149] US Department of Defense: *Reference Manual for the Ada Programming Language*. ANSI/MIL-STD-1851A, 1983.

[C-150] P. Vishnubhotia: *Synchronization and Scheduling in ALPS Objects*. Proc. 8th Int. Conference on Distributed Computing Systems, S. 256-264. San Jose, CA, 1988.

[C-151] M.-Y. Wu und D.D. Gajski: *Hypertool: A Programming Aid for Message-Passing Systems*. IEEE Trans. on Parallel and Distributed Systems, Vol. 1, No. 3, S. 330-342, 1990.

[C-152] R. Yang und H. Aiso: *P-Prolog: a Parallel Logic Language based on Exclusive Relation*. Proc. 3rd Int. Conf. on Logic Programming, S. 255-269. London, 1986.

[C-153] Y. Yokote und M. Tokoro: *Concurrent Programming in ConcurrentSmalltalk*, S. 129-158 in A. Yonezawa und M. Tokoro (Hrsg.): Object-Oriented Concurrent Programming. MIT Press, Cambridge, MA, USA, 1987.

[C-154] Y. Yokote und M. Tokoro: *Experience and Evolution of ConcurrentSmalltalk*. SIGPLAN Notices (Proc. Object-Oriented Programming Systems, Languages and Applications 1987), Vol. 22, No. 12, S. 406-415. Orlando, Fl, USA, 1987

[C-155] A. Yonezawa, J.P. Briot und F. Shibayama: *Object-Oriented Concurrent Programming in ABCL/1*. SIGPLAN Notices (Proc. Object-Oriented Programming Systems, Languages and Applications 1986), Vol. 21, No. 11, S. 258-268. Portland, OR, USA, 1986.

[C-156] S. Zhongxiu und L. Xining: *CSM: A Distributed Programming Language*. IEEE Trans. Softw. Eng., Vol. SE-13, No. 4, S. 497-500, 1987.

# Anhang D: Syntaxdiagramme

OpTiX-II problem description

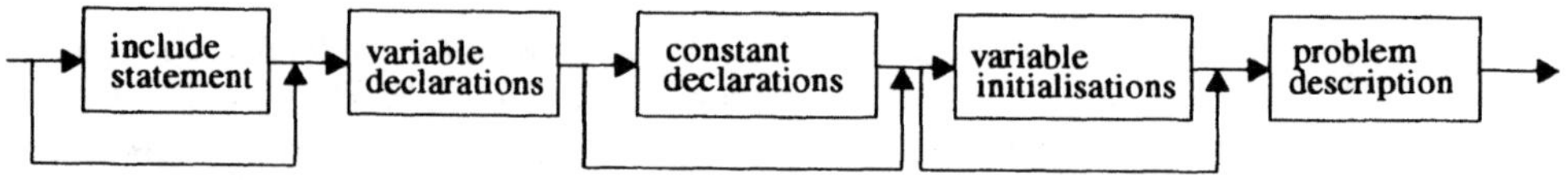


include statement

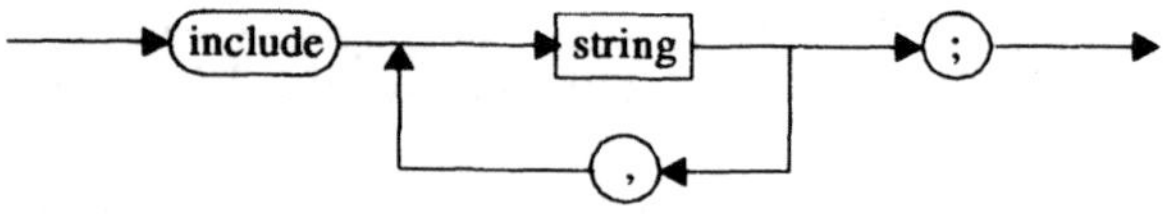


variable declaration

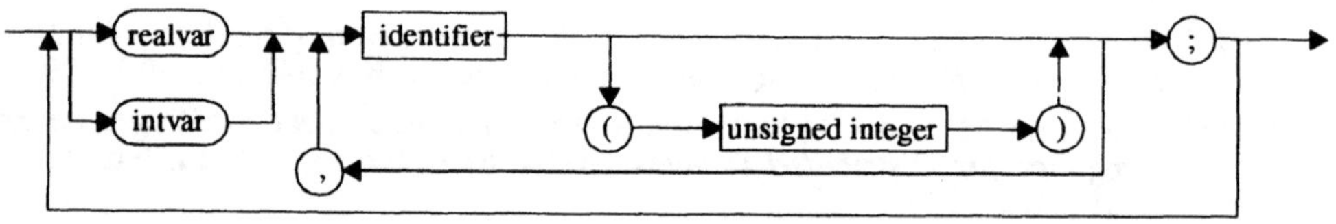


constant declaration

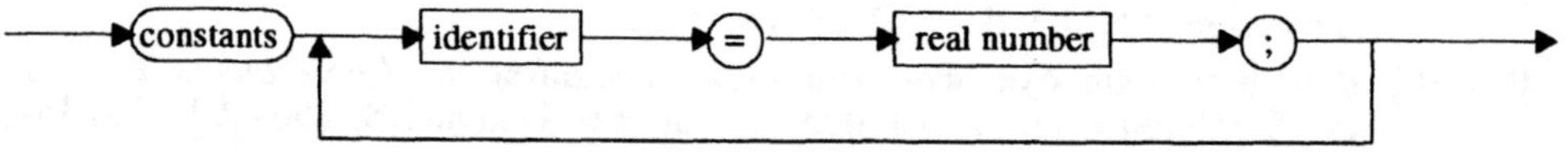


variable initialisations

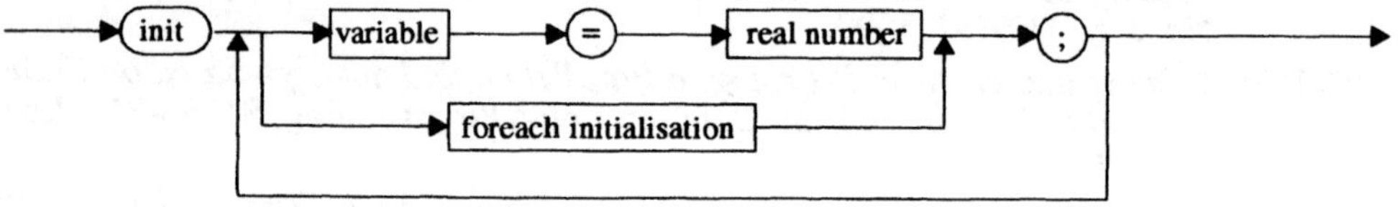


foreach initialisation

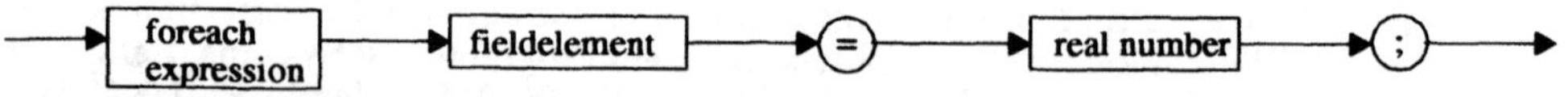


problem description

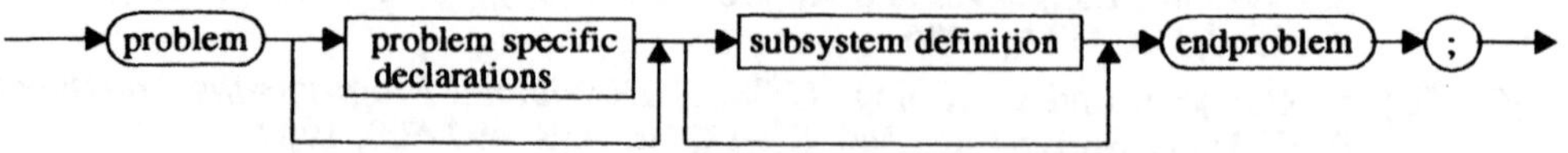

## problem specific declarations

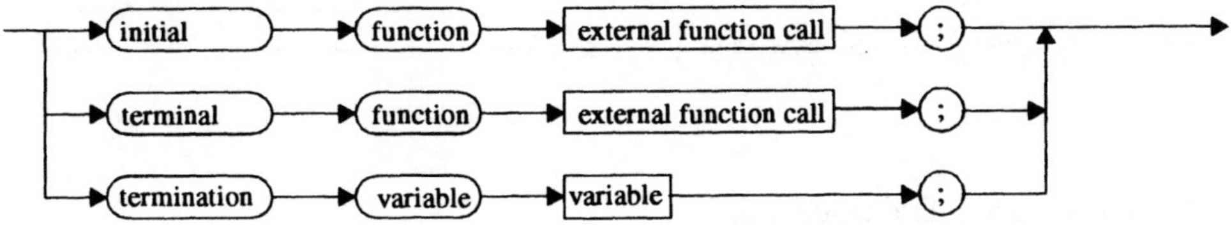


## subsystem definition

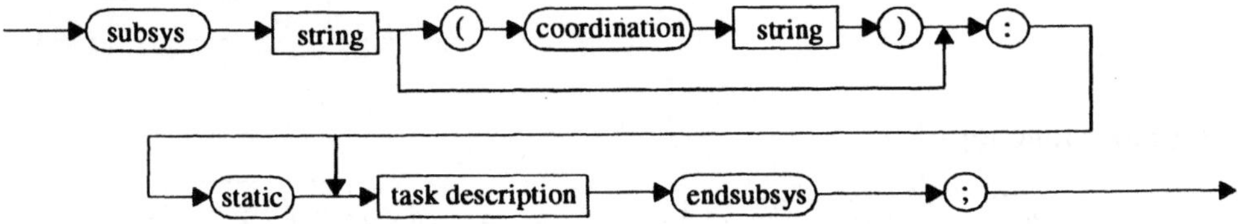


## task description

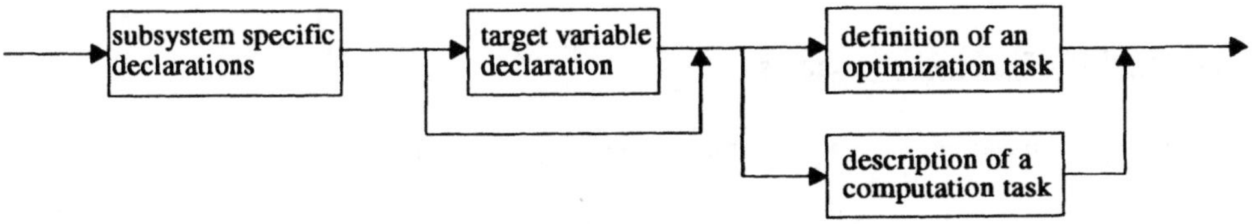


## subsystem specific declarations

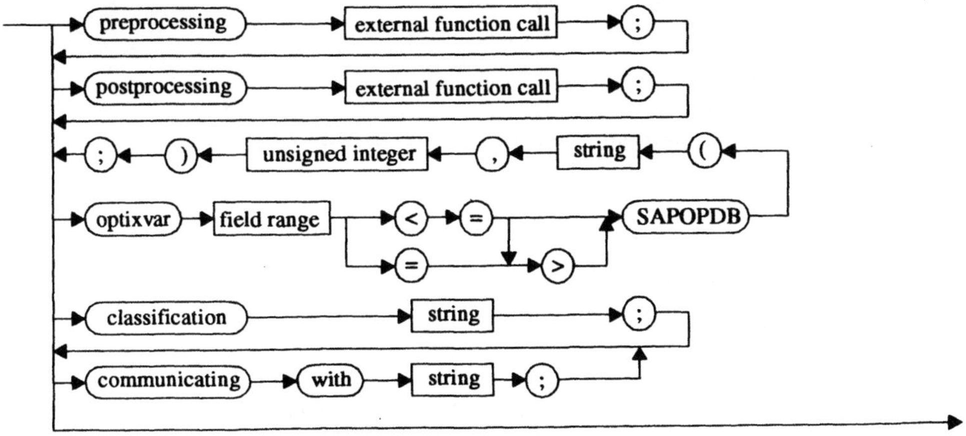


## target variable declaration

## description of a computation task

## definition of an optimization task

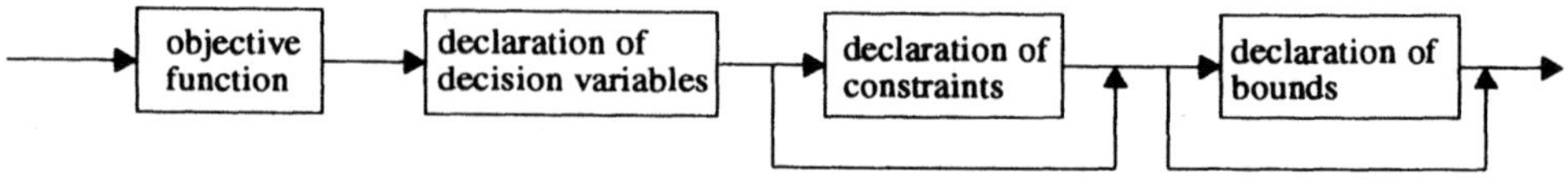


## objective function

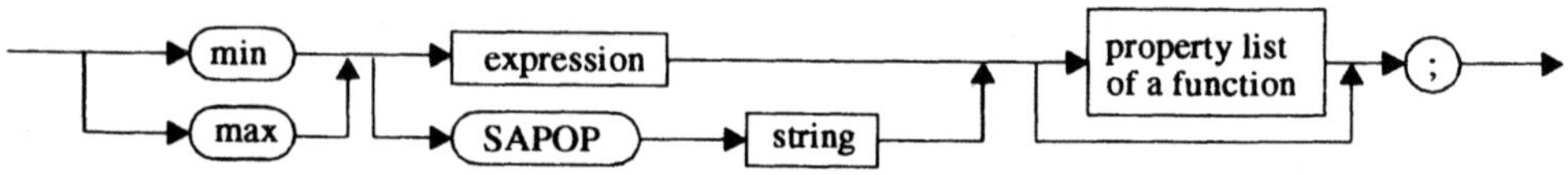


## declaration of decision variables

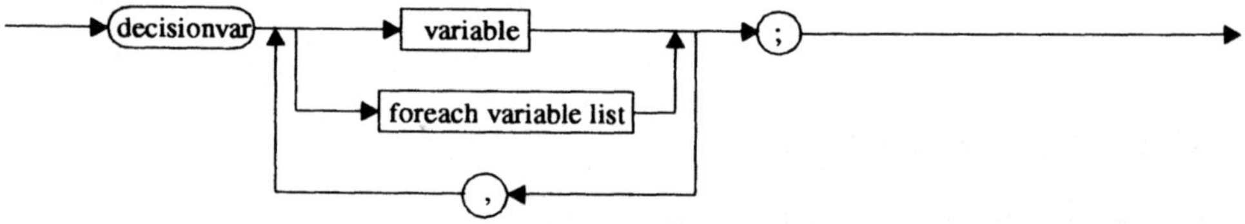


## foreach variable list

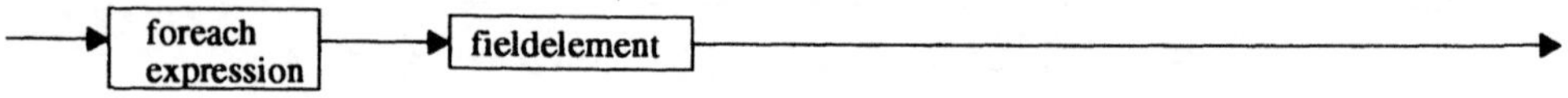


## declaration of constraints

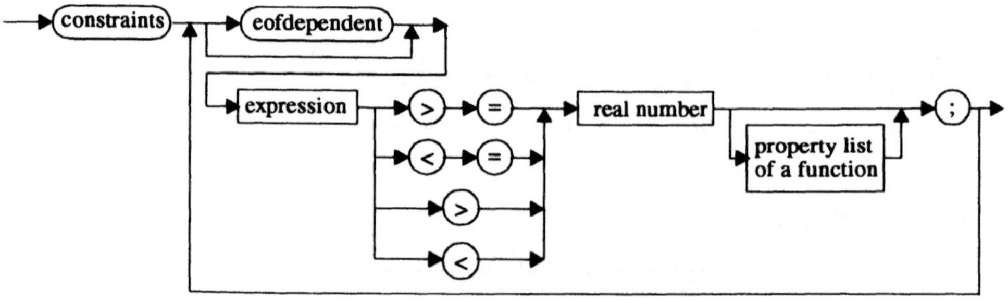

## declaration of bounds

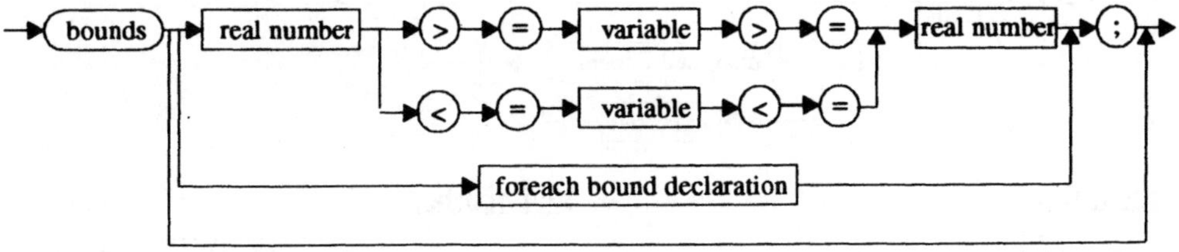


## foreach bound declaration

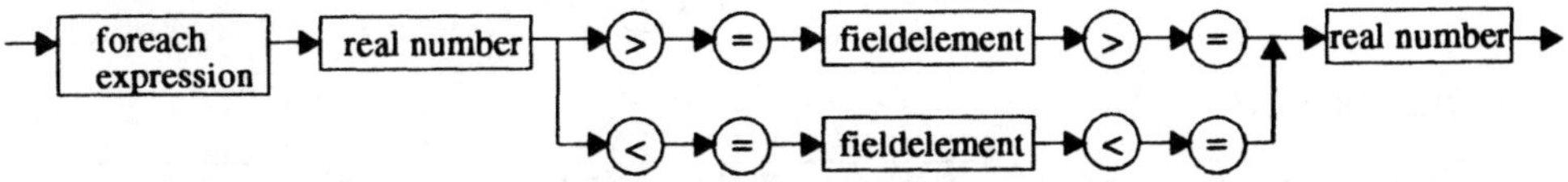


## foreach expression

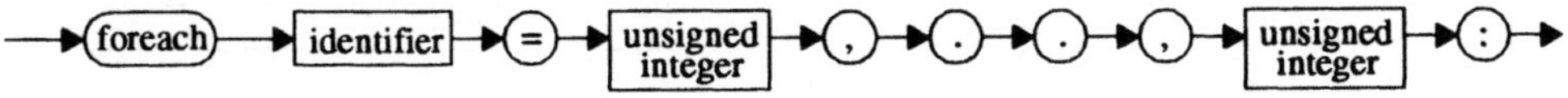


## fieldelement

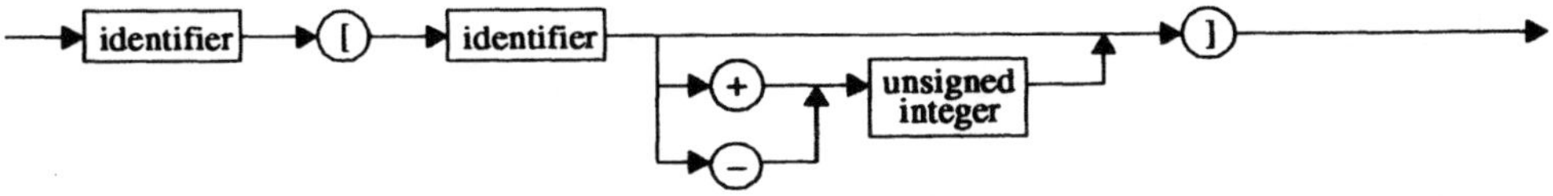


## expression

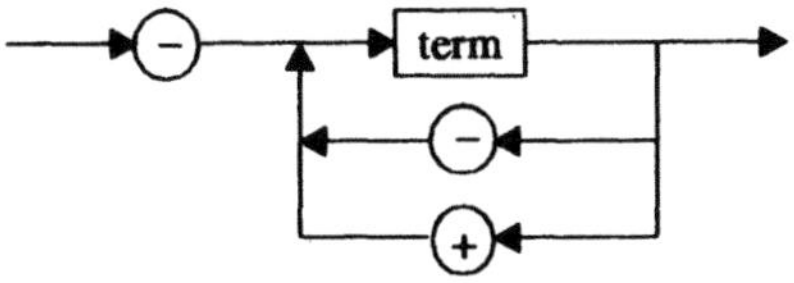


## term

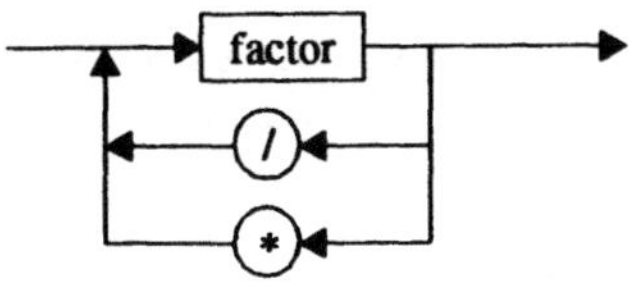


## factor

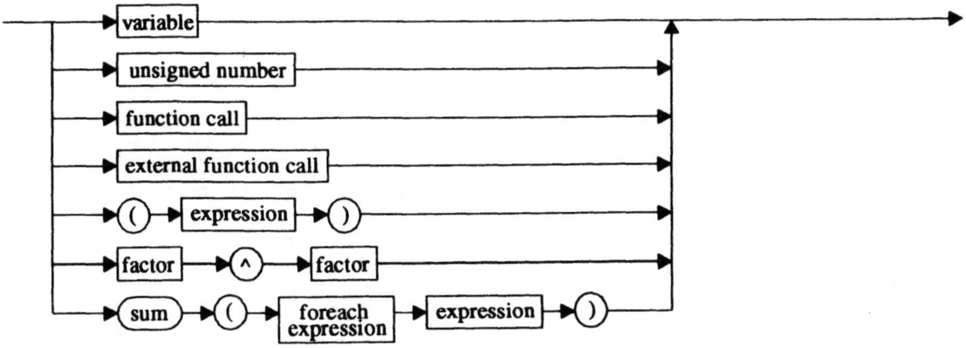

<u>variable</u>

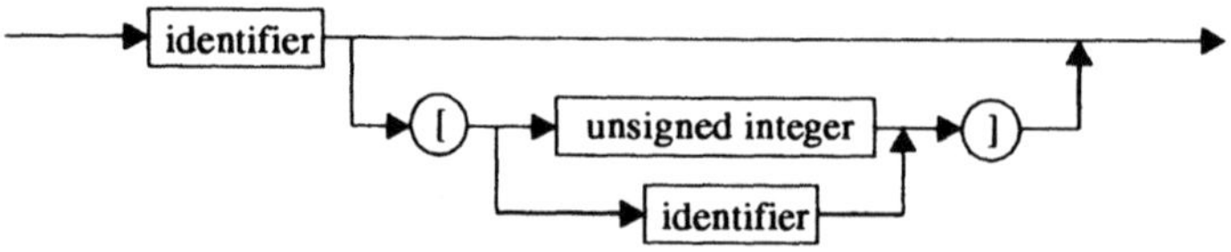


<u>identifier</u>

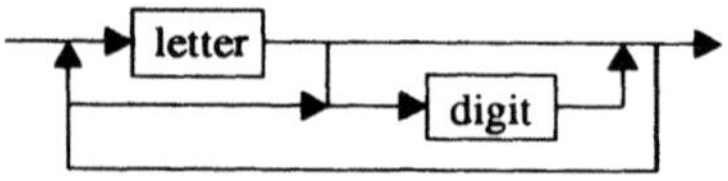


<u>real number</u>

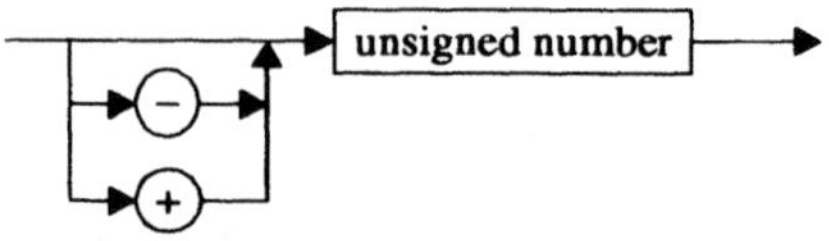


<u>unsigned number</u>

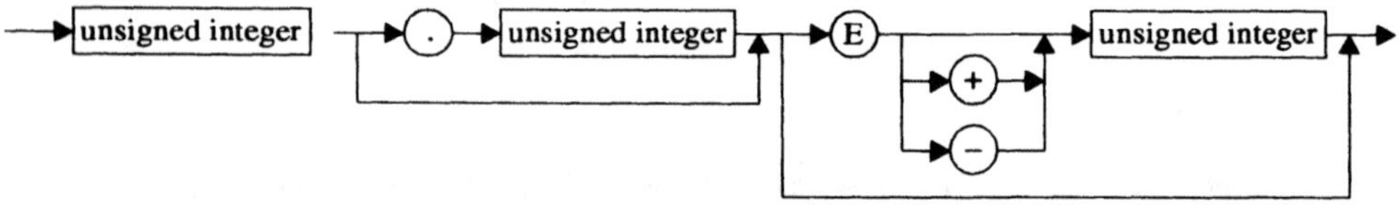


<u>unsigned integer</u>

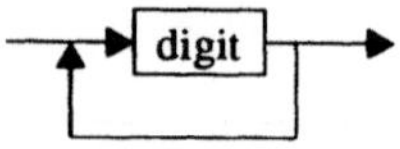


<u>letter</u>

[A-Za-z]

<u>digit</u>

[0-9]

<u>special character</u>

[/.]

<u>string</u>

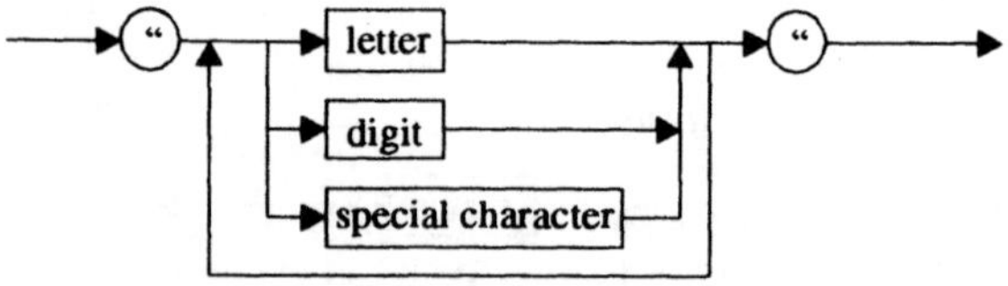


<u>function call</u>

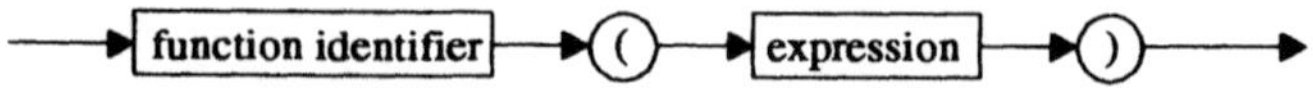


<u>function identifier</u>

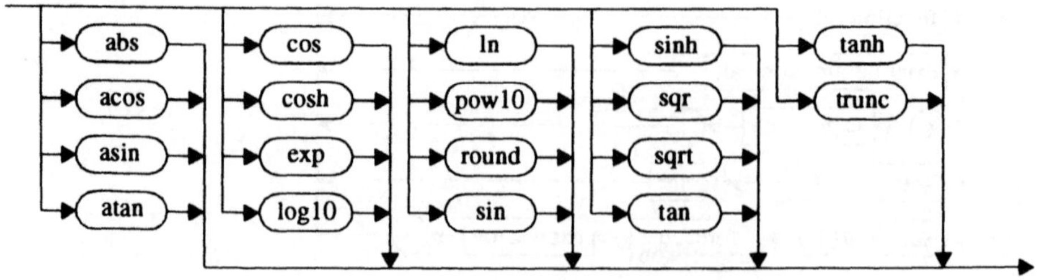

external function call

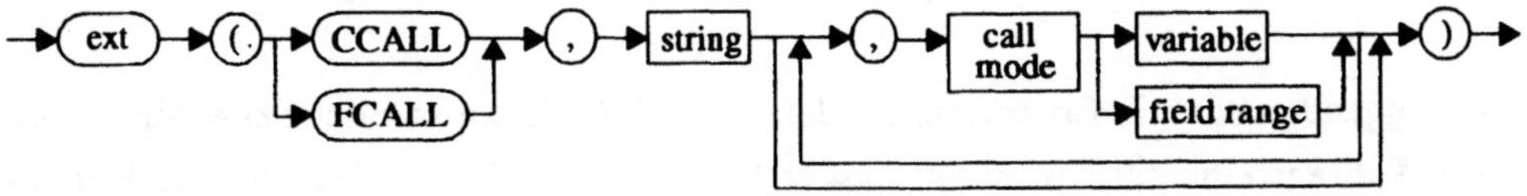


call mode

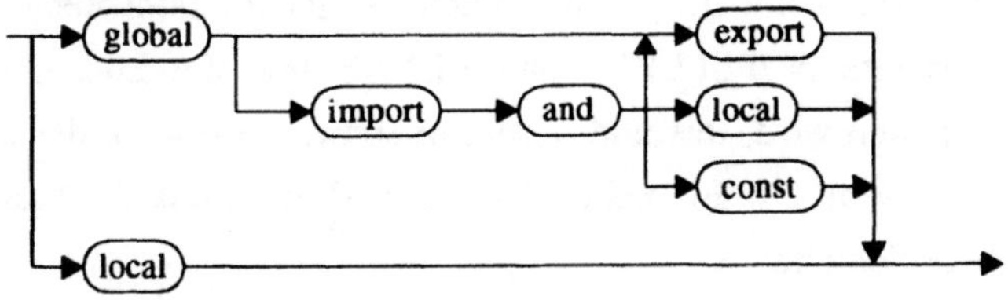


field range

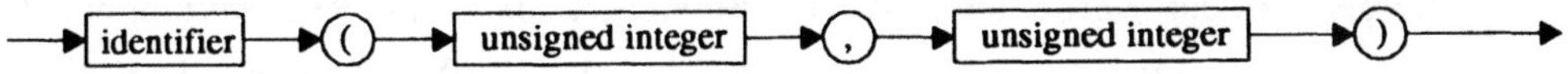


property list of a function

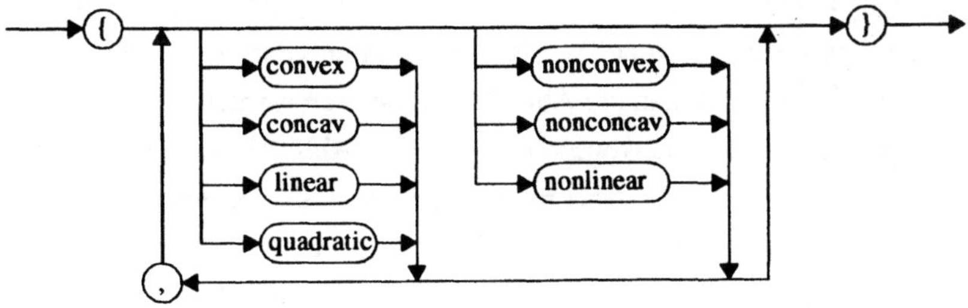


comment

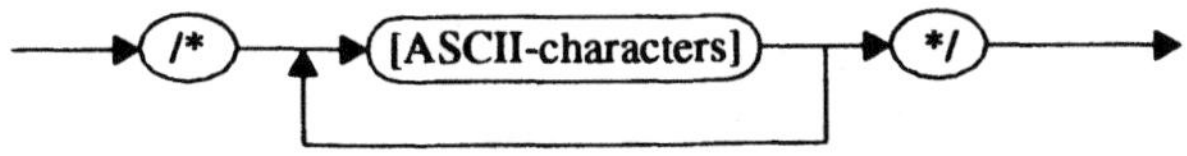

# Anhang E: Paralleler Algorithmus zur Auftragsreihenfolgeplanung

Im folgenden wird, in Ergänzung zu Unterkapitel 7.2.2, der parallelisierte Algorithmus zur Auftragsreihenfolgeplanung vorgestellt. Abb. 92 zeigt den Aufbau der Kontrollkomponente. Diese liest die das Reihenfolgeproblem beschreibenden Daten aus einer Datenbank und überträgt diese Daten dann an alle gestarteten Rechenkomponenten.

Die benutzerdefinierbare Konstante AUFSPLITTUNGSEBENE legt die Ebene, in welcher der Suchbaum aufgespalten wird, fest und bestimmt somit die Anzahl der zu durchsuchenden Teilbäume (vgl. Abb. 76 auf Seite 159). Der Algorithmus der Kontrollkomponente durchläuft eine Schleife:

(a) Zuerst wird jeder freien Rechenkomponente ein bisher nicht durchsuchter Teilbaum zugeordnet.

(b) Danach werden die Rückgaben der Rechenkomponenten entgegengenommen. Hierbei wird eine verbesserte Lösung gespeichert und an alle Rechenkomponenten weitergeleitet. Für zurückgegebene undurchsuchte Teilbäume führt die Kontrollkomponente einen Puffer, der nach dem First-In First-Out (FIFO) Prinzip arbeitet. Rechenkomponenten, die ihre Arbeit beendet haben, werden in eine Liste freier Rechenkomponenten eingetragen.

Diese Schleife bestehend aus dem Verteilen von Rechenaufgaben und der Entgegennahme von Ergebnissen wird durchlaufen, bis alle Teilbäume durchsucht worden sind. Die Details des Algorithmus können der Abb. 92 entnommen werden.

Der prinzipielle Aufbau der Rechenkomponente wird in Abb. 91 wiedergegeben. Die Rechenkomponente wartet auf ein Nachrichtenpaket von der Kontrollkomponente. Dieses bestimmt die auszuführende Aufgabe und enthält die hierzu benötigten Daten. Der eigentliche Algorithmus zur Reihenfolgeplanung wird angestoßen, wenn die Aufgabe "Starte von einem vorgegebenem Knoten" oder "Starte mit einer vorgegebenen Menge D" lautet. Im ersten Fall muß die zum vorgegebenen Knoten gehörende Menge D errechnet werden[1], im zweiten Fall wird diese Menge aus dem Nachrichtenpaket gelesen. Der in Abb. 93 wiedergegebene Algorithmus zur Reihenfolgeplanung entspricht im wesentlichen dem aus Abb. 75 auf Seite 158. Hinzugekommen sind 2 Funktionalitäten:

---

1. Die Berechnung wurde in die Rechenkomponenten verlagert, um so zu einem einfacheren Aufbau der Kontrollkomponente zu gelangen.

(i) Das Überschreiten einer vorgegebenen Rechenzeitschranke bewirkt, daß der linke, unbearbeitete Ast des aktuellen Suchbaums an die Kontrollkomponente zurückgegeben wird.

(ii) Der Algorithmus überwacht fortlaufend die Verbindung zur Kontrollkomponente und kann so die Länge des kritischen Pfades einer neuen Lösung, die von einer anderen Rechenkomponente ermittelt wurde, in die laufenden Berechnungen einbauen.

In der ursprünglich eingereichten Fassung dieser Dissertation enthielten die nachfolgenden Seiten auch die Implementierung des parallelen Algorithmus. Er wurde in der Programmiersprache C realisiert und nutzt die OpTiX-II-Message-Passing-Bibliothek zur Kommunikation zwischen den nebenläufigen Prozessen. In der Buchausgabe hätte der Abdruck die Kosten unnötig in die Höhe getrieben. Der interessierte Leser findet den Quelltext der Implementierung auf dem ftp-Server des Fachbereichs 5 der Universität GH Siegen, Adresse: ftp.fb5.uni-siegen.de.

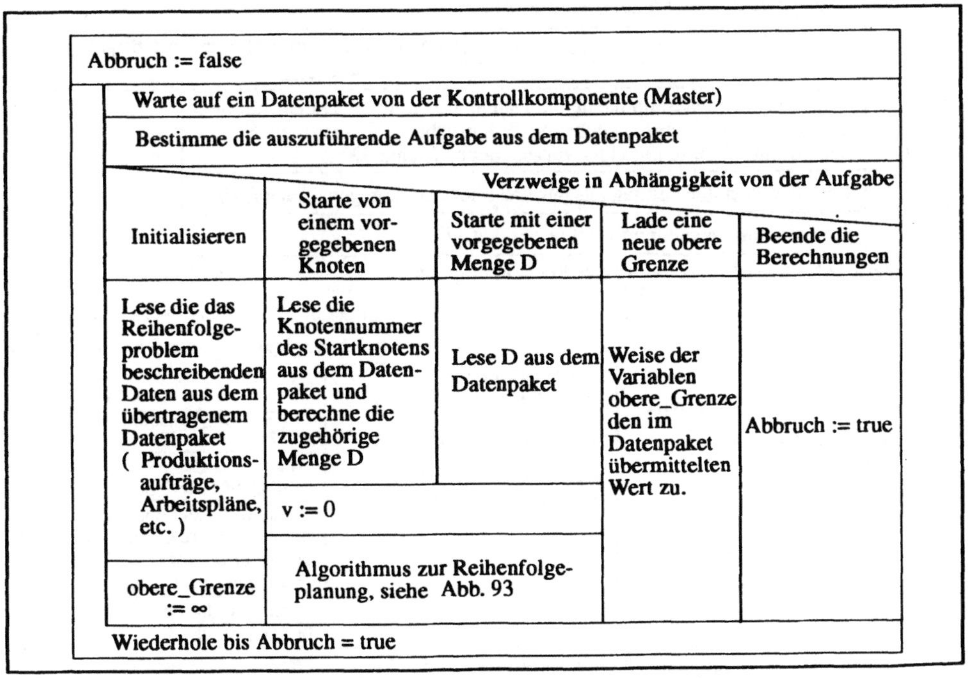


Abb. 91: Prinzipieller Aufbau einer Rechenkomponente (Worker)

- Lese die Produktionsaufträge, Arbeitspläne etc. aus der Datenbank
- Kopiere die Daten in den Kommunikationspuffer und sende jeder der Rechenkomponenten diese Daten, verbunden mit der Aufgabe "Initialisieren"
- Teilaufgaben := 2^(AUFSPLITTUNGSEBENE-1 )/* */
- zaehle_Teilaufgaben := 0
- verbleibende_Ergebnisse := Teilaufgaben
- Für alle Komponentennr von Rechenkomponenten: Status[Komponentennummer] := unbeschäftigt
- Lösche die Warteschlange der zurückgegebene Teilaufgaben
- Obere_Grenze_Master := ∞
- Solange verbleibende_Ergebnisse > 0
  - Für alle Komponentennr von Rechenkomponenten, falls zaehle_Teilaufgaben < Teilaufgaben
    - Status[Komponentennummer] = unbeschäftigt ?
      - wahr:
        - Sende der Rechenkomponente ein Datenpaket mit der Nummer des Startknotens (<zaehleTeilaufgaben>) auf der Aufspaltungsebene und der Aufgabe "Starte von einem vorgegebenem Knoten"
        - Status[Komponentennummer] := beschäftigt
        - zaehle_Teilaufgaben := zaehle_Teilaufgaben + 1
      - falsch
  - Für alle Komponentennummer von Rechenkomponenten, falls die Warteschlange der zurückgegebenen Teilaufgaben nicht leer ist
    - Status[Komponentennummer] = unbeschäftigt ?
      - wahr:
        - Sende der Rechenkomponente ein Datenpaket mit dem ersten Eintrag aus der Liste der zurückgegebenen Teilaufgaben und übertrage ihr die Aufgabe "Starte mit einer vorgegebenen Menge D"
        - Lösche den ersten Eintrag aus der Liste der zurückgegeb. Teilaufgaben
        - Status[Komponentennummer] := beschäftigt
      - falsch
  - Warte auf ein Datenpaket von einer Rechenkomponente
  - Werte die empfangenen Daten aus: r := Komponentennummer des Absenders; M := Mitteilungsart
  - Verzweige in Abhängigkeit von der Mitteilungsart M
    - zurückgegebene Teilaufgabe:
      - Ordne die Daten in die Warteschlange der zurückgegebenene Teilaufgaben ein
      - verbleibende_Ergebnisse := verbleibende_Ergebnisse + 1
    - Mitteilung über beendete Berechnung:
      - Status[r] := unbeschäftigt
      - verbleibende_Ergebnisse := verbleibende_Ergebnisse - 1
    - neue Lösung:
      - bessere als bekannte Lösung?
        - wahr:
          - Obere_Grenze_Master := übermittelte Obere_Grenze
          - Sende den Rechenkomponenten die neue obere Grenze, verbunden mit der Aufgabe: "Lade eine neue obere Grenze"
          - Speichere die neue Lösung in der Datenbank
- Sende den Rechenkomponenten ein Datenpaket mit der Aufgabe "Beende die Berechnungen"

Abb. 92: Prinzipieller Aufbau der Kontrollkomponente (Master)

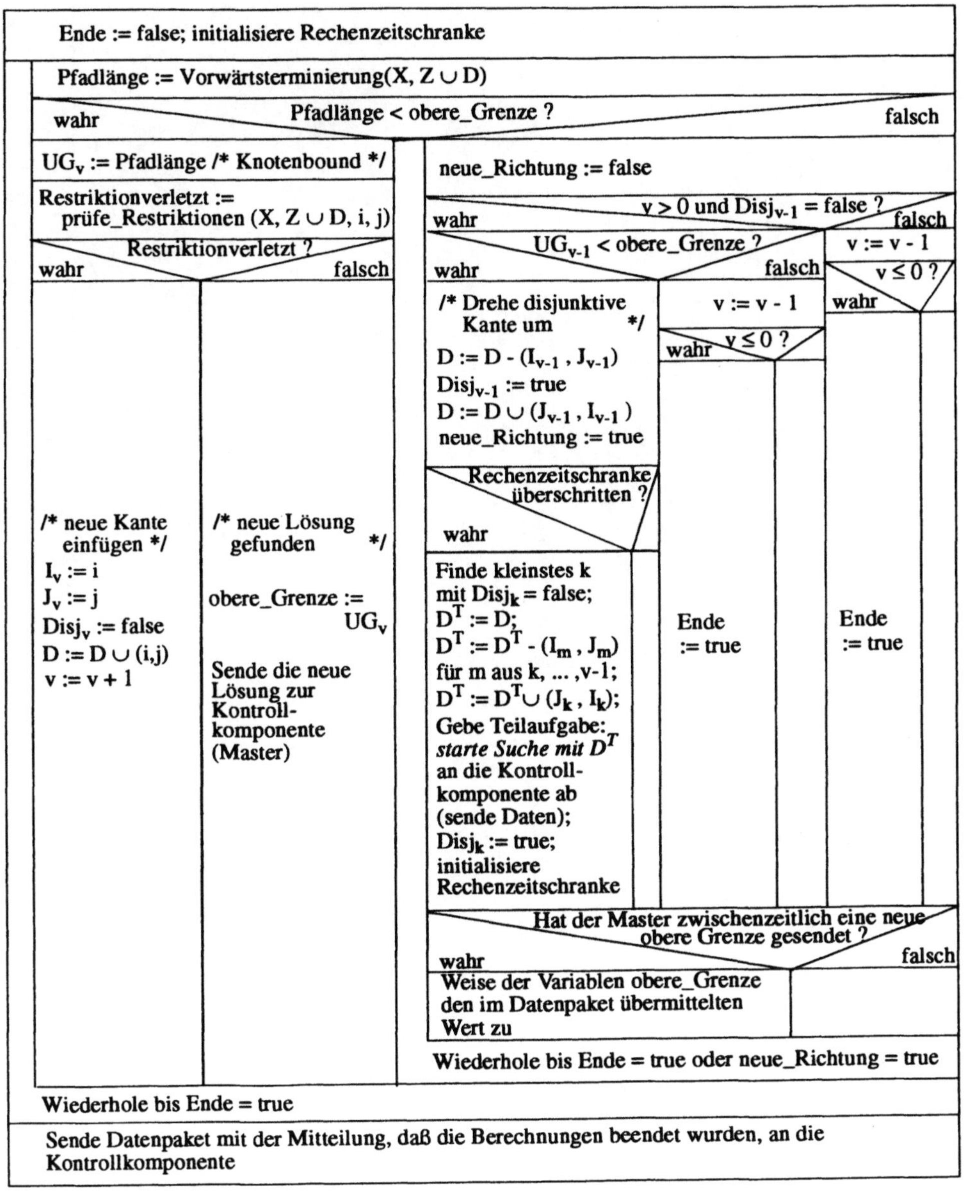


Abb. 93: Detaillierung zur Rechenkomponente in Abb. 91